# 편견 극복을 위한 신앙교육

편견을 넘어 성숙한 신앙으로

데이비드 L. 쉴즈 지음 | 오성주 옮김

kmc

# Growing Beyond Prejudices

by David L. Shields

Translation rights ⓒ 2014 KMC Press, Seoul, Korea
This edition is published by arrangement with David L. Shields.

## 편견 극복을 위한 신앙교육

초판 1쇄 2014년 7월 4일

데이비드 L. 쉴즈 지음
오성주 옮김

**발행인** | 전용재
**편집인** | 손인선
**펴낸곳** | 도서출판 kmc
**등록번호** | 제2-1607호
**등록일자** | 1993년 9월 4일

(110-730) 서울특별시 종로구 세종대로 149 감리회관 16층
(재)기독교대한감리회 출판국
대표전화 | 02-399-2008  팩스 | 02-399-4365
홈페이지 | http://www.kmcmall.co.kr
디자인 | 디자인 화소

IBSN 978-89-8430-653-0 93230

값 18,000원

이 도서의 국립중앙도서관 출판시도서목록(CIP)은 서지정보유통지원시스템 홈페이지
(http://seoji.nl.go.kr)와 국가자료공동목록시스템(http://www.nl.go.kr/kolisnet)에서
이용하실 수 있습니다.(CIP제어번호 : CIP2014019278)

# Growing Beyond Prejudices

## Overcoming Hierarchical Dualism

David L. Shields

편견이 발생하고 권력자들이 그 편견을 이용해 교묘하게 조작하는 시대에 편견을 이해하고 노출시키는 일뿐 아니라 편견에 대해 어떻게 대처할지를 배우기 위해서는 누군가의 도움이 필요하다. 데이비드 쉴즈의 책은 이런 목적을 달성하기 위해 넓고 다양하며 유익한 내용을 제공한다. 이 책은 특히 교육자들을 염두에 두고 썼다 하더라도 신학생들을 비롯하여 어떤 지역 어떤 처지에서든 교육활동에 종사하는 모든 사람들을 고려하며 쓴 책이다.

광범위한 접근을 시도하는 이 책은 편견 연구에 대한 보편적 입장에 근거를 두고 있을 뿐 아니라 어떻게 편견에 대처해 나가야 할지에 관한 다양한 특성을 말해 주는 연구들을 소개한다. 대략 처음에 나오는 네 장의 주제들은 로즈머리 류터(Rosemary Ruether), 존 듀이(John Dewey), 노마 하안(Norma Haan), 후안 루이스 세군도(Juan Luis Segundo) 등의 학자들 주장을 예를 들어, 소개하는데, 대부분 이들이 주장하는 내용들은 서로 다른 내용들로 연결된 것처럼 보인다. 그러나 이들의 주장은 서로 편견 문제에 있어서 꼭 필요한 점을 공통으로 제시하고 있다. 류터는 편견의 원인을 계급적 이원론으로 분석함으로써 연속된 주제들의 핵심을 제시한다. 그리고 계속해서 '경험과 확실성 추구'(존 듀이), '도덕 심리학과 도덕적 균형 추구'(노마 하안), '정의에 대한 열정과 참여'(루이스 세군도)와 같이 다른 사상가들을 통해 심도 있는 내용을 보여 주면서, 저자는 이 이론들을 기술적으로 종합하여 자신의 입장에서 엮어 낸다.

만일 처음 네 장들이 이론적 접근이라고 한다면 5장과 6장은 교육 현장에서 그리고 더 나아가 교육 현장의 차원을 훨씬 넘어서서 일상생활에서 실천할 수 있는 편견을 다룬다. 또한 이 두 장에서는 독자들에게 편견 좁히기를 위해 마련된 실천적이고 직접적인 제안들을 다루는 중요한 원리들을 구성해 제공한다.

분명히 단지 하나의 학문 분야로는 우리 사회에 만연한 뿌리 깊은 편견 문제를 해결할 수 없다고 보기에 종교교육자들은 교육 철학자들과 도덕 심리학자들, 심지어 해방 신학자들의 도움을 간학문적으로 추구해야 한다는 저자의 주장을 높이 평가해야 할 이유가 있다. 그것은 바로 쉴즈가 5장 서론에서 열두 개의 요약된 내용으로부터 편견의 본질을 이끌어내고, 자신이 수집하고 분석한 자료들을 통해 '편견의 다원적 차원으로' 라는 제목을 붙이며 이 책 마지막 장에서 특별한 제안으로 해석을 위한 헌신의 노력을 다하는 모습들을 보여 주는데, 이것은 그의 풍부한 자료들을 통해 연구로부터 나온 결과임을 말해 주기 때문이다. 이 글을 쓸 당시 나는 신학교에서 교수로서 가르치는 일을 마감해야 하는, 은퇴를 앞두고 있었다. 비록 그동안 개인적으로 편견에 관한 용어들을 많이 사용하지는 않았더라도 나의 교수 경력 대부분을 편견 문제에 도전하기 위한 시도에 전념해 왔다고 말할 수 있다. 단지 나는 이 책의 내용을 나의 교수 생활 초기부터 학생들에게 사용할 수 있었더라면 오히려 매우 유용했을 것이라는 생각에 못내 아쉬움이 남는다.

로버트 맥피 브라운 Robert McAfee Brown
(Emeritus Professor of Theology and
Ethics Pacific School of Religion)

편견은 다양한 모습으로 문제를 일으킨다. 예를 들면, 성차별과 인종차별, 계급차별들이 바로 편견의 탈을 쓰고 있는 가면들이다. 가정과 공동체, 학교와 교회, 사회 등 우리가 서로 낯설고 이상하다고 여기는 사람들이 있는 곳에는 어디든 편견이 도사리고 있다. 이러한 사실은 오늘날 우리 사회가 직면한 심각한 문제다. 현대 사회에서 여성들은 남성들로부터 평등을 추구하고, 유색인종은 백인 다수의 독점을 깨기 위해 싸우며, 노동자는 기업과 파업을 벌이고, 동성애자들은 그들의 기본권을 인정받기 위해 행진한다. 이런 해방운동들이 직면한 공통된 도전이 바로 편견이다. 편견은 깨어진 인간관계의 원인이다.

편견이 심각한 사회 문제임에도 불구하고 '우리가 그것에 대해 무엇을 어떻게 할 수 있을지'에 대해 주장하는 사람들은 거의 없다. 만일 우리가 길거리에서 사람들에게 편견에 대해 묻는다면, 아마 그 해결책으로 빈번히 언급되어 왔던 '교육'이라는 말을 듣게 될 것이다. 이는 현명한 대답이다. 교육이란 지식을 넓히고 바람직한 태도와 가치 형성을 추구함으로써, 종종 사회를 존속시키고 무지와 바람직하지 못한 반응들을 정화시켜, 더 건전한 사회를 이룩하기 위한 가장 좋은 미래적 희망이 된다. 교육자들이 이해를 증진시키며 책임 있는 시민의식과 신체적·사회적 환경조성에 대한 민감성을 발달시키려고 노력할 때 편견은 좁혀진다.

다른 한편으로 편견 극복은 매우 중대한 일이지만 그것을 성취하는 것은 또 다른 아주 중요한 문제다. 편견 축소는 교육자들에게 중요한 주제이지만, 그 과제를 수행하기 위한 준비과정을 거의 갖추지 못하고 있다. 교사훈련협회들도 편견에 관한 수업과정들을 제대로 제공하지 못하는 데다 편견을 주제로 다루는 훌륭한 프로그램도 몇 개 되지 않는다. 이를 대체할 만한 더 좋은 프로그램들을 보여 주지 못하고 있어 많은 교사들이 비효과적인 훈계와 강의에만 의지하는 형편이다. 하지만 편견과 맞서 싸울 만큼 좋은 생각들이 충분하지 않은 것도 사실이다. 바라기는 이 책이 그 부족한 면들을 채워 주는 데 도움이 되었으면 하는 마음뿐이다.

나는 이 책을 출간하기 위해 전체적으로 한 번이 아니라 여러 번을 읽어 준 브렌다 브레드마이어(Brenda Bredemeier)를 기억하고 싶다. 그의 제안들은 마지막 정리를 하는 데 큰 도움이 되었다. 레이첼 듀퓨이취(Rachel Dupuich)는 초고를 읽어 주었으며 그녀의 질문과 지적들 그리고 분명한 표기들은 나 자신에 대해 생각하게 해주었고, 어려운 주제로 글을 쓰는 데 큰 도움이 되었다. 마지막으로 투웬티 써드(Twenty-Third) 출판사 사람들은 내게 상당히 많은 도움을 주었는데, 특히 헬렌 콜만(Helen Coleman)과 존 반 벰멜(John van Bemmel), 리처드 헤페이(Richard Haffey)와 나일 클루펠(Neil Kluepfel) 등은 책을 정교하게 만드는 기술로 나를 도와주었다.

　이 책을 위해 간접적으로 공헌한 여러 사람들도 있다. 그들은 매우 귀중한 분들로서 특별한 감사의 말을 전하고 싶다. 진 블롬퀴스트(Jean Blomquist)와 메리 헌터(Mary Hunt), 게이 췌썰(Gay Chessell) 등은 페미니스트적 사고를 하는 데 있어서 썩 마음에 내키지 않는 이 책의 시작 부분에서 내게 특별히 중요한 영향을 끼쳤다. 레그와 페그 슐츠-애커슨(Reg and Peg Schultz-Akerson), 신디 힌클(Cindy Hinkle), 테리 피셔(Terri Fisher)와 프랭크(Frank), 좌라린 유 맥심(Charaline Yu Maxim), 밥 보네만(Barb Bornemann)과 브라이언(Brian), 메리 스타인-웨버(Mary Stein-Webber), 그리고 다른 커버넌트 커뮤니티 그룹(Covenant Community Group) 멤버들은 변함없는 지지와 격려를 해주었고, 모두들 반편견적인 삶의 모델이 되어 왔다. 모두에게 심심한 감사를 표한다.

처음에 편견에 관한 이 책을 썼을 때 미국은 편견과 더불어 적대감과 차별 행위, 또한 그로부터 유래된 사회 격변들로 분열이 심했던 때였다. 다양한 소수 불평등 단체들은 자신의 소리를 발견하고 그들의 처참한 지위와 권한을 그 상태대로 옭아매도록 만들어진 지배 이데올로기와 제도들에 도전하고 있었다. 남성 우월주의에 대항하는 여성들, 지배적인 백인문화에 도전하는 소수 인종, 노동 착취에 대항하는 하류 저소득계층들, 전통적인 이성애에 대항하는 주장을 내세우며 일반적 사회 규범에 반대하는 동성애자들 등등…. 이처럼 주변으로 내몰린 소외된 자들의 삶의 경험을 고려할 때 우리 사회는 그들에게는 불이익을 얻게 되는 제도로 드러나거나 혹은 그들이 부당한 고통을 받게 되는 제도로 드러난다.

신앙인들은 정의를 위해 불의한 자들과 맞서 싸워 극복하는 데 중요한 역할을 해왔다. 예를 들면, 모세와 아모스, 예레미야와 예수 등과 같은 예언자의 전통을 따르는 기독교 신앙인들은 정의를 앞세우기 위해 단체의 소리를 그들의 시대 속에서 불러 일으켰다.

나는 미약하나마 더 평화롭고 평등하며 정의로운 사회를 세우는 데 공헌하고자 하는 마음으로 이 책을 쓰고자 하였다. 이 책이 지금까지 얼마나 우리 사회에 공헌했는지는 알 길이 없다. 그러나 나는 미국에서 많은 사람들이 편견을 줄이기 위한 노력을 계속해서 진행해 왔다고 믿어 의심치 않는다. 그리고 성취해야 할 희망과 약속의 땅은 아직 우리에게서 멀기만 하다. 우리 앞에는 가난한 몸과 영혼이 함께 가야 할 긴 여정이 놓여 있다. 여성들은 사회 경제적 차별의 벽을 무너뜨리려고 노력해 왔지만 아직 동일한 직장에서조차 더 낮은 임금을 받고 일하는 형편이다. 비록 흑인 대통령으로 오바마를 처음으로 선출했으나 순수한 인종적 평등을 이룩하기에는 아직 가야 할 길이 멀다. 편견이란 정체성과 자기 존중을 위해 개인의 강한 욕구들을 충족하도록 도와주기 때문에 사람들은 확고히 자신의 편견을 유지하고 싶어한다.

나는 이 책이 한국어로 번역되어 읽혀진다는 사실에 매우 기쁘고 뜻 깊은 일이라 생각한다. 한국 출신의 많은 학생들을 보면서 내게는 개인적으로 한국이란 나라가 가깝고 친근한 나라로 여겨진다. 그리고 미국과 같이 큰 문제들도 있지만 그와 함께 상당한 잠재력이 있는 나라라고 생각한다. 아직 이 책은 앞으로 더 연구해야 할 많은 문제점들이 있다. 조화와 상호존중 그리고 함께 이룩할 성취의 방향으로 나가도록 할 것인가? 혹은 사회적 타락과 심지어 폭력으로 몰고 가는 더 큰 증오감들로 이끌어야 할 것인가? 물론 진보란 결코 평탄하지 않으며 한 방향으로만 나가지 않는다. 진보 안에서 이익과 손실은 항상 어두운 상황에서 발생한다. 또한 진보는 결코 미래지향적이지만은 않다. 사회학자들과 정치과학자들, 철학자들과 심리학자들은 한 사회의 미래 방향을 예측할 수 없다. 단지 사람들의 집단적 마음들이 그 미래를 윤곽으로 보여 줄 뿐 인간의 마음은 결코 충분히 예견할 수 없다.

　다만 나는 이 책을 통해 독자들이 신앙의 전통, 즉 정의와 평화, 평등과 화합을 향한 기독교 신앙의 전통에서 잘 드러난 방향을 가진 생각과 영감을 발견하기를 바랄 뿐이다. 그러기 위해 우리는 현실과 편견의 절망적인 결과들에 직면해야만 한다. 이것은 우리가 자신의 마음과 신념, 배경 그리고 자신이 소중히 여기는 생각들에 대해 재고해 보는 일을 요구한다. 우리는 어느 누구도 신에게 직접 접근한 사람이 없다는 사실을 인정해야만 한다. 우리는 모두 실수를 하는 존재다. 그러므로 우리가 반대하는 자들의 이야기조차도 주의 깊게 들을 줄 알아야만 한다. 우리는 겸손해야만 한다. 그러나 그것은 우리가 누구인지에 대해, 즉 하나님이 약속한 미래에 참여하는 백성들이라는 가장 본질적이고 핵심적인 사실을 포기하도록 요구하는 것이 아니다.

　끝으로 이 책을 번역한 오성주 박사와 기독교대한감리회 출판국(도서출판 kmc)에 감사를 드린다. 아무쪼록 이 책을 통해 세계화된 한국 사회가 좀 더 편견 없는 사회로 발전하여 모두가 함께 행복하게 사는 미래가 도래하기를 희망한다.

세인트루이스 대학에서

데이비드 L. 쉴즈 David L. Shields

　이 시대에 우리는 왜 편견이란 단어에 주목해야 하는가? 오늘날 우리 사회에 위기와 갈등이 점점 심해지고 있기 때문이다. 그 원인은 여러 가지 복합적인 것일 수 있겠으나 무엇보다 근대 자본주의 혁명 이후 멈출 수 없는 인간의 탐욕에 있다고 볼 수 있다. 그 탐욕은 거대한 세계시장 경쟁 체제 속에서 싹튼 신자유주의 무역공세의 결과를 낳았다. 이것은 초국가 간의 차별과 경쟁력을 유발시켜 이기주의적 자본주의 형성에 빈부격차를 심화시킬 뿐만 아니라 인간성 파괴를 초래한다. 물질의 효과성과 효율성을 높이기 위한 형식적이고 제도화된 기계조직은 인간의 내면적 가치와 소리를 억압하는 수단으로 작용한다. 따라서 상호 신뢰적 만남과 대화는 피상적 관계성과 이용의 수단이 되어 버려 그 본질적 가치를 상실하게 된다.

　이러한 비인간화의 사회적 삶의 상황은 곧 양극화를 불러일으켜 편견과 차별을 낳고, 편견과 차별은 심화되어 사회적 갈등과 분열 그리고 다툼을 일으키는 원인이 된다. 이러한 편견과 차별은 다양한 모습으로 문제를 일으킨다. 예를 들면 성차별, 인종차별, 그리고 계급차별들이 바로 편견의 탈을 쓰고 있는 가면들이다. 가정, 공동체, 학교, 교회, 사회 등 우리가 서로 낯설고 이상하다고 여기는 사람들이 있는 곳에는 어디든지 편견이 도사리고 있다. 이것이 오늘날 우리 한국 사회가 직면한 심각한 문제이다. 특히 현대사회에서 여성들은 남성들로부터 평등을 추구하고 있고, 한국 사회에서도 이제는 다양한 인종들이 함께 살아가면서 인종 사이의 갈등이 점점 심화되고 있으며, 경쟁사회 속에서 인종 간의 다수의 독점을 깨기 위해 싸우고 있다. 장애인들과 불치병 환자들은 비인격적인 대우를 개선하기 위해 왜곡된 사회적 시선과 싸우고 있으며, 노동자는 기업과 파업을 벌이고, 동성애자들은 그들의 기본권을 인정받기 위해 행진하고 있다. 이런 해방운동들이 직면한 공통된 도전은 바로 편견이다. 편견은 인간 관계를 깨뜨리는 근본 원인 중 하나이다.

편견의 실례들은 결코 특별하거나 드문 일이 아니다. 이 외에도, 머리를 특이한 색으로 염색한 사람들을 보면 불량하다는 생각이 먼저 떠오른다든지, 혼혈아들을 삐뚤어졌거나 엉망인 가정에서 자란 사람처럼 여긴다든지, 정신병이나 알코올중독증 혹은 마약중독증도 하나의 질병일 뿐인데 아직도 정신질환을 가진 사람들을 상종 못 할 사람으로 보는 등 이와 거의 비슷한 이야기들이 신문이나 TV를 통해 하루에도 쉴 새 없이 사회에 쏟아져 나온다.

편견은 우리의 삶 속에서 계속 살아 움직이고 있으며 자연스럽게 진행되고 있다. 이러한 편견은 상처와 갈등, 분열과 차별을 일으키는 주범으로 사회 문제의 근원이다. 개인 관계에서는 편견이 사소한 말다툼으로 발전되지만 사회적으로는 인종, 문화와 종교 간에 테러와 전쟁으로 확장된다.

그렇다면 편견이란 정확히 무엇을 말하는가? 편견을 뜻하는 영어 '프레쥬디스'(prejudice)의 라틴어 어원은 '프레주디치움'(praejudicium)이다. 이 단어의 뜻은 단순히 성급한 결정이나 경험에 기초한 판단 혹은 미리 앞선 판단을 의미한다. 이 라틴어 prae(before)-judicium(judgment)에서 유래하는 '프레쥬디스'(prejudice)는 '충분한 근거가 없이 서둘러 앞서 판단하다' 란 뜻을 내포하고 있다. 즉 편견이란 충분하고 타당한 지식이나 기타 근거를 갖추지 못한 상태에서 사람들의 집단에 대하여 성급한 판단을 내리는 경향을 말한다.

편견의 한자어 '偏見' 는 '치우치다' '한쪽' '반' '절반' 등을 뜻하는 '편'(偏)과 '보다' '눈으로 보다' '생각해 보다' '돌이켜 보다' '변별(辨別)하다' 등의 뜻을 지닌 '견'(見)이 합쳐진 단어이다. 이 단어의 뜻은 '치우쳐보다' '한쪽 눈으로 보다' '절반만 보다' 라는 뜻이다. 즉 '온전히 이해하지 않은 상태에서 사물이나 상대를 바라보는 시각이나 변별(辨別)하는 경우' 이다.

이와 같이 어원적으로만 볼 때 '충분한 근거가 없이 서둘러 앞서 판단하다' 라는 영어의 뜻이나 '온전히 이해하지 않은 상태에서 사물이나 상대를 바라보는 시각이나 변별하는 경우' 로 보는 한문의 뜻은 모두 생각과 관련된 인지적 차원에서 정의를 내리고 있음을 알 수 있다. 즉 사물이나 대상을 어떻게 이해하고 판단하는가에 관한 인식의 문제이다. 그러나 편견이 인식의 문제라고 할 때, 그것은 단순하지 않다. 사물(대상)의 인식과정은 외부 세계(환경)와 내부 인체기관의 상호작용의 결과이다.

좀 더 기술적인 말로 표현해서 편견이란 긍정적이거나 혹은 부정적일 수 있다. 긍정적 편견은 타당한 이유 없이 한 집단에 대해 좋아하는 경향을 의미할 것이다. 그러나 편견은 흔히 부정적 의미로 더 많이 사용되는데, 어떤 사람이 그 집단의 일원이 되기 때문에 또 다른 집단이나 특별한 사람에게 근거 없는 반감을 가지고 있는 경우다.

편견은 중대한 문제다. 그러나 그것은 어떤 동기로 유발되는가? 그리고 어떻게 그것을 배우게 되는가? 더욱이 또 다른 가장 중요한 질문은 우리가 어떻게 가정, 학교, 교회 그리고 직장에서 편견의 영향을 좁히거나 제거할 수 있겠는가라는 문제다. 이것은 어려운 질문들이며 우리가 이 질문의 해답을 찾기 위해서는 많은 노력이 필요하다.

우리 사회에 심각한 편견으로 사회적 문제가 일어나고 있음에도 불구하고, 편견 때문인 줄을 알면서도 그것이 무엇이며, 어떻게 극복할 수 있을까에 대한 관심과 연구를 하려고 하는 사람들은 적다. 특히 편견을 교육적으로 보기보다는 사회문화적 문제의 원인으로 보는 것이 일반적이다. 편견을 접근할 때, 사회학적 시각으로 편견의 정체와 원인과 결과를 조사하는 것은 매우 중요한 작업이다. 그러나 교육적 접근도 중요한 접근방법이라 생각한다. 사회화 과정에서 교육이 중요한 역할을 하고 있기 때문이다. 참 교육이란 지식을 넓히고 바람직한 태도와 가치를 형성하도록 도와줌으로써 종종 사회를 존속시키고, 무지와 바람직하지 못한 문제들을 교육으로 정화시켜 더 건전한 사회를 이룩하는 가장 좋은 미래적 희망이 된다. 따라서 편견의 극복은 교육을 통해 이해를 증진시키며, 책임 있는 시민의식과 신체적, 사회적 환경 조성에 민감하도록 증진시키려는 노력을 할 때 성취된다.

편견 극복이나 축소하는 일이 교육적 사안이라고 할 때 우리는 교육자로서 편견을 분석하고 이해해야 할 것이다. 특히 교육자들에게 편견의 문제가 얼마나 무섭고 심각하며 편견 극복 혹은 축소하는 일이 오늘날 우리가 살고 있는 세상에서 얼마나 중요한 일인지를 깨닫는 기회가 주어져야 한다. 반면에 그 과제(편견 극복 혹은 축소)를 수행하기 위한 준비과정으로 수업과정들을 제공하고 편견 주제에 대한 훌륭한 프로그램을 개발해야 한다.

이 책은 내가 미국 에반스톤의 개렛 신학대학원(Garrett-Evangelical Theological Seminary)에서 편견을 연구하며 논문을 쓸 때 유용하게 도움을 받았던 책이다. 사실 내가 미국에서 공부하는 동안 저자 쉴즈와 직접적인 관계는 없었다. 그러나 간접적으로 그에게 도움을 준 여성신학자 로즈머리 류터의 수업을 받을 때 대화 중에 소개를 받은 책이다. 이 책의 서두에서 쉴즈가 언급한 바와 같이 로즈머리 류터는 쉴즈의 편견연구에 중요한 영향을 준 학자들 가운데 한 사람이다.

편견연구에 관한 다양한 책들이 있지만, 무엇보다 이 책은 다양한 편견의 근본적 뿌리를 계급적 이원론에 두고 연구했다는 점에서 높이 평가할 만하다. 쉴즈는 그 계급적 이원론의 가장 원초적 발달을 성(性)차별에 근거를 두고 여성신학자 류터의 성(性)차별의 역사적 분석을 수용하면서 편견의 뿌리를 계급적 이원론에서 추적해 나간다. 그리고 교육학자 존 듀이를 통해 이상과 현실 속에서 파생되는 경험과 사상 그리고 가치 사이의 복잡한 관계들을 분석하면서 계급적 이원론을 연결하여 좀 더 깊이 있게 접근해 들어간다. 그리고 심리학자 노만 하안의 도덕적 인격 성숙이라는 관점, 즉 자아와 타자의 역동적 관계 속에서 발생하는 자아의 비이성적이고 비성숙한 대처와 방어를 통해 편견적 행위와 태도들을 연구 분석하였다.

쉴즈의 연구는 계급적 이원론의 생산의 사회적 제도뿐만 아니라 교회의 신앙 전통과 제도를 통해 발전해 온 신학적 문제에 대해서도 비판한다. 또한 역설적으로 편견을 극복하기 위한 가능성 또한 신학에 있음을 인정한다. 쉴즈는 해방신학의 해석과 실천에서 신학적 해결책의 실마리를 찾고 있다. 결국 해석과 실천의 문제를 편견 극복의 중요한 사안으로 보면서 교육적 방식으로부터 그 극복대안을 제시한다.

　무엇보다 이 책을 독자에게 추천하고 싶은 이유는 다음의 두 가지 때문이다. 첫째, 복잡한 편견의 문제를 인문사회과학, 신학, 심리학, 그리고 교육을 통해 간학문적으로 가정과 사회, 여성과 남성, 육체와 정신, 자연과 문화, 교회와 사회, 그리고 주체와 객체 등 다양한 계급적 이원론에서 그 편견의 진원지를 파악하고 있다는 점이다. 따라서 편견이라는 렌즈를 통해 우리 사회의 복잡하고 다양한 문제의 원인들을 파악할 수 있도록 도움을 준다. 둘째, 계급적 이원론에 뿌리를 두고 있는 편견 극복의 대안을 구체적으로 교육적 방식에서 찾고 있다는 점이다. 분열과 갈등으로 점철되어가는 현실에서, 이 책을 통해 신학교 교실에서는 물론 교회 현장에서 편견이 무엇이며, 편견을 어떻게 극복해야 할 것인가에 대해 구체적으로 가르치고 배울 기회를 주는 좋은 안내서가 될 것으로 여기며, 적극 추천한다.

# 차 례

이 책은 편견 문제에 도전하고 이를 극복하기 위한 교육적 모델의 기초를 세우는 데 그 목적이 있다. 원래 이 책은 종교교육자들을 염두에 두고 썼지만 꼭 그렇게 제한을 둘 의도는 없다. 유명한 철학자 화이트헤드(Alfred North Whitehead)가 현명한 말을 했듯이 모든 교육은 종교적이기 때문이다. 내가 의도한 독자들은 모든 일반 교육자들을 포함하는 반면, 나는 특히 기독교 전통으로부터 이 책에 담긴 많은 유익한 생각들을 이끌어냈다. 기독교는 나의 전통이 되어 왔고 결과적으로 내가 가장 많이 친숙하게 알고 있는 것이기 때문이다. 그럼에도 대부분 내 생각들은 다른 상황과 전통에도 적용할 수 있다고 여긴다.

편견 극복의 과제는 교회 안에서 특히 긴급하게 요청되는 문제이다. 편견 극복이란 정당한 기독교교육의 핵심 과제로서 그것이 무엇을 의미하는지에 달려 있다. 그것은 성서와 교회사, 신학에 대해 배우는 근본 목적들에 대해 부가적이거나 선택적인 문제가 아니다. 편견 극복이란 하나님과 인간 사이의 관계를 이해하는 데 필수적인 선행조건이다. 하나님의 자녀들이 전 인류 가족을 파괴하기 위해 위협하면서 서로 인질을 삼고 있다면 우리가 어떻게 사랑의 하나님과 의미 있는 대화를 나눌 수 있을 것인가. 대부분 인간이 황폐한 가난의 빈민가에서 구제받지 못할 조건들 속에서 살고 있다면 우리가 어떻게 효과적으로 그리스도를 우리 구세주로 가르칠 수 있을 것인가. 그리고 교회가 성(性)과 인종, 계급으로 분열되어 있다면 우리가 어떻게 성령으로 모인 공동체라고 확신 있게 말할 수 있겠는가. 단지 학생들에게 편견의 도전을 인식하게 하고 그 도전에 대응할 수 있는 방법들을 제공함으로써 우리는 그들이 복음의 깊이와 넓이를 파악하는 좋은 기회가 되도록 도울 수 있다.

편견으로부터 인간의 다원성에 대한 순수한 포용에 이르기까지 이 긴 여정에는 열정과 용기, 겸손과 같은 요소들이 필요하다. 그러나 그 여정이 어려울수록 교사들에게는 함께 걸어가야 할 동료들을 초청하는 일이 더 큰 과제이다. 교육현장에 있는 자로서 우리는 아직 우리가 기대하는 바람직한 목적에 이르지 못했기에 단지 계속되는 동일한 파괴의 힘을 스스로 인정하면서 다른 사람들에 대한 편견의 태도와 가치관을 대면할 수밖에 없다. 독자들은 이 사실을 마음에 품고 계속해서 이 책을 읽어나가기를 바란다.

이 책은 5단계 과정으로 전개된다. 첫 장에서는 역사가요 사회학자이며 신학자인 로즈머리 류터의 연구 업적을 탐구할 것이다. 류터의 연구 업적은 순례의 여정 가운데 있는 우리를 초기 인간의 문명화 시대 역사로 끌어들여 그 역사 속에서 남성과 여성의 관계가 인간 역사에 있어 편견을 끌어들이는 데 근원이 되었다는 사실을 알도록 밝혀 준다. 또한 류터는 편견적 사고의 본질에 대해 중요한 실마리를 제공한다. 그의 주장에 따르면 문화적 지배 집단에 의해 '내집단과 외집단'(in-group/out-group)으로 구분되는 사고방식은 이원론의 근본인 고정관념을 반영한다. 예를 들어, 남성 지배에 의한 여성들의 초기 착취는 정신과 몸,

21
서
론

영과 자연이라는 이원론에 기초를 둔 고정관념으로 정당화되었다는 뜻이다. 다시 말해, 남성들에게는 정신적·영적 인간으로 가치를 부여해 왔으며, 반면에 여성들에게는 육체적·자연적 인간으로 가치를 저하시켜 왔다는 것이다. 이와 동일한 계급적 이원론의 형태는 역사적 과정에서 다양한 희생자들을 낳는 결과를 가져왔다. 그러므로 성차별은 인종차별과 계급차별 그리고 민족 우월주의의 다양한 형태들로 흡수되었다. 1장은 이런 계급적 이원론의 하나로 편견 문제를 설명하고 그것의 깊이를 설명한다.

류터가 주장하는 바와 같이 만일 이원론이 편견적 사고의 중심이라면 이원론에 대한 도전은 편견을 파헤치기 위한 계획적이고 교육적인 노력의 핵심이다. 지난 세기 동안 교육철학자 존 듀이는 편견의 근원인 이원론에 저항하는 교육적 접근을 시도하는데 그의 생애를 다 바쳤다.

2장에서 듀이는 경험철학을 통해 편견 문제들에 대한 반응을 보여 준다. 이런 듀이의 이원론 분석은 류터의 주장을 보충한다. 류터는 인간 상호집단의 관계성들에 초점을 두는 반면, 듀이는 인간과 자연의 관계성에 초점을 둔다. 듀이는 탐구를 위한 반이원론적 접근(non-dualistic approach)에 초점을 둔 경험의 유기체적 철학과 민주사회이론 그리고 교육적 프로그램을 설명함으로써 문제를 해결하고자 한다.

류터와 함께 듀이는 편견이 비이성적인 것들 가운데 그 뿌리를 두고 도덕적 타락을 만들어 낸다고 지적한다. 따라서 3장에서 우리는 편견의 비이성적이고 도덕적 차원들을 이해하기 위해 심리학자 노마 하안의 주장에 관심을 돌려 그에게 도움을 요청하고자 한다. 자아 과정(ego process)을 대처하고 방어하기 위한 그의 방식은 우리가 편견의 비이성적 차원을 정교하게 다룰 수 있도록 도와준다. 게다가 노마 하안의 도덕 발달 모형은 비이성은 물론 미성숙으로 말미암아 파생되는 편견에 대해 설명한다. 편견들이 항상 심리학적 왜곡에 기반을 두는 것은 아니다. 오히려 정상적이지만 아직 드러나지 않은 도덕적 관계의 특성을 이해하는 방법들을 반영한다.

그래서 4장에서 우리는 듀이의 통찰력으로 다시 돌아가 점진적으로 편견을 약화시키는 일이란 그 자체 이원론을 반영시키지 않는 사고방식이 요구된다는 사실을 보여 줄 것이다. 그러나 듀이의 경험 조직적인 교육접근에 있어서 다른 한편으로 그 한계성을 넘기 위해 교육자들은 신학적 구성 과정에 주의를 기울여야만 한다. 따라서 4장에서 계속해서 우리는 해방신학으로 잘 알려진 종교적인 깨우침을 살펴보기 위해 라틴 아메리카의 상황을 재고해 보고자 한다. 한 해방신학자가 주장하듯이, "해방신학의 실마리는 모든 이원론을 제거하는 데 있다." 특별히 우리는 여기서 세군도의 신학방법에 대한 연구를 살펴보려고 한다. 세군도는 부당한 행위로 희생당한 사람들과 연대하여 살아가는 신앙공동체 속에서 종교적인 반성적 사고를 시작해야 할 필요성에 대해 지적한다. 우리는 그의 탁월한 관점으로부터 불평등한 상황을 영속화시키는 문화적 신화에 도전하기 위한 '이데올로기적 의구심'에 관해 집중적으로 살펴볼 것이다. 만일 교육적으로 세군도의 방법을 사용한다면, 편견의 문제란 종교적 공동체 안과 밖에서 밝히 드러냄으로써 편견 문제에 대한 듀이 연구자들의 주장을 받아들일 수 있는 수단이 될 수 있다.

그러므로 1장에서 4장까지 내용들은 편견의 상호 인접학문 간의 분석과 그것의 가능한 해결점을 제시한다. 각 장들은 한 사람의 핵심 이론가의 연구 업적을 소개하는 데 중점을 둔다. 5장에서는 류터와 듀이, 하안과 세군도로부터 유래된 편견에 관한 본질에 대해 다음과 같은 열두 가지 사항으로 병합해 연구하려고 한다.

1. 편견이란 계급적이고 이원론적 경험 방식에 근거를 둔다.
2. 편견은 삶의 불확실성들을 조정하고 싶은 바람으로 나타난다.
3. 편견은 편견을 가진 사람의 자존심을 유지시킨다.
4. 편견은 사회적 권력의 분배를 초래하고 재강화시킨다.
5. 성차별은 다른 여러 가지 편견 형태들의 근본이 된다.
6. 다양한 편견의 형태들은 서로 관계된다.
7. 순응하도록 돕는 고정관념은 편견을 지지한다.
8. 편견은 도덕적 논증에서 미성숙한 형태들의 결과를 초래한다.
9. 편견은 비이성적 정신역학을 통해 안정을 성취하려 한다.
10. 궁극적인 판단기준을 마련하여 적용함으로써 편견을 정당화시킨다.
11. 편견은 '억압자'와 '피억압자' 모두에게 심리적으로 부정적인 결과를 낳는다.
12. 편견은 물리적 결과들로 표출된다.

5장에서는 이런 사항들을 정교하게 설명함으로써 독자들이 개인적 태도와 신념에 대한 반성적 사고를 하도록 도와준다. 또한 경험과 민주주의, 탐구와 같은 주제들로 다시 돌아와 결론에 이르도록 할 것이다.

마지막 장은 편견을 좁히고 예방하기 위한 일련의 실천적 제안들을 제시한다. 따라서 편견을 좁히기 위한 인지적 · 태도적 · 행위적 접근을 할 수 있게 도와주는 교육모델에 대한 설명을 첨부했다. 1장에서 4장까지는 핵심 이론가들의 연구 업적에 기반을 두는 반면, 5장의 교육모델은 다양한 교육적 배경과 상황에서 편견 문제를 다루는 실제적 안내를 제공한다.

특히 이 책에 있는 많은 내용들은 버클리 신학대학원에서 연구한 나의 박사학위 논문을 참고했다. 나의 박사논문 위원들과 데이비드 스튜워드(David S. Steward) 위원장, 로버트 브라운(Robert McAfee Brown)과 카렌 레백크즈(Karen Lebacqz), 노만 하안과 같은 훌륭한 학자들과 친구들에게 깊은 도움을 받았다. 그들의 지적과 열정적인 격려, 지지는 값으로 따질 수 없을 정도로 크다. 또한 몇몇은 이름을 밝히지는 않았지만 그들을 포함한 많은 사람들이 이 책을 내는 데 지대한 공헌을 했다. 특히 류터는 이 글의 핵심 내용에 대해 자세히 서신으로 답해 주었으며, 아직 출판되지 않은 원고를 내 논문을 위해 보내 준 것에 대해 진심으로 감사를 드린다. 비키 존슨(Vicky Johnson)의 격려와 도움 그리고 아끼지 않은 조언 역시 내게 큰 힘이 되었기에 심심한 감사를 표한다.

Chapter **1**
# Sexism and Dualism

# 성차별과 이원론

로즈머리 류터의 접근

제1장

# 성차별과 이원론

로즈머리 류터의 접근

1984년 5월 4일, 수줍음 많은 열일곱 살의 베트남 피난민 통하이 후인(Thong Hy Huynh)이 캘리포니아 데이비스(Davis)의 거리 조용한 대학가에서 동료 고등학생에게 칼에 찔려 살해되었다. 한 학생이 베트남 학생들이 자주 공격받는 이유를 기자에게 설명했는데, "괴롭힘을 당한 바로 그 사람들은 그들 스스로를 버림받은 자들이라고 여기는 자들이다. … 그들은 자신을 기꺼이 더 용납해야만 할 것이다."[1]라고 말했다.

거의 같은 시기에 가드너(Eileen Gardner)가 명성 있는 '헤리티지 파운데이션'(Heritage Foundation, 개인과 기업의 자유, 작은 정부, 미국의 전통적 가치관, 강력한 국방정책 등을 지향하는 미국 내 대표적인 보수주의 연구 교육기관 – 편집자 주)에 글을 기고했다. 그는 "이 지구상에는 불공평한 것이란 없다. 마치 불공평한 것처럼 보일

---

1) Jennifer Foote, "Viet 'Outsider' Dies at Hands of a Schoolmate," *San Francisco Examiner*, May 5, 1983.

뿐 개인의 외적 환경은 내적 정신 발달의 자기 능력 수준에 달려 있다."[2]고 진술했다. 이는 육체적 장애를 가진 자들에 대한 설명이었는데, 신체 장애인들을 도와주기 위한 프로그램을 두고 자금 감축을 주장하는 부서 정책에 담긴 내용이었다. 그 후 가드너는 곧 미연방 교육부 자문위원으로 고용되었다.

1983년 "뉴욕 포스트 지"(New York Post) 편집 기자였다가 후에 백악관 통신 부장을 맡았던 패트릭 뷰캐넌(Patrick Buchanan)은 치명적인 병인 에이즈(AIDS, 후천성 면역결핍증)를 동성애자 집단에게 그 대가로 주어지는 보복이라고 암시했다.[3]

이런 보고들은 편견의 실례들이다. 불행히도 이런 실례들은 결코 특별하거나 심지어 드문 일이 아니다. 거의 하루에도 신문이나 텔레비전을 통해 가정에 이와 비슷한 이야기들이 쉴 새 없이 쏟아져 나올 정도다. 그동안 어떤 일들이 일어나고 있었던 것인가? 최근에 편견이 잠시 쇠약해지는 것처럼 보이기도 했다. 50년대 민권 운동가(Civil Rights Movement)들은 인종차별에 대항하는 승리의 나팔을 울리며 진보적인 시민권의 합법성을 선도하는 반면, 60년대 학생들은 전쟁을 반대하고 우리 가운데 자리 잡은 민족 우월주의의 경향을 의식하도록 해주었으며, 70년대 여성들은 아마도 남녀관계의 은밀한 곳에 자리 잡고 있던 가장 뿌리 깊은 모든 편견에 도전했다. 혼동된 시대에서도 희망의 기운이 맴돌고 있었으며 우리 가운데 많은 사람들은 정의와 조화의 새로운 세계가 펼쳐질 것이라고 기대했다.

그러나 1980년대에 이르러 그 흐름은 바뀌었다. 우리의 꿈은

---

2) 1983년 Heritage Foundation을 위해 보고한 자료로부터 인용한 내용이다.

3) Lee Hancock, "Fear and Healing in the AIDS Crisis," *Christianity and Crisis*, Vol.45, No.11 (June 24, 1985) 참조.

인색함과 편협함의 물결로 말미암아 마치 모래성같이 씻겨 내려가고 말았다. 한때 국가의 자랑으로 꼽았던 10년간의 시민권 제정은 지금 문제시되고 있고 해체되었다. 네오-나치(neo-Nazi) 집단이 활발해짐과 같이 KKK(백인우월주의-역자 주)가 다시 일어나고 있다. 여성운동가들과 동성애자들, 소수인종집단들 그리고 그밖에 다른 사람들에 대항하는 분노가 일어나고 있다.

편견은 계속 살아 움직이고 있으며 자연스럽게 진행되고 있다. 그런데 편견이란 정확히 무엇을 말하는가? 만일 우리가 라틴어의 어원을 살펴본다면 '프레주디치움'(praejudicium)이란 단어 뜻에서 편견에 대해 알 수 있다. 이 단어는 단순히 성급한 결정이나 경험에 기초한 판단 혹은 미리 앞선 판단이란 뜻을 가진다. 또한 영어에서 pre-judge, '프리'(앞서) - '저쥐'(판단)라는 말에서 유래하는 '프레쥬디스'(prejudice)는 '충분한 근거가 없이 앞서 판단하다' 란 뜻을 내포한다. 이렇게 볼 때 편견이란 충분하고 타당한 지식이나 기타 근거를 갖추지 못한 상태에서 사람들의 집단에 대해 성급한 판단을 내리는 경향을 말한다. 대중적인 말로 표현하는 이 편견은 사실 애매모호하고 변덕스러운 표현이기도 하다.

좀 더 기술적인 말로 표현해 편견이란 긍정적이거나 혹은 부정적일 수 있다. 긍정적 편견은 타당한 이유 없이 한 집단에 대해 좋아하는 경향을 의미할 것이다. 그러나 더 흔히 편견이란 부정적 의미로 사용되는데, 어떤 사람이 그 집단의 일원이기 때문에 또 다른 집단이나 특별한 사람에게 근거 없는 반감을 가지는 경우다. 이 책에서 편견이란 용어는 이런 부정적 의미로 사용될 것이다.

편견은 중대한 문제다. 그런데 편견은 어떤 동기로 유발되는가? 그리고 어떻게 편견을 배우게 되는가? 이보다 더 중요한 질문은 '우리가 어떻게 가정과 학교, 교회와 직장에서 편견의 영향을 극복하거나 제거할 수 있는가?'라는 문제다. 이는 어려운 질문들이며, 우리가 여기에 대한 해답을 찾으려면 많은 노력을 기울여 일련의 자료들을 모으고 연구해야 한다. 우리가 직접적으로 처해 있는 문제는 편견에 대해 모호하게 나열하는 것이다. 다시 말해 인종 편견, 성 편견, 종교적 편견, 계층편견, 국가 편견, 나이 편견 외에도 더 많은 이름들을 가진 편견들이 있다. 만일 우리가 편견을 이해하고 조정하기 위한 방법을 찾고자 할 때, 우리는 이런 모든 다양한 편견들을 이해할 수 있는 하나의 방법이 필요하다.

나는 이 같은 다양한 편견 형태들로부터 공통된 이해를 이끌어내려면 계급적 이원론 개념을 분명히 다루어야 할 가치가 있다고 본다. 이것은 내가 처음으로 고안해낸 개념은 아니다. 여성학, 특히 여성신학자들을 연구하면서 배운 개념이다. 이 장에서 나는 여성신학자들을 통해 보여 준 렌즈를 사용하여 편견을 탐구해 보고자 한다. 여기서 모든 영역을 조사해 보려고 시도하기보다 여성신학위원들 가운데 영향력 있는 여성신학자, 로즈머리 류터의 연구 과업을 중심으로 살펴보고자 한다. 나는 특별한 관심을 가지고 류터를 선택했는데, 그 이유는 그녀가 계급적 이원론의 발달을 둘러싼 역사적 문제에 대한 조사를 심도 있게 했으며 편견과 차별에 대한 다른 형태들 사이의 결합에 대해 주의 깊은 관심을 보여 주기 때문이다.

## 계급적 이원론

서구의 사고방식이 매우 이원론적이라는 사실은 대부분 학자들에게 공통 관심사였다. 이원적 사고란 기본적으로 '이것 아니면 저것'(either-or)이라는 생각이다. 밝든가 혹은 어둡든가, 뜨겁든가 혹은 차든가 하는 식의 사고방식이다. 세계는 서로 반대되는 범주와 반대 원리로 나누어진다. 현실은 주체와 객체, 자연과 초자연, 몸과 영혼으로 나누어진다. 사람은 내부 사람들(내집단)과 밖의 사람들(외집단), 가진 자와 못 가진 자, 강한 자와 약한 자로 양극화된다. 이원적 사고는 두 관계된 개념이나 관념 혹은 사람들의 집단에 대해 차별화해야 한다고 강조한다. 그래서 사람들은 공동으로 함께 나누는 일을 최소화시킨다.

　　서구철학과 종교에서 여러 세기를 거쳐 가장 영향력 있게 지배해 온 이원론은 정신과 몸, 정신과 물질, 문화와 자연 사이의 이원론이다. 이 같은 이원론을 소위 '계급적'(hierarchical)이라고 부르는데, 또 다른 근본적인 이원론, 즉 선과 악으로 반영되기 때문이다. 이원론적 사고에 따르면 정신과 영혼 그리고 문화가 몸과 물질, 그리고 자연과 반대되며 우월하게 보인다. 많은 철학자들과 사회학자들은 이원론적 사고의 패턴을 반대해 왔던 반면, 현대 여성신학자들의 세대는 중요하면서도 종종 빠뜨린 차원들을 첨부시켜 왔다. 그들은 이러한 이원론들이란 남성과 여성이라는 범주와 연결되어 왔다는 점에서 다방면의 방법으로 어느 정도 자세히 연대순으로 기록해 왔다.[4] 이 책 서두에서 우리는 성차별의 초기 발생 과정을 조사하고, 어떻게 그 성차별이 집단 억압의 다른 형태를 포장시켜 왔는지 살펴볼 것이다.

---

4) Susan Hill Lindley, "Feminist Theology in a Global Perspective," *The Christian Century*, 25 April 1979, 465~469; and Sheila Collins, "Toward a Feminist Theology," *The Christian Century*, 2 August 1972, 796~799 참조.

## 계급적 이원론의 근원

계급적 이원론의 원인을 이해하기 위해 우리는 인간 역사의 여명기로 되돌아가야만 한다. 류터는 한때 이원론적이고 성차별적인 것으로 특징지을 수 있는 고대 도시 문명화 이전 시기에 통합적 시기, 즉 "우리는 지배와 복종이라는 이원론의 발생 이전에 순수했던 원시적 시기에 대해 말해야 한다."고 주장한다.[5] 이 시기에 남성과 여성은 생리적으로 적합한 다양한 과업을 수행하는 데 서로 다른 사회적 기능들을 가지고 있었지만, 노동으로부터 얻는 분배와 보상은 평등했다. 기본적으로 남자들은 보호자와 사냥꾼들이었던 반면, 여자들의 삶은 음식을 모으고 자녀를 양육하는 데 중점을 두었다. 주어진 과업들은 그 외의 것보다 더 중요하거나 가치 있다고 여기지 않았다. 그 시기의 본질적인 특성은 동등하게 능력 있고 매력적인 여성과 남성의 신들에 의해

---

5) Rosemary Radford Ruether, "The Becoming of Women in Church and Society," *Cross Currents*, Vol. 17 (Fall 1967), 420. 류터가 비평한 고전적 설명으로 Evelyn Reed, *Woman's Evolution* (New York: Pathfinder Press, 1975)을 참조하기 바람. 리드(Reed)는 "물질적 씨족조직은 사회 조직의 근원적 형태였다."(xiii)고 주장한다. 이와 비슷한 결론은 히브리 성서가 부계사회에 앞서서 모계적 시대를 지적하고 있는 내용을 주장하는 데이비드 베이갠(David Bakan)에까지 이른다. Cf. *They Took Wives: The Emergence of Patriarchy in Western Civilization* (San Francisco: Harper & Row, 1979). 그러나 류터는 "원시 모계사회의 신화는 문화적으로 두 개의 구별된 자료, 즉 원시인들 사이에 모계적이고 처가 거주적인 문화와 중세 근동 사람들의 비성서적 종교들 가운데 여성신의 모습들의 우월성으로 구성되었다."고 주장한다. *New Woman/New Earth: Sexist Ideologies and Human Liberation* (New York: The Seabury Press, 1975), 6. 류터에 대한 응답으로 Carol P. Christ, "A Response to Rosemary Ruether, Part Ⅱ," in *Womanspirit*, Vol. 7, No.25 (Fall 1980), 11~14 참조. Marymay Downing, "Prehistoric Goddesses: The Cretan Challenge," *Journal of Feminist Studies in Religion*, Vol. Ⅰ, No. 1 (Spring 1985), 7~22 참조.

대중화되면서 고대 종교적 신화 속에 반영되었다.

원시적 삶의 통합(integration)은 지속되지 못했다. 결국 인간성에 대한 통전적 견해는 내집단의 가치의 정도에 따라 사람들을 구별함으로써 이원론적 '자아와 타자'(self-other)로 분리되었다. 류터는 초기 연구에서 예수 이전의 약 2천 년 동안 어떤 곳에서도 편견과 차별은 고대 문명이 출현할 때까지 발생하지 않았다고 주장한다.[6] 이 시기보다 더 이전 사람들은 그들의 개인적 특성(individuality)에 대한 중요성을 인식하지 못했으므로 '나' 라는 인칭은 '우리' 라는 인칭 속에 파묻혀 있었다. 따라서 류터는 개인적 특성에 대해 확실한 의식이 없는 상태에서 타자를 편견의 대상으로 삼고 차별할 만한 근거란 있을 수 없다는 이유를 주장한다.

그러나 류터는 최근 연구에서 "집단 자아의 역할을 강조하는 근원적 이원론적 사고와 계급주의의 한 다른 모델"을 주장해 왔다.[7] 이는 "초기 형태에서 자아와 타자의 이분법은 개인주의적으로 이해되기보다는 오리려 집단적으로 이해된다"는 주장이다.[8] 그러므로 인간 역사의 초기 부족시대 동안 비록 사람들이 스스로 개인주의적 경험을 하지 못했더라도 다른 부족에 대항하며 '우리 부족'(our tribe)이라는 집단적 의식을 가지고 있었다는 것이다. 류터는 다음과 같이 집단적 의식에 대해 자세히 설명한다.

> 집단적 자아로서 부족집단은 비인간적 본성과 상식적 인간성을 인정받지 못한 다른 인간집단으로서 '타자'(the other)를 비교하여, 인간의 영역을 설정하기 위한 기초적인 근거를 마련했다. 자아와 타자를 선과 악으로

---

6) Ruether, *New Woman/New Earth*, 3~36.

7) Ruether, *personal correspondence*, September 10, 1982.

8) Ruether, *Sexism and God-Talk: Toward a Feminist Theology* (Boston: Beacon Press, 1983) 161.

34

편견 극복을 위한 신앙교육

보는 혼합된 이원론은 인간의식의 역사에서 매우 초기에 발생되었던 것
같다.[9]

류터를 통해 부족시대의 문화에서부터 계급적 이원론을 추적
하는 일은 인류문화학적으로 그런대로 충분한 근거가 있어 보인
다.[10] 그리고 그녀가 최근에 연구한 결과는 계급적 이원론을 위
한 중요한 동기와 관련된 그녀의 논문을 더욱 분명하게 해준다.
류터의 주장에 대한 다른 해석자들은 때때로 타당성 있는 결론
을 내리는데, 즉 류터가 사회적·경제적 동기를 계급적 이원론의
형성에서 가장 전망 있다고 본다는 것이다.[11] 비록 이런 동기가
종종 현실적이더라도 류터의 주장에 따르면 동등한 권력을 가진
집단들 사이에서도 다른 집단을 열등한 집단이라고 여기는 경향
이 아직 남아 있다.[12] 그러나 이런 경향은 항상 경제적 혹은 정
치적 권력을 획득하고 유지하기 위한 욕망만으로 해석될 수는
없다. 오히려 그것은 높은 자존심을 느끼는 욕망으로부터 동기
화되며, 따라서 (자기 스스로 혹은 자신이 속한 집단에 대한) 긍정적
자기주장은 '타자'에 대해 부정적 특성으로 탓을 돌림으로써 획
득된다. 그러므로 편견의 동기는 항상 정치적이거나 경제적 획득
을 위해 타자를 미끼삼아 착취하려는 욕망만을 내포하고 있지는
않다. 오히려 그것은 자아가치에 대한 자신의 의식을 높이기 위

---

9) Ibid., 161.

10) 부족사회에서 인종주의적 태도의 현실은 보편적인 인류학적 조사 결과이다. Franz
Boas, *The Mind of Primitive Man* (New York: Oxford University Press,
1970) 참조.

11) Carter Heyward, "Ruether and Daly: Theologians Speaking, Sparking,
Building and Burning," *Christianity and Crisis*, Vol. 39, No. 5 (2 April
1979), 66~72 참조.

12) Ruether, *Sexism and God-Talk*, 162.

해 심리적 획득을 목적으로 타자를 미끼삼아 착취하는 일이다.

부족집단들이 '타자성'(otherness)에 대한 의식을 어느 정도 발달하기 시작하면서부터 그 개념을 자신의 집단 속에 있는 여성들에게 바로 적용시켜 온 것처럼 보인다. 이는 특별히 놀랄 만한 일은 아니다. 성적(性的) 정체성은 분명히 모든 인간들에게 가장 확실하고 보편적인 차이성들 가운데 하나이며 인간 발달에 수반하여 일어나는 노동의 자연적 분화는 이러한 차이성을 강조하기 위한 수단이 되어 왔다. 이 차이성을 계급적 이원론으로 바꾸기 위한 내적 욕구는 없었다 해도, 그것은 아주 초기에 발생했던 결과라고 류터는 주장한다.

> 부족집단들의 남성들은 자신들을 가부장적으로 여기며 특히 여성과 다른 부족들, 그리고 비인간적 본성을 '타자'(the other)와 비교하여 그들 자신의 집단적 자아(collective self)에 대한 정의를 내리는 데 중심 역할을 해 왔다. 많은 부족들은 '인간'에 대한 포용적인 단어를 가지고 있지 못하다. 자신의 부족들을 위한 그들의 말은 소외된 자들을 비인간으로 축소시키면서 자신을 인간이라는 단어와 동등하게 사용한다. 유사하게, 많은 단어들 가운데 인간에 관한 단어들은 여성을 보조적 지위(상태)로 축소시키면서, '남성'이라는 단어와 일치시킨다.[13]

## 계급적 이원론의 세 가지 선택적인 형태들

이전 후기 부족시대에는 여성들을 더 이상 평등하게 여기지 않았고 남성의 소유물로 보았다. 「새 여성, 새 세계」(*New Woman /New Earth: Sexist Ideology and Human Liberation*)라는 책에서

---

13) Ibid., 161~162.

류터는 세 가지 서로 다르지만 연결된 계급적 이원론의 형태를 주장하고, 각각의 역사적 발달을 요약하여 설명한다. 류터의 연대기에 따르면 여성들의 문화적 역사에 관한 시기를 구분하자면 세 시기로 나뉜다. 모성 복종기(여성들이 남성들에게 복종하던 시기)와 모성 부정기(여성들을 악으로 보던 시기) 그리고 모성 숭고기(여성을 이상주의로 만든 시기로서 현실의 삶과는 관계없는 것으로 간주하던 시기)로 구분할 수 있다. 각 형태의 역사적 입장은 기록 순서대로 발생하는 반면, 어떤 한 국면에서는 이전 시대 것을 대체하기보다 여성들에 대한 새로운 선택적인 개념들을 첨가시키기도 했다.

남성에 대한 종속으로서의 여성 이미지, 즉 류터가 소위 '모성의 복종'이라고 부르는 시기는 근원적으로 도시문화가 초기 부족들과 마을문화에서부터 출현하기 시작함으로써 발생되었다. 도시화는 문화와 함께 더 큰 계획과 조직을 위한 욕구를 충족해야만 했다. 사냥꾼과 병사, 그리고 부족 지도자로서 남성들은 일반적으로 정치와 군사 영역을 통치하게 되었다. 여성들과는 대조적으로 생산과 재생산의 중심이 되어 온 남성들의 삶은 고대 문명화를 이루는 데 경제적으로 크게 이바지했다.[14]

도시화를 향한 운동과 함께 약탈적 경향은 더 커져만 갔다. 농경사회의 발전과 정치적 · 경제적 체계조직은 노동 분화로 말미

---

14) 류터의 분석은 초기 인간역사 가운데 남성과 여성의 역할의 다양성을 분명히 축약하거나 무시했다. 여성의 역할들을 강조하고 초기 인간 진화에서 성의 역할의 다양성에 대해 동시대적인 인류학적 취급을 한 책으로는 Frances Dahlberg (ed.), *Woman the Gatherer* (New Haven: Yale University Press, 1981) 참조. 그리고 이 저서보다 훨씬 이전의 것으로 아직도 유용한 내용을 담고 있는 책으로는 Elise Boulding's *The Underside of History: A View of Women Through Time* (Boulder, Colorado: Westview Press, 1976)이 있다.

암아 인간성의 한 부분이 또 다른 부분에 대해 떠받히는 역할(종속적이고 차별적 기능)을 하도록 만들었다. 문화의 발달로 주어지는 새로운 특권을 누가 누렸는가? 일반적으로 남성들은 아마도 역사 초기에 필수 과업들에 대한 의무로부터 자유롭던 문화적 역할을 점유하고 있었기 때문에, 문화적 이데올로기를 발전시키는 데 유리한 입지에 놓여 있었다. 그들이 물려받은 정치적·사회적 권력 독점을 정당화하기 위해 "지배계층의 남성들을 문화적으로 대변하는 자들은 여성들에게 차별적 계급과 열등감을 주는 이데올로기들을 모색하기 시작했다."[15]

지배적인 남성들은 우월적 이데올로기를 개발시키기 위한 여건들을 멀리서 찾을 필요가 없었다. 즉, 정신과 몸, 영혼과 물질의 이원론은 이미 그들 가까이에 준비되어 있었다. 또한 이런 이원론들은 초기 부족문화들보다 세속적인 도시문명화의 삶의 모습으로 발달하면서 더욱 진보해 왔다. 인간이란 다스리는 영혼으로 생명을 불어 넣은 한 덩이 흙과 같은 물질이라고 생각했으며, 정신으로 육체를 다스린다고 이해했다. 아이를 낳는 일은 자연의 순환과 친밀하게 결합되었다고 상상함으로써, 남성들은 더욱 정신과 영혼의 지배를 받는 자라고 여기며, 여성들은 더욱 육체적이고 물질적인 대상으로 이해했다.

류터의 주장에 따르면 여성문화사의 첫 단계, 즉 남성에 대한 여성의 복종으로 특징짓던 단계는 여성들을 부정하는 두 번째 국면으로 옮겨갔다. 여성문화사에서 '모성의 부정'으로 보이는 이 두 번째 국면은 한 예로 그리스 철학에 잘 반영되어 있다. 플라톤은 어떻게 영혼이 낮은 세상에 있는 외계인으로 보이는 육

---

15) Ruether, *New Woman/New Earth*, 7.

체 안에 거주하여 영적인 존재가 되는지를 밝혔다. 여기서 주목할 점은 어떻게 플라톤이 몸과 영혼의 이원론을 남성과 여성의 이원론과 결합하게 되었는가라는 것이다. 창조신화 티메우스(Timaeus)에서 플라톤은 유혹의 수단으로 어떻게 영혼이 남자의 육체로 들어갔는가를 관련시켜 설명한다. 그리고 만일 그 영혼이 실제로 육체에 들어가 살아 있다면 그 육체는 영혼의 세계로 회생한다는 것이다. 그러나 만일 그 영혼이 육체로 들어가는 일에 실패하거나 육체에 복종하게 된다면 이차적 출생으로서 여성의 모습으로 살게 된다는 설명이다. 따라서 여성은 근본적으로 악으로 간주되었고 선한 관념적 삶으로부터 나와 육체적 삶으로 표류하도록 유혹하는 유혹자들로 간주되었다.

플라톤과 마찬가지로 아리스토텔레스 또한 계급적 이원론을 설명했고, 자유로운 그리스 남성들로 말미암아 여성들이 노예의 지위로 전락하게 되는 사회로 보는 포괄적인 견해를 발전시켜 나갔다. 그에게 자유로운 그리스 남성이란 여성과 노예, 그리고 야만인들을 정복하게 하는 지배적 '이성'(reason)으로 표현되었다.

류터는 여성 문화사의 마지막 국면을 '모성의 숭고함의 시기'로 본다. 이 시기에 여성의 이미지들에 대한 외면적 거절이 발생한다. 비천한 존재로 보기보다는 여성들을 낭만주의로 승화시켰다. 그러나 이런 여성에 대한 새로운 이상주의적 모습들 역시 얄팍하게 이해되었다. 왜냐하면 여성들은 실상 과거의 모습 그대로였기 때문이다. 즉, 여성은 아직 권력의 중심에서 남성과 동등한 참여를 하지 못하고 있었다. 이 차원에서 가장 적합한 예는 프랑스 혁명을 뒤따른 낭만주의에 대한 반발의 시기에 발생했다는 점이다. 이 역사적 시기 동안 여성들, 즉 오래 전 일은 아니지만 악마의 동료 역할을 감당해 왔던 여성들은 남성들보다 더욱 도덕적이고 영적인 모습으로 보였다. 이러한 정형화된 여성의 이미지로 바뀌게 된 변화는 지배적 남성들의 관심과 정반대 모습이며 사실 문화적 변화들로 말미암아 묘사된 하나의 단면적 변화의 모습을 보여 준 것이다.

산업화의 출현은 사회구조를 크게 변화시켰다. 그리고 산업화와 함께 세속화가 진행되었다. 즉, 하나님보다 오히려 이 세상일에 적응하려는 삶을 지향하기 시작했다. 문화적 삶의 중심이 되어 왔던 종교는 주변으로 옮겨졌다. 옛 가치관은 새로운 가치관에게 길을 내주었다.[16] 세속화는 타계의 영적 영역에서부터 멀어지고 물질세계로 향하는 가치관에 초점을 맞추도록 인간 삶을 재조정했다. '현실 세계'는 물질적 존재, 즉 생산품과 노동 세계와 동의어가 되었다. 물질세계를 비하하고 악으로 이해되었던 이 시기는 여성들을 자연과 물질세계와 밀접하게 결합된 것으로 이미지화시켜 나갔다. 그러나 반면에 여기서 여성들은 자연히 영적이고 도덕적인 특징을 지닌 것으로 간주되었는데, 이는 오히려 사회적·경제적 권력의 위치로부터 여성들을 배제시키기 위한 기본 특성으로 보인다.

그러나 가치관의 변화는 남성들에게 얄팍한 감정에 머물도록 했다. 아직 낡아빠진 옛 가치관을 계속 열망하면서 남성들은 도덕성의 의무적인 영역을 추구했고, '현실적 삶'의 가장자리에서 유지될 수 있었던 성적 관심을 고상하게 승화시켰으며, 옛 가치관들과 억압된 욕망들을 표현할 수 있었던 향수의 영역으로 가

---

16) Ruether, "Male Clericalism and the Dread of Women," *The Ecumenist*, Vol. 11, No. 5 (July–August 1973), 65~69. 또한 "Home and Work: Women's Roles and the Transformation of Values," *Theological Studies*, Vol. 36 (December 1975), 647~659 참조.

정을 선택했다. 류터는 다음과 같이 말한다.

> 가정과 여성성은 오늘날 현대 산업세계와는 전혀 다른 것으로 … 비록
> 이 개념은 그 밖의 모든 점에서 민주주의적 정치로 말미암아 전적으로
> 뒤바뀌었다 해도, 가정에서 가부장제도와 출산권은 상습적 귀족정치로서
> 아직 계속 지배하고 있다. … 또한 여기서 감성과 친밀성은 무감동의 기
> 술적 합리성에 의해 외적으로 좌우되는 세계에서 지배적 요소이다. 여기
> 서 숭고한 성적 관심은 잔인한 산업경쟁의 물질주의와 싸웠고 … 무엇보
> 다도 가정은 경건한 영역이며 향수적인 종교성이 있는 곳인데, 여성은
> 그곳을 가꾸었고, 남성들에게 가정은 옛 신앙이 거의 남아 있지 않은 과
> 학적 이성에 의해 지배받는 새로운 세계에 대한 불확실성과 싸우는 그들
> 의 영혼에 쉼을 주는 안식처가 되었다.[17]

오늘날 매우 일반적으로 볼 수 있는 가정과 직장의 이원론은
이러한 여성의 낭만주의화에 뿌리를 둔다. 많은 사람들은 남성
들이 항상 생산성의 영역, 즉 직업의 세계와 연관되었다고 생각
하며 여성들은 소비를 부추기는 조직, 즉 가정과 연관되었다고
생각하는데, 이는 실제로 오늘날도 마찬가지이다. 산업화 이전
에 가정은 생산의 경제적 중심, 즉 사업의 원천이 되어 왔다. 그
러나 산업혁명은 가정의 모습을 스스로 외적인 경제적 체계에
완전히 의존하는 한 단위로서 다시 바꾸어 놓음으로써 점진적으
로 모든 자기 부양기능을 가정으로부터 제거했다. 비록 이미 남
성들은 정치적 권력을 실질적으로 독점하여 즐기고 있었다 해
도, 산업화 과정은 경제적 영역까지도 남성들이 독점하도록 기
회를 제공하는 결과를 초래했다. 따라서 결국 여성의 이미지는

---

17) Ruether, "The Cult of True Womanhood," *Commonweal* (9 November
1973), 129~130.

바뀌어져야만 했다. 사실과 가치, 공적인 것과 사적인 것 그리고 객체와 주체의 이원론들은 특별히 현대 세계에서 대중적 인기를 끄는 것으로 새로운 정형화(고정관념화)를 위한 시금석이 되었다. 너무 타락하고 세속적이기 때문에 고귀한 정치와 종교 세계에 참여할 수 없었던 여성들은 반면에 다시 너무 도덕적이고 영적이기 때문에 더러운 경제 세계에 참여할 수 없게 되었다. 여성의 역할은 활동적인 노동자로부터 소비지향적인 가정의 주부로서 '남편의 훌륭한 경제적 솜씨를 자랑' 하는 의존적인 가정 경영자로 다시 새롭게 바뀌게 되었다.[18] 여성됨의 이데올로기, 즉 여성들이 당연히 가정생활에 자연스럽게 적응하도록 적합한 개념으로 발달하게 된 이데올로기는 여성의 주변화(marginalization)를 정당화시키도록 자극했다.

　여성문화사에서 이 세 가지 국면들은 계급적 이원론의 일반적 구조 속에 있는 다양성을 설명한다. 각 국면의 공통점은 '타자' (여성)에 대해 정형화(고정관념화)된 이원론이다. 이것은 특별한 기능, 즉 여성들이 남성들보다 사회적 권력과 특권을 누리지 못하게 함으로써 사회적 비교과정을 할 수 있도록 하는 기능을 수행한다. 그러나 이 정형화된 이원론은 다양한 방면에서 단순한 복종의 이미지나 사악한 적 혹은 나쁜 아이들과 같은 이미지로 반영될 수 있었다. 이 모든 경우들로부터 결국 '타자' 로 투사된 이미지들은 지배적 남성의 권력을 유지시키는 일이다.

18) Ruether, "Home and Work: Women's Roles and the Transformation of Values," 651 참조. 류터는 고든(Ann Gordon)이 편집한 책, Ann Gordon, et al., "Women in American Society: A Historical Contribution," *Radical America*, Vol. 5, No. 4 (July–August 1971), 25~30에 의존한다.

## 성적(性的) 상징화의 모델

류터는 성적 편견과 차별은 무엇보다도 역사 전반에 걸쳐 한 인간 집단이 다른 집단을 탈취하기 위해 고도로 적합한 형태를 제공해 주었다고 주장한다. 일단 이원론이 발생하면 이 이원론의 긍정적이고 부정적인 상극이 따로 따로 남성과 여성으로 일치되고 또 그 이원론은 문화적 엘리트들이 다른 그룹에 대한 부정적인 묘사를 하게 만드는 작은 계기가 되었다. 류터는 다음과 같이 주장한다.

> 착취의 대상자들로 그리고 비이성적이고 수동적이며 그러나 위험할 만큼 감각적인 자들이라고 여기는 이들을 지배 아래 두었던 사람들의 일반적 견해를 보면 전통적인 백인 남성들의 모습이 모든 열등한 자들(inferiors), 즉 노동자들과 농부들과 노예들, 특히 백인이 아닌 다른 민족들의 모습보다 우월하다는 점을 강조해 왔음을 알 수 있다.[19]

정신과 육체의 이원론을 남성과 여성의 관계로 이해하는 데 이용함으로써 얻은 다음의 두 가지 혜택은 남성인구를 증가시키는 동기가 되었다. 첫째, 자신의 육체적 욕망을 두려워하는 소외된 남성들은 그 고민의 근원을 자신의 외부에서 찾았다. 따라서 여성은 바로 성적 육체의 대상이 된다. 둘째, 여성을 육체의 개념으로 바라봄으로써 남성들은 여성들을 '정신'(mind)의 소유자들, 즉 엘리트 남성들에게 복종할 것을 정당화했다. 이런 생각의 패턴은 역사 전반에 걸쳐 다양한 다른 사람들에게 수차례 반복

---

19) Ruether, "Outlines for a Theology of Liberation," *Dialogue*, Vol. 11 (Autumn 1972), 256~257.

적용되어 나타났다. 성적 편견의 정신적 형태는 또 다른 형태의 편견들을 위한 방식이 되었고 이와 같은 지나치게 왜곡된 성의 이해는 많은 다른 억압된 집단을 정형화시키는 방법들로 분명히 드러난다. 이러한 비이성적인 발상은 이로 인해 얼마나 자주 현실을 왜곡시키는 지에 대해 주목함으로써 투명하게 드러난다.

> 유대인들은 중세기에 거의 요란을 떨지 않았다든지, 교회 때문에 핍박받는 이교도들은 그들 스스로 엄격한 금욕주의를 실천하는 자들이었다든지, 혹은 인정받는 공산주의는 아주 청교도적이었다든지 하는 사실들은 거의 문제가 되지 않는다. 오히려 지배적인 사회에서 변함없이 악의 권력자들로 보이는 대행자들이란 받아들인 신앙과 함께 사회 질서를 파괴하는 불경스러운 자들로, 그리고 음탕한 성적 행위에 빠져 있고 만연된 방탕생활로 사회 안정을 감염시킨 자들로 여겨진다.[20]

집단적 편견의 다른 형태들과 상호 연결되어 있다는 성차별은 우리가 계속하여 계급적 이원론의 성격을 탐구함으로써 우리의 관심을 다시 갖도록 해준다. 여기서 우리는 교회가 이원론적 사고방식의 발달에 어떠한 영향을 주었는지에 대해 관심을 돌리고자 한다. 교회에서 지지했던 이원론의 연속적인 결과들이 특별한 집단적 편견들의 발달뿐만 아니라 현재 생태학의 위기를 초래한 자연에 대한 제국주의적 경향성에 한몫을 해왔음을 우리는 볼 수 있을 것이다.

---

20) Ruether, *New Woman/New Earth*, 108.

## 이원론과 교회

계급적 이원론의 세 가지 형태들은 모두 일찍이 유대교와 기독교 전통의 특성이 되어 왔다. 여성의 복종은 명확히 고대 이스라엘의 수많은 법적 코드와 제의적 실천들 속에 나타난다. 히브리 국가의 사회구조는 분명히 가부장제였으며, 성서기자들은 그들 시대의 문화적 가설들을 반영시켜 주었다. 십계명을 예로 들면, 아내들은 이웃이 탐내지 말아야 할 남자들의 소유물(출20:17)로서 집과 노예, 소와 함께 자산 목록으로 기록되어 있다. 경우에 따라서 성서 텍스트들은 여성들의 단순한 복종의 차원을 넘어서 있으며 우리는 그 안에서 기본적으로 남성들보다 여성들이 더 타락한 모습을 발견한다. 류터는 창세기 3장 이야기가 그 예라고 주장한다. 그것은 가부장제를 합법화시키기 위해 기획된 반전(反轉)의 신화를 제공하며 전 서구세계에 걸쳐 점점 여성차별주의의 추세를 반영시킨다.

> 아담의 갈비뼈 이야기에서, 아담은 근본적으로 인간의 원형이다. 자연의 순리를 뛰어넘어 아담은 아버지 하나님의 도움으로 여자를 얻는다. … 여성차별주의는 그리스 문학과 구약성서 그리고 탈무드의 유대주의의 후기 사회계층에서 발달했다. 이런 텍스트들은 여성의 악한 면을 상세히 설명하고, 이 세상에 있는 악의 근원을 이브와 판도라(Pandora) 같은 여성의 모습에서 찾는다.[21]

'첫 번째 여성 이브'의 정체를 악으로 규정하는 것은 특히 실

---

21) Ruether, *New Woman/New Earth*, 15.

제 역사 속에서 여성들을 악화시키는 결과를 가져왔다. 원저자의 의도와는 관계없이, 전 세기를 걸쳐 계속 반복된 그 이야기는 만연한 여성차별주의 문제가 발생하도록 문화적 상상력을 꾸며냈다. 이 같은 여성에 대한 이미지는 너무 강한 나머지 지난 역사 속에서 소위 마녀라고 불리는 수백 수천 여성들에 대한 잔인한 살상의 직접적인 원인이 되었다. 이브에게 죄를 뒤집어씌우는 일은 편견적 사고의 특징으로 '희생양으로 뒤집어씌우는' (victim-blaming) 전형적인 패턴이다. 가부장제의 문화적 상황에서 형성되었기 때문에 가부장제로 말미암은 희생자들은 지배자들의 악의 대상으로 비난받는다.[22]

비록 계급적 이원론의 세 번째 형태, 즉 '타자'에 대해 낭만주의적으로 보는 형태는 성서 텍스트들에서 그 자료를 거의 찾지 못한다 해도 그것은 기독교 교회 내에서 발달했다. 류터는 "기독교가 전형적으로 여성에 대해 정신분열증적인 견해를 갖고 있다. 여성은 숭고한 영적인 여성(동정녀 마리아)과 실제로 육적인 여성(타락한 이브)으로 나누어진다."[23]고 주장한다. 교회는 여성에 대한 두 가지 기본 이미지들을 세상에 제공한다. 여성들은 동정녀 어머니가 될 수 있고 또 그리 되면 그들은 의도된 영성을 얻을 수 있지만, 반면에 악한 이브도 될 수 있다. 물론 육체적 몸과 피를 가진 여성들은 항상 동정녀와 함께 어머니로서의 이상을 실현하는 자가 될 수 없었고 결국 남자를 유혹하는 악한 여자(요부)로서 기독교가 제공한 여성됨에 대한 지배적 이미지로 계속 남게 되었으며, 이는 적어도 현대에 이르기까지 계속되었다.

22) Ruether, "Feminist Theology in the Academy," *Christianity and Crisis*, Vol. 45, No. 3 (4 March 1985) 참조.

23) Ruether, *New Woman/New Earth*, 18.

기독교 신학이 편견의 발달을 영속시켜 온 역할에 대해 좀 더 잘 이해하기 위해서는 인간 실존의 극단을 보여 주는 두 가지 고 대시대 패턴, 즉 예언자적 변증과 묵시적 이원론을 대조시켜 보 아야 한다. 특히 유대주의에 대항하는 논쟁에서 어떻게 초기 기 독교가 이원론적 모델을 평가하고 사용했는지, 그리고 어떻게 그 자신의 이원론적 범주들의 모습으로 발달시켰는지 우리는 보 여 주고자 한다. 또한 기독교 이원론이 어떻게 서구 제국주의와 미국의 인종차별주의 그리고 현재 생태학의 위기와 상호관계가 있는지를 살펴볼 것이다.

## 변증법적인가, 이원론적인가?

비록 현실을 이해하는 데 이원론적 양식을 비판한다 해도 인 간 실존은 많은 이원론적 상극들로 이루어졌다는 사실을 류터는 인정한다. 우리는 선과 함께 악을, 은혜로운 삶과 함께 죄 짓는 삶을 경험한다. 희망과 함께 절망 또한 경험한다. 그러나 류터는 이런 상극에 대해 이해하기 위해 비이원론적 방법으로 예언자적 전통을 소개한다.

예언자들은 심판과 희망의 **변증법**을 사용한다. 여기서 변증법 과 이원론을 구별하자면 이원론에서 두 상극(예를 들어, 심판과 희 망)은 서로 분열되고 다른 두 집단에 적용되지만 변증법에서 두 상극은 자신을 규정하거나 혹은 자신에게 속한 사람들을 규정하 는 것으로 여긴다. 예언자적 공동체에서 신의 심판과 약속 개념 은 그들 자신의 공동체의 신앙과 실패들에 대한 심판으로 분별 하려는 원리로 작용했다. 만일 (이스라엘) 사람들이 이방인들이나 과부들을 무시하는 행위를 했다면 그들은 하나님의 심판 아래 있다는 말을 들었으며, 그러나 동시에 그들은 또한 하나님의 구속의 약속을 받는 상속인들이 되었다. 다시 말해 예언자적 변증법에서 심판의 말은 지정된 공동체 내에서 선포될 때만 타당하다.

구약과 신약 사이에 있던 유대인들은 핍박받는 가장 어려운 시기 가운데 하나를 경험하고 있었다. 일부 사람들의 큰 고통에 대한 반응에 있어서 새로운 종교적 관점은 소위 묵시문학으로 발전되어 갔다. 묵시문학 작가들은 비록 예언자들의 양극성들을 가져왔지만 그것을 이원론으로 바꿨다. 그래서 하나님의 심판은 유대인들의 적들에게 임했고, 반면에 유대인들을 하나님의 약속에 대한 적합한 상속자들로 삼게 되었다. 세상은 빛의 자녀들과 어둠의 자녀들로 나뉘어졌다. 사탄은 세상에서 악을 고무시키는 세력으로서 유대교와 기독교 전통에 처음으로 소개되었다. 이같은 묵시론적 관점은 여전히 1세기 동안 확실히 매우 많이 남아 있었으며, 그리고 그것은 기독교 사상의 초기 발달에 큰 영향을 주었다.

### 기독교 반유대주의

초대교회는 심각한 문제에 직면했다. 예수라는 이름을 가진 어떤 나사렛 사람이 유대인들이 기대했던 그리스도였으며, 그리고 아직 대부분 유대인들은 예수를 자신의 메시아로 받아들이지 못했다. 유대인의 성서에 대한 기독교인들의 해석이 유대인들의 해석보다 더 정확하다는 사실을 기독교인들은 주장해야만 했다. 어떻게 교회가 그 문제를 해결해야 할 것인가를 이해하기 위해 우리에게 중요한 것은 다음의 세 가지 영향력을 통합하여 보는 일이다. 첫째, 히브리인들은 가부장제 전통을 사람들의 가치관으로 질서를 잡기 위한 모델로 제공해 왔다. 둘째, 묵시론의 출현은 악을 수행하는 자들로서 한 집단과 구원에 이르는 문으로써 또 다른 집단으로 이해하도록 하는 선례를 남겼다. 마지막으로, 영지주의의 영향력으로 구원이란 한 사람이 자연의 악의 세계로부터 나와서 순수하게 영적인 존재로 옮겨지는 비밀의 지식(앎)을 통해 얻을 수 있음을 주장하여 가르침으로써 절충적이고 대중적인 집단의 영향을 받게 되었다.

이런 영향력들로 묶어진 세력으로 기독교는 일련의 이원론들을 채택하기 시작했다. 구속론은 창조론으로부터 구별되었고 그럼으로써 자연과 은혜 사이의 이원론이 출현했다. 하나님의 말씀에 대한 내적 복종과 외적 복종 사이의 이원론은 문자와 영(spirit)으로 그리고 율법과 복음 사이의 이원론으로 인도되었다. 의례히 우리는 신약성서에서 변증법적으로 주장된 이런 양극성들이 발견되지만 그리스도를 유대 성서의 성취자로서 선포함으로써 자연히 이원론이라는 잘못된 길로 빠져들게 되었다. 신약성서 그 자체에 기독교인들을 '선한 사람'으로, 유대인들을 '나쁜 사람'으로 보는 분열된 모습들이 담겨 있다. 사람들은 이원론의 부정적인 측면으로 유대인들에 대해 상상하게 되었다. 유대인들은 외적 문자에 얽매여 있는 자, 구속받지 못한 본성으로 묶여진 율법의 사람으로 묘사되었다. 반면에 기독교인들은 성령으로 인도되고 하나님의 은혜로 열린 복음의 사람이라고 그들 스스로 생각했다.[24] 그러므로 유대인들은 스스로 구원받을 수 없는 사람으로 인식되었다. 왜냐하면 외적인 복종에만 관심을 두

---

24) Ruether, *Faith and Fratricide: The Theological Roots of Anti-Semitism* (New York: The Seabury Press, 1974, 1979) 참조.

며 사사로운 일에 크게 떠들어 대는 사람들로 그들을 보았기 때문이다. 다른 한편으로 기독교인들은 사랑의 사람들로서 내적인 은혜로 각성된 자들이었으며 영감 있는 성서의 참된 중요성을 인정하는 자들로 묘사되었다.

'유대인들'에 대한 하나님의 심판을 선포하는 반면에 '교인들'을 메시아적 희망으로 주장함으로써 초대 기독교는 예언자적 형태보다도 이원론적·묵시적 형태를 채택했다. 그렇게 함으로써 류터의 주장과 같이 교회는 "예언자적 유대주의의 가장 큰 도덕적 성취, 즉 자기 비판적 신앙에 대한 자기 정당성에 중심을 둔 이데올로기적 종교로부터 오는 획기적인 돌파구"를 상실하게 되었다.[25]

## 기독교의 이원론

류터는 기독교가 근본적으로 해방신학을 만들어 낼 능력을 제한시킨 일종의 이원론을 유대의 계시주의와 그리스철학으로부터 물려받게 되었다고 단정한다.[26] 우리는 지금까지 어떻게 이런 이원론들이 기독교의 반유대주의 속에 명시되었는지를 살펴보았다. 지금부터 우리는 여기서 초대 기독교로 스며들어 온 다른 영향력 있는 이원론들에 대해 간략하게 조사해 보고자 한다.

초기 기독교 교회의 영성은 그리스의 몸과 영혼의 이원론을 적합하게 수용했다. 따라서 구원이란 육체의 억압과 도피를 통

---

25) Ibid., 231.

26) Ruether, "Outlines for a Theology of Liberation," and, "Male Chauvinist Theology and the Anger of Women," *Cross Currents*, Vol. 21 (Spring 1971), 173~185 참조.

해 온다고 생각했다. 실재에 대한 이런 이원론적 견해는 사람들을 자신들의 육체적 존재로부터 소외시킨다. 더 나아가 모든 감지할 만한 실재는 또 다른 세계의 영적인 영역의 관계로부터 이차적인 상태로 축소하게 된다. 성(性)의 문제가 이런 이원론 문제와 연관되어 있다는 것은 놀랄 만한 일이 아니다. 초기 기독교 교회의 영성은 남자를 '이성적 영'(rational spirit)으로 그리고 여성을 '성적인 대상'으로 이해했다.

또한 교회는 유력한 성서적 견해와 대조하여 개인과 집단을 이원론으로 발전시켰다. 고대 이스라엘에서는 하나님을 국가의 구원자로 생각했다. 즉, 히브리인들은 집단적인 연합체로 이해했다. 비슷하게 신약성서에서도 그리스도를 종종 세상의 구원자로 생각한다. 그러나 교회 역사 초기에 개인은 집단적 상황으로부터 제거되었으며 하나님의 구원활동의 수혜자로 생각되었다. 구원의 개인적 개념은 또한 사소하고 사적인 악의 개념이라는 결과를 초래하면서 죄의 개인주의적 접근을 의미했다. 불의와 폭력으로서 악의 공동체적 표현들에 초점을 두기보다는 오히려 성적(性的)인 타락과 부정적 감정으로 죄를 개인화시켰다. 이 개인과 집단의 이원론과 대조적으로 류터는 심지어 사도 바울의 경우 회개에 대한 개인의 움직임은 화해를 추구하는 공동체의 구성원들로부터 분리될 수 없다고 주장한다.

또한 기독교는 하나님의 형상에서 많은 이원론들을 전개시켜 왔다고 류터는 주장한다.[27] 하나님의 여러 이미지들 속에서 우리는 또한 근본적인 남성과 여성의 이원론을 다시 발견하게 된다. 기독교에서 만들어졌던 가부장적 문화는 자연과 이 세상 위

---

27) Ruether, "Male Clericalism and the Dread of Women," 66.

에서 그리고 밖에서 존재하고 있는 최고 가부장(the Great Patriarch)으로서 하나님을 상상하도록 이끄는 결과를 낳았다. 하나님은 피조물을 낮은 하위 '대상'(object) 상태로 축소시키는 초월적 '주체'(Subject)로 나타난다. 하나님은 아내로 이해되는 세상을 지배하는 하늘과 남편 그리고 아버지(the Sky-Husband-Father)로 동일시되었다. 구약성서에서 이런 비유는 야훼와 남편(Yahweh-husband) 그리고 이스라엘과 아내(Israel-wife)의 관계로 옮겨지며, 반면에 신약에서는 그리스도와 신랑(Christ the bridegroom)이 교회와 신부의 관계로 옮겨진다.

## 제국주의와 기독교 이원론

앞에서 살펴본 바와 같이 성차별의 영향을 받은 계급적 이원론의 동일한 심리적 패턴은 이미 지배 권력이 억압하기에 유리하다고 발견되는 어떤 '타자'이든 간에 이원론을 포함시키는 일로 연장될 수 있다. 이원론적 양면성의 부정적인 면을 억누르고 발산하면서 긍정적인 특성들로만 자신을 일치시킴으로써 자기 정체성이 형성될 때 제국주의를 위한 강한 동기가 주어지게 된다. 다른 사람들을 복종시킴으로 정복자들은 피정복자들의 노동의 대가로 얻은 정치적·경제적·심리적 이익을 거두어들이면서 그들 자신의 고정관념화된 이미지들로 다른 사람들을 다시 개조할 수 있게 된다. 그러므로 자신들의 본토를 약탈당하고 보호구역에서 군집생활을 하게 된 미국의 원주민들(인디언들)은 심한 술 중독과 억압으로 고통당하고 있으며, 반면에 백인 정착민들은 문명화(예를 들어, '기독교화', Christianizing)의 영향에 대해 그들 스스로를 높이 찬양한다. 기술발달로 거대한 경제적·정치

적 착취를 위한 잠재력을 만들어 낸 서구 기독교는 제국주의의
견고한 요새가 되었다.[28]

서구 제국주의는 대개 기독교 계급적 이원론, 즉 구원과 저주
의 이원론에 깊이 뿌리를 둔 하나의 결과다. 류터가 주장하듯이
"백인 중심의 서구의 제국주의는 기독교 중심적 역사관에서부터
발생한다."[29] 기독교인들은 하나님께 선택된 백성이며 '구원받
은 자들'이라고 그들 스스로를 간주하며, 그리스도의 이름으로
모든 다른 이방 나라들을 정복하라는 명령을 받았다고 생각한
다. '가르치고 세례를 주라'는 위대한 지상명령(the Great
Commission)은 이방 나라를 정복하고 독립된 전통문화의 정체성
들을 무효화시키는 것을 정당화하도록 해주는 세속적인 해석으
로 받아들여진다. 초기에 서구 민주주의가 형성되었고 자유로운
세상이었던 서구 기독교는 최근에 더 세속화된 시대 속에서 제
국주의적 정신을 버리지 못한 채 또 다른 모습의 제국주의로 계
속되고 있다.

제국주의적 경향을 부추긴 교회에 관한 견해를 류터는 소위
'콘스탄틴주의'(Constantinianism)라고 말한다. 교회의 이러한
모델 속에 "복음의 메시아적 변증과 제국(통치자들)에게 세례를
베풀기 위한 복음의 메시아적 상징들의 이데올로기적 이용이라
는 내용이 은폐되어 감춰져 있다."[30] 이는 세계 선진 산업국가들
속에서 우월한 기독교의 사회적 이용이다.

---

28) Ruether, "Rich Nations/Poor Nations and the Exploitation of the Earth,"
   *Dialogue*, Vol. 13 (Summer 1974), 201~207 참조.
29) Ruether, "Better Red Than Dead," *The Ecumenist* (November-December
   1973), 11.
30) Ruether, *Liberation Theology: Human Hope Confronts Christian History
   and American Power* (New York: Paulist Press, 1972), 180.

## 인종차별과 여성에 대한 기독교의 이미지들

인종차별은 다양한 형태를 취하며 확실히 기독교 발생 초기로 거슬러 올라간다. 이번 장에서 논하려는 내용은 미국 남부에서 성(性)과 인종 간의 상호관계성에 제한을 두고자 한다. 이 제한된 범위 속에서, 기독교 전통이 제공한 이미지들은 사람들의 문화적 삶의 핵심 역할을 해왔다. 류터는 미국의 노예 제도는 흑인들을 '천성적으로'(by nature) 열등한 자들로 보는, 가혹한 인종차별주의적 문화인류학에 의존할 뿐 아니라 흑인 가족의 파괴와 백인 남성의 성적 지배의 조직체계로 흑인 여성들을 구조화하는 일에 의존한다고 주장한다. 이렇게 복잡하게 연결되어 있는 편견과 차별 행위들을 이해하는 데 도움을 받으려면 앞서 언급했던 기독교의 여성적 상징성의 이해들을 기억할 필요가 있다.

기독교 전통의 핵심에는 두 가지 기본적인 여성에 대한 이해가 있으며 이 두 여성의 이미지는 여성의 내면적 이해와는 정반대 형태를 제시한다. 다시 말해 죄를 짓도록 유혹하는 이브가 있으며, 다른 한편으로 거룩하면서도 순수한 동정녀 성모 마리아가 있다. 기독교 전 역사를 통해 대부분 실제 여성들은 이브의 모습으로 그려졌다. 그러나 산업화와 후기 낭만주의가 도래함으로 여성들을 이상화하기 시작했으며, 마리아를 세속적인 한 형태, 즉 우월적인 모습으로 그리기 시작했다. 그러나 이러한 환상은 사실 특권계급층에만 가능한 일이었다. 그 당시 대부분 여성들의 삶을 보면 그들에게는 그들을 비인간화시키는 노동이 요구되었기 때문이다.

류터는 미국 남부에서 이브와 마리아의 이원론은 인종차별의 형태를 취하고 있었음을 주장한다. 엘리트 백인의 가부장제도는 성(性)과 인종, 그리고 계급에 의해 분열된 사회 전반을 지배했다. 이런 상황에서 백인과 흑인은 서로 적대 관계였다. 백인 여성은 동정녀 마리아로 여겨졌다. 힘든 노동으로부터 제외된 그들은 순결하고 단순한 미적·문화적 이상을 반영시키는 의상을 입고 있는 순결한 처녀의 계급적이고 인종적인 이상을 반영했다. 그들은 섬세한 장식으로 거실에 걸려 있는 동정녀 마리아의 상징이었다. 반면에 흑인 여성은 이와는 정반대였는데, 세속적인 이브로 연상되었고 성(性)과 노동으로 탈취당하는 대상이었다. 게다가 흑인 여성들에 대한 잔인한 폭력성은 흑인 남성의 남편과 아버지로서 가장의 권리, 흑인 남성으로서의 권리까지 이중적으로 억압하는 결과를 낳았다. 흑인 남성은 계급의 밑바닥에서 저속한 일을 맡았으며 다루기 어려운, 아무런 본성이 없는 무성(無性)의 짐승으로 일축되었다.

남북전쟁 이후 시기는 남부 흑인 가족의 혼잡한 상황 속에서 그 어떤 중대한 개선의 여지도 보지 못했다. 법률상 공식적으로 노예 제도가 폐지되었다지만 백인 사회는 거리낌 없이 노예 제도를 사회경제적 구조로 대치시키면서 계속 유지시켜 나갔다. 더욱이 흑인 여성들은 백인의 가부장적 제도 안에서 계속 이용당했다. 필연적으로 이런 착취와 더불어 발생하는 성적 범죄 행위는 종종 억압되어 감춰졌으며 흑인 남성에게로 투사되었다. 따라서 흑인 남성들은 백인의 죄책감을 씻기 위한 희생양이 되어야만 했다.

성적 범죄 행위가 드러나지 않도록 감추면서, 백인 남성 사회는 흑인 남성에 대해 병리 현상으로 투사시켰다. 백인들에게 흑인 남성은 걸어다니는, 보복에 대한 두려움의 상징이었다. 백인 남성들은 처녀들을 보호하는 방어막을 공격하려는 아주 큰 페니스를 가진 음험한 성적 짐승(a dark sexual 'beast')으로 흑인 남성을 투사시켜 버렸다. 생식기를 거세당한 수백 명의 흑인 남성들은 이런 백인들의 억압의 희생양으로 몸이 뒤틀린 상태로 나무에 묶인 채 버려졌다.[31]

류터는 흑인해방 집단과 여성해방 집단이 협동하는 일에 빈번히 실패하는 이유가 부분적으로 이런 역사적 결과로부터 왔다고 주장한다.[32] 그에 따르면 흑인 남성에 대항하는 백인의 테러리즘은 대부분 흑인해방운동이 일어나는 데 궁극적이고 실존적인 근거가 된다. 그들 스스로 권력 없는 자라고 생각하면서 흑인 남성들은 그와 같은 백인 집단 속에서 백인보다 강한 흑인들의 남성성을 과시함으로 보상받으려고 한다. 그래서 손에 총을 든 강한 흑인 남성의 모습은 백인 사회에 의해 거세당한 느낌을 가진 흑인 남성들에게 호소하는 이미지로 작용한다.

류터는 백인 페미니스트들은 많은 흑인 운동가들과 대화할 때 종종 인종차별의 역사와 그 결과에 대해 의례 무시하는 경향이 있다고 결론 내린다. 이런 백인 페미니스트들은 '여성의 신비성', 즉 화려한 백인 여성의 이미지로부터 유래하는 문제에 대해 비판하면서 종종 이런 이미지에 대한 인종 문제의 중요성을 전혀 깨닫지 못한다. 대부분 흑인 여성들은 대부분 백인 여성들보다 또 다른 형태의 억압 대상이 되어 왔으며 그리고 두 가지 형태의 착취는 단순히 가부장적인 억압의 성격으로만 분석할 수는 없다. 다행히 해방운동들 사이에 상호협력적인 노력은 더 자주

---

31) Ruether, *New Woman/New Earth*, 119.

32) Ruether, "Crisis in Sex and Race: Black Theology vs. Feminist Theology" *Christianity and Crisis*, Vol. 34 (15 April 1974), 67~73 참조.

이루어지고 있지만, 여기에는 억압의 각 형태로 발생해 왔던 독특한 역사적 환경들에 대한 민감성이 요구된다.

## 기독교 이원론과 생태학적 위기

지금까지 우리는 이원론이 편견에 영향을 미쳐 온 방편에 대해 관심을 집중해 왔다. 우리는 이원론이 또 다른 주된 형태의 사회적 문제, 즉 생태학적 위기를 촉진시켰다는 사실을 기억해야만 한다. 종종 우리가 생태학적 위기에 대해 10년 전에 들었던 것보다도 더 많이 듣지 못하고 있다 하더라도 생태학적 위기는 여전히 인간 생존을 가장 심각하게 위협하는 것들 중 하나이다. 독성 있는 쓰레기와 산성비, 핵폐기물과 오염된 강과 호수 등과 같은 것들은 계속하여 실존에 중대한 도전이 된다. 류터는 제국주의의 배후 정체가 자연 지배를 정당화하는 일과 깊은 관련을 맺고 있다고 주장한다. 그는 다음과 같이 말한다.

> 기술 성취와 정치 지배 윤리는 여러 차례 인류를 파괴할 수 있었던 많은 페니스와 미사일, 돈과 미사일에 의해 분열된 세상에서 정점을 이루고 있다. 정복의 윤리는 또한 인간이 동물과 식물, 하늘과 땅으로 연결된 체계화된 조화를 무시함으로써 환경을 오염시키고 모든 실존의 사회적 그리고 생태학적 구조를 서서히 파괴하면서 도시를 기술로 인해 쓰레기 장소로 변화시키고 있다.[33]

린 화이트(Lynn White)의 "생태학적 위기의 종교적 근원"(Religious Roots of Our Ecological Crisis)이라는 논문이 출판된 이

---

33) Ruether, "Male Chauvinist Theology and the Anger of Women," 183.

래, 자연에 대한 지배에 관해 세계를 다스리라는 구약성서의 명령으로 다시 돌아가 추적해 보자는 데 공통된 견해를 보였다.[34] 류터는 이 점에 대해 예외적인 입장을 취하는데, 포로 이전 시대의 히브리 종교는 자연에 대한 부정적 견해를 전개시키지 않았다고 지적한다.[35] 류터는 자연을 인간의 지배 영역으로 두게 된 두 가지 중요한 요소가 포로 이전의 히브리 종교에는 없었다고 주장한다. 그 첫째 요소는 눈에 보이는 자연과 어느 정도 떨어져 있거나 초월해 있다고 보는 견해다. 둘째 요소는 계층과 인종의 관계로 분열된 정신과 자연의 통합으로 보는 견해다.

그러나 이 두 요소들은 류터가 주지하듯 고대 그리스 철학의 전형적인 모습이다.

> 여기에서 확실한 자아는 육체적 존재에 저항하는 영혼 혹은 초월된 이성으로서 간주된다. 육체와 정신의 관계를 연관시킨다면 억압과 복종 그리고 정복 가운데 하나다. 물질적 존재는 존재론적으로 정신에 열등하며 도덕적 악의 뿌리가 된다. 더욱이 계급적 이원론의 언어는 사회 계층과 동일시된다. 육체에 대한 정신의 계급적 형태는 여성에 대한 남성 그리고 노예에 대한 자유인의 지배로 표현된다.[36]

묵시문학적 유대주의는 또한 소외된 자연의 관점을 발전시켰다. 묵시문학적 비전에 따르면 '세계'란 하나님의 나라로부터 타락되어 왔고 지나친 권력자들의 지배 아래 놓여 있다. 묵시론자들은 구원은 이 세상으로부터 영적인 도피를 통해 오거나, 하

---

34) Lynn White, "The Religious Roots of Our Ecological Crisis," *Science*, Vol. 155 (1967), 1203~1207.

35) Ruether, "Women, Ecology and the Domination of Nature," *The Ecumenist*, Vol. 14, No. 1 (November–December 1975), 1~5 참조.

36) Ibid., 2.

나님이 이 세상을 파괴하여 새 하늘과 새 땅을 창조함으로써 도래하게 된다는 논리를 펼친다.

초기 기독교 신학은 플라톤주의의 이원론과 묵시문학적 유대주의 사상이 혼합된 창조물이다. 일반적으로 자연은 악과 결합되어 있으나 완전히 결합된 것은 아니다. 자연에 대한 기독교의 견해는 여성에 대한 견해와 같은 성격을 띠고 있었다. 자연에 대한 두 가지 반대되는 가능성, 즉 신성한 것이거나 악마에 사로잡힌 것 사이에 분열이 있었다.[37] 그리스도를 통해 하나님의 통치로 회복된 자연은 신성의 예가 되었다. 여기 교회의 신성한 영역 안에서 자연은 하나님의 이미지와 성육화된 현존으로서 회복되었다. 그러나 이런 구속된 영역 밖에서 자연은 악마로 간주되었다.

악의 통치자들과 권력자들의 기반을 둔 자연의 이미지는 태동하는 과학의 욕구들과 갈등을 일으키기도 했다. 자연을 안전하게 보호하고 인간의 이용물이 되게 하기 위해 자연은 악의 기반으로 보는 이해로부터 해방되어야만 했다. 프란시스 베이컨은 과학을 통한 자연의 지배는 실제로 자연을 구원하기 위한 기독교 희망의 성취라고 주장함으로써 기독교 공동체의 축복으로 과학적 계획을 이끌도록 추구했다.

유대교와 기독교의 하나님에 대한 개념은 19세기까지 광범위하게 세속화되었다. 자연을 구원하기 위한 기독교 이념은 '인간의 진보'(human progress) 개념으로 발전되어 갔다. 그 진보 이념은 계속 과학에 대한 구속적인 기독교 사명을 알려 주었던 중요한, 정신과 자연의 이원론을 반영시켰다. 남성들은 그들 스스로를 초월적 존재로 동일시하면서 기술을 '정신'이 자연으로 진

---

37) Ruether, "Women, Ecology and the Domination of Nature," 2.

보적 성육화하는 수단으로 만들었다. 진보란 기술자들의 욕망에 일치시켜 자연을 틀에 넣어 마음대로 조정함으로써 성취된다고 보았다. 그러나 자연은 그 자체로 존경의 대상이 아니었으며 결과적으로 자연의 조화와 균형은 무시되었다. 그것은 단순히 수단으로 사용되는 대상으로밖에 보이지 않았다. 인간과 자연의 관계는 남성과 여성 관계의 모형으로 병치되어 반영되었다. 따라서 우리는 종종 자연의 강탈에 대해 말을 한다. 그리고 그 결과 류터가 주장하듯이 "2세기 동안 이런 생각과 활동의 패턴은 지구 파괴의 정당성을 갖도록 인간을 유도했다."[38]

## 계급적 이원론의 영속화

지금까지 우리는 계급적 이원론의 역사적 뿌리들을 탐구해 왔고 계급적 이원론의 발달에 대한 기독교의 역할을 살펴보았다. 이제 우리는 편견을 유지시키는 권력자들을 이해하기 위한 시도로 현 시대의 세계로 관심을 돌리고자 한다. 왜 계급적 이원론이 지속되는가? 이 논지의 목적을 달성하기 위해 류터가 계급적 이원론의 영속성을 밝히려고 제시하는 도식은 두 가지 주된 영역으로 나눌 수 있다. 첫째, 우리 주변 세계를 왜곡되게 인식하여 나타나는 **심리학적 과정**이 있다. 심리분석의 전통으로부터 류터가 구별한 핵심적인 심리학적 과정들은 억압과 투사다. 두 번째 영역은 **사회화 과정**이다. 우리의 언어와 관습, 습관과 버릇, 그리고 삶의 방식은 계급적 이원론을 반영시켜 주기 때문에 아이

---

38) Ibid., 4.

들은 가정과 학교, 교회와 사업장에서 다른 사람들과 어울리면서 자연스럽게 계급적 이원론을 배우게 된다.

## 심리학적 과정

류터에 따르면 심리분석의 혁신은 우리를 한 세기 이전 조상들과 구분시키는 의식(consciousness) 가운데 가장 중요한 변화들 중 하나다. '현실'(reality)에 대한 직접적인 반영으로서 의식(consciousness)을 이해하는 것은 프로이드 이전의 일반적인 경향이었다. 그러나 다른 한편으로 심리분석의 혁신으로 말미암아 현실에 대한 우리의 인식들은 우리의 정신세계 속에 깊이 묻혀 있는 비이성적 동기들 때문에 자주 왜곡된다는 사실을 널리 인정하게 되었다. 예를 들면, 우리가 친구들이나 사랑하는 사람들을 사귀는 면에서도 부모와 자매들과 관련한 잠재된 욕구들을 반영시키는 것일지도 모른다. 우리의 신념과 태도, 가치 그리고 생각은 무의식의 동기들을 반영시킬지 모른다는 인식은 특히 여성들에게 중요한 핵심이다. 다른 분석적 도구들은 억압적 사회구조의 부당성들을 비판하는 데 사용될 수 있는 반면, 심리분석의 혁신은 성차별의 비이성적 차원들을 이해하는 데 도움이 된다. 이런 해방적 잠재성에도 불구하고, 류터는 프로이드의 심리분석 이론들이 "여성에게 친구로서 우호적이었다기보다 적(the enemy)으로" 이용되어 왔다고 주장한다.[39]

류터는 심리분석이 여성과 관계를 맺으면서 발전되어 왔다는 점에서 부정적인 평가를 내리고 있기 때문에, 계급적 이원론을

---

39) Ruether, *New Woman/New Earth*, 137.

기초로 삼고 영속화시키려는 심리학적 체계에 대해 많은 시간과 노력을 들여 자세히 논하려 하지 않았다는 사실은 그리 놀랄 만한 일은 아니다. 그러나 그럼에도 류터에게 있어서 방어기제(defense mechanism)에 대한 생각은 프로이드의 개념을 이용한다. 프로이드는 각 개인들이 심리적인 공격을 받았을 때(외적인 근원이나 혹은 내적인 충격이나 양심으로부터 공격받았을 때) 사람들은 고통을 줄이고 그들의 생각을 무의식적으로 왜곡하거나 허위로 위장함으로써 자기정체성을 주장하게 된다고 말한다. 예를 들면, 만일 누군가 내게 나의 양심이 근본적으로 악하다고 말한다면 나는 무의식적으로 다른 사람들에게 비난의 화살 방향을 돌리면서 바로 그들을 악으로 규정하게 된다는 것이다.

프로이드는 여러 가지 방어기제들을 주장했다. 그러나 빈번히 언급되는 방어기제는 억압과 투사라는 두 가지 종류다. 류터는 이 두 과정과 기제들을 중요하게 여겼는데, 위에서 언급한 인용문에 덧붙여 이렇게 기록했다.

> 프로이드의 심리분석 혁신은 여성의 친구가 아니라 해로운 적이 되어 왔다. 그러나 억압과 투사의 심리학적 발견은 근원적으로 경험에 대한 남성 이데올로기적 설명으로부터 형성되었기 때문에 단순히 여성을 거부하는 남성의 성차별 그 자체의 과정들을 밝혀내기 위한 중요한 도구이다.[40]

억압이란 위협적인 기억이나 관념 혹은 의식으로부터 나온 인식을 강요함으로써 작용한다. 예를 들면, 억압은 어떤 것을 쉽게 인식하지 못하도록 방해하거나 혹은 인식된 위협으로부터 자아를 보호하기 위해 표면적인 것을 왜곡시키는 경우를 말한다.

---

40) Ibid., 148.

류터는 불행히도 정신과 육체의 이원론은 억압된 성(性)을 통해 존속된다는 사실을 제안하는 일 외에 어떻게 억압이 계급적 이원론을 존속시키기 위해 작용하는가에 대한 문제에 관해서는 더 많은 노력을 기울이지 않는다.[41] 자신의 성(性)을 억압함으로써, 단지 우발적으로 육체에 입혀진 '초월적 자아'(transcendent ego)로서 자아 이미지를 유지할 수 있다. 육체는 독립된 자아에 대한 위협이다. 류터는 최근까지 남성들이 특히 자신들의 육체를 위협적인 대상으로 간주해 왔다고 주장한다.

류터는 억압에 대한 프로이드의 개념과 관계된 프로이드학파 사상이 갖는 또 다른 측면의 유익한 점을 고려하지 않았다. 프로이드에 따르면 억압이란 단지 직접적인 불안을 일으키는 대상 (immediate anxiety-creating object)에 대해서만 작용하는 것이 아니라 어떤 점에서는 근원적으로 불안을 일으키는 대상 (original anxiety-producing object)과 밀접하게 연관된 대상과도

---

41) Ruether, "The Personalization of Sexuality," *Christianity and Crisis*, Vol. 33 (16 April 1973), 59~62 참조. 같은 의미의 해석은 *From Machismo to Mutuality: Essays on Sexism and Woman-Man Liberation*, edited by Eugene Bianchi and Rosemary Ruether (New York: Paulist Press, 1976)에 재판되었다. *New Woman/New Earth*에서 류터는 여성 발달에 대한 프로이드, 애들러, 허니(Horney), 레익(Reik), 그리고 융의 관점들을 설명하기 위해 한 장 (chapter)을 소요했다. 류터는 프로이드와 포스트 프로이드의 심리 분석적 전통을 유사하다고 보기 때문에, 특별한 분석으로 억압과 투사를 분리시키지 못한다는 점이 아쉽다. 그녀의 이런 도식적 견해는 전통적 견해와 일치하는 것처럼 보이는데, 이는 역행하기 어려운 영향력 있고 안정된 인격의 기능성들이다. 이런 견해에 대해서는 더욱 역동적이고 유동적인 방어기제에 관한 한(Haan)의 견해를 언급하는 제3장에서 도전해 보려고 한다. 프로이드의 견해에 대해서는 다음 연구서들, "Repression," in *Collected Works*, Vol. XIV (London: The Hogarth Press, 1946) 141~159; *The Interpretation of Dreams* (London: The Hogarth Press, 1958), Chapter Seven; 그리고 "Introductory Lectures on Psycho-Analysis," *Collected Works*, Vol. XV, 286~303 참조.

작용한다. 그러므로 만일 어떤 사람이 육체적으로 위협받는 경험을 하게 된다면 그것은 단지 억압당한 자신의 육체적 감각이나 성(性)뿐만 아니라 관념까지도 연관되게 마련이다. 억압은 많은 비슷한 현상들, 즉 일반적으로 모든 감각적이고 물질적 실재를 포함하는 현상들에 대해서도 작용한다. 연상된 관념이나 기억, 혹은 인식들을 억압하는 이런 필연적 작용은 하나의 이원론(예를 들면, 정신과 육체)의 경향 아래 놓이며, 그리고 이것이 일단 성취되면 한층 더 심한 이원론(예를 들면, 영혼과 물질, 저 세상과 이 세상, 영원과 역사 등등)들이 발생한다.

류터가 중요하다고 강조하는 두 번째 프로이드의 방어기제는 투사다.[42] 한 사람이 어떤 것에 불안을 느낄 때 그 불안을 다루는 또 다른 길은 그 불안의 원인을 외적인 세계 탓으로 돌리는 것이다. 예를 들면, 어떤 사람이 "나는 그녀에게 성적인 욕망을 가지고 있다."는 말 대신에, "그녀가 나를 유혹하고 있다."고 말을 한 경우다. 투사를 통해 자신(the self) 안에서 일어나는 자아(the ego)가 실제로 신경질적이거나 도덕적인 걱정을 외부 환경으로부터 오는 객관적인 위협으로 변형시키는 경우다.

억압의 경우와 마찬가지로 류터는 계급적 이원론을 유지하는 문제를 놓고 투사의 역할에 대해 많은 노력을 기울이지 않았다.

---

42) '투사'라는 용어는 프로이드가 1894년 그의 논문 "How Anxiety Originates," *Collected Works*, Vol. I, 189~195에서 소개했다. 이 초기 연구 작품에서 프로이드는 "정신은 걱정을 하는 신경을 발달시키는데, 내부적으로 일어나는 [성적] 자극을 주관하는 과제가 불균등하게 느낄 때 걱정하는 신경을 발달시킨다. 다시 말해 그것은 마치 외적 세계로 이런 자극을 투사한 것처럼 행동한다."라고 주장한다. 2년의 세월이 흐른 뒤 다시 프로이드는 투사란 자신이 바라지 않는 추진력과 감정, 그리고 감각들이 외적 세계로 탓을 돌리는 방어 과정이라는 것을 명백히 함으로써 이 주장을 상세히 설명했다(cf. "On the Defense Neuropsychoses," *Collected Works*, Vol. III, 174~189). 다른 방어기제와 복잡한 투사의 협력은 처음에 명확

그러나 류터의 분석에 따르면 억압과 투사는 함께 계급적 이원론의 다양한 형태들을 만들어 낸다. 성차별의 경우 근본적으로 많은 남성들은 고조된 성(性)을 여성에게 동시에 투사하는 반면에, 남성 자신의 성(性)을 억압함으로써 친밀성에 대한 그들의 두려움을 대처한다고 류터는 주장한다. 결과적으로 여성적 실존의 한 부분적인 면, 즉 여성들의 육체는 이런 남성들에게 전적인 여성성으로 설명된다. 물론 이것은 하나의 정형화 혹은 고정관념(stereotype)의 결과이다. 고정관념은 한 사람이나 집단이 갖는 제한된 면을 취해 그것이 전체적으로 적합한 이미지라도 되는 듯 과장하는 것을 의미한다. 그 고정관념은 투사에 역행하는 어떤 데이터를 억압함으로써 혹은 방어적으로 진행시킴으로써 유지된다.

대부분 사람들은 계급적 이원론의 밑바닥에 놓여 있는 심리학적 과정에 대한 이 같은 간추린 설명을 이해하기란 어렵다. 류터는 편견 있는 사람으로 정형화시키는 것에 대해 스스로 죄책감이 있었을지도 모른다. 그러나 류터가 시도하고자 한 일은 매일의 삶 가운데 상호작용 속에서 종종 유일하게 함축되어 있는 심리학적 역동성을 명료하게 표출해 내는 것이었다. 류터의 연구는 민감한 부분을 과장시킴으로써 우리가 그렇게 생각하지 못했던 것을 이해할 수 있도록 도와준다. 제3장에서 우리는 다시 계

---

하게 1911년 쉬레버(Schreber)의 사례 이야기, "Psycho-analytic Notes on an Autobiographical Account of a Case of Paronoia," *Collected Works*, Vol. XII, 3~85, 특히 59~80에서 프로이드에 의해 논의되었다. 이 사례로부터 프로이드는 편집증 환자는 동성애 경향이 있는데, 그 환자는 '나는 그를 사랑한다.' 로부터 '나는 그를 미워한다.' (반작용의 형성)는 슈퍼이고의 압력으로 인한 억압과 변화의 형태다. 이것은 이전의 사랑의 대상이 학대자로 투사된 셈이다. 류터는 억압과 투사 사이의 상호협력을 강조하지만, 그러나 마녀사냥과 반셈족주의의 편집증 환자와 같은 현상의 분석은 또한 반작용의 형성이라고 지적한다. 사랑의 대상은 미움의 대상으로 변화하게 된다.

급적 이원론을 밑바닥에 깔고 있는 심리학적 과정에 대해 돌아볼 것이며, 다음으로 류터가 넌지시 비춘 함축적인 내용들을 확장하여 살펴보고자 한다.

### 사회학적 과정

편견과 억압은 같은 것이 아니다. 편견을 종종 불평등한 권력의 분배를 정당화하려는 하나의 형태로 보지만 꼭 그런 것만은 아니다. 편견은 차별 없는 상황에서도 존재할 수 있다. 류터는 여기에 대해 다음과 같이 주장한다.

> 다른 사람을 열등한 자로 여기는 인식은 ⋯ 그들과 착취적인 관계를 합리화시킨다. 그러나 그 둘은 구별되어야 한다. 다른 사람을 악으로 보는 인식은 마르크스주의자들이 주장했던 것처럼 바로 착취적 관계로서 이데올로기적 상부구조가 아니다. 그것은 타자를 열등한 자로 각자 생각함으로써 이미 집단들이 공존하는 상황들 속에서 발견된다. 그러나 한 사람이 다른 사람을 정복하게 될 때 지배집단의 우월성의 이데올로기는 타자에 대해 자신과 일치하는 의식으로 진압하고 억압하게 된다.[43]

성차별은 정말로 성적인 편견과 대등하지 않으며 또한 인종차별은 인종편견과 대등하지 않다. 성차별이란 다른 성을 지배하기 위해 충분히 강압적인 권력과 결합된 성적 편견의 결과이다. 인종차별이란 백인이 아닌 다른 인종 사람들을 착취하도록 허용하는 권력구조와 연결되어 있는 인종적 편견이다. 어떤 사람이 편견적일 수 있다고 한다면 성차별은 독특하게 남성 문제이며

---

43) Ruether, *Sexism and God-Talk*, 162.

인종차별은 독특하게 백인 문제일 것이다. 류터는 이 점을 명확하게 설명하지는 않지만 그러나 그것은 위에서 언급한 바와 같은 내용들 속에 함축되어 있으며 사회과학자들이 밝혀 왔다.[44] 편견과 억압(예를 들면, 성차별, 인종차별, 이성(異性)적 차별 등등) 사이의 구별은 우리가 계급적 이원론을 지지하는 사회학적 체계들에 관심을 돌림으로써 중요한 주제가 된다.

또한 우리는 계급적 이원론이라는 용어 그 자체가 애매 모호성을 지닌다는 사실을 기억해야 한다. 우리는 종종 계급적 이원론을 가치에 대한 인식을 조직화하기 위한 방법으로 설명하며 사용해 왔다. 그러므로 그것은 하나의 심리학적 의미를 지닌다. 계급적 이원론은 또한 현실 속에 있는 철학적 외관이 서로 상반되는 힘(예를 들면, 정신과 육체 혹은 영혼과 물질)으로 나누어진다는 것을 지적하는 데 이용되어 왔다. 그래서 그것은 하나의 철학적 관점을 가르치는 데 사용되어 왔다. 지금 여기서 우리는 세 번째 의미에 대해 알아보고자 한다. 즉, 계급적 이원론은 사회적 관계나 제도적 구조들의 형태들에 대해 설명하는 데 사용될 수 있다는 점이다. 그것은 사회학적 의미다. 이 세 번째 의미에서 계급적 이원론은 억압의 상황을 묘사하는 데 사용될 수 있다. 계급적 이원론의 세 가지 형태는 서로 상호 보충된다.

어린아이들이 성인(成人)들의 역할들을 답습하도록 공식적 혹은 비공식적으로 훈련하는 과정으로서 사회화는 계급적 이원론의 세 가지 모든 의미를 담고 있으며, 엘리트들을 통해 편견은 억압을 이끌어내는 권력의 조정으로 결합된 틀을 제공한다. 다시 말해 어린아이들은 문화적 이데올로기와 계속 접촉하고(철학

44) R. Terry, *For Whites Only* (Grand Rapids, Mich.: Eerdmans, 1970) 참조.

적 의미에서 계급적 이원론), 사회적으로 다양한 집단 가운데서 차별화된 권력을 반영시키는 사회적 관계와 제도들에 참여함으로써(사회학적 의미에서 계급적 이원론), 이분법적 가치가 담긴 영역 속에서 자신들의 경험을 조직하는 법(심리학적 의미에서 계급적 이원론)을 배운다.

사회화 과정의 중요성은 억압이란 거의 항상 피억압자들의 부분적 동조를 최소한도로 요구한다는 사실에 있다. 어떤 사람이 복종적인 상태에 기꺼이 복종적인 태도를 보이는 것이 이상하게 보일지 모르지만 이것은 자주 일어나는 일이다. 피억압자의 동조란 무엇인가 당연한 것으로 생각하도록 그들을 설득함으로써 얻어진다. '여성들은 가정에 있어야만 한다.' '흑인들은 체육은 잘하지만 못돼먹은 지도자들이다.'와 같은 것들이 그 예들이다.

류터는 한 집단이 또 다른 집단을 지배하는 권력을 가지고 있을 때 '열등감의 이데올로기'는 복종적 집단의 사회화 과정들 속에 들어오게 된다고 본다. 단지 지배집단은 투사된 고정관념화의 안경을 통해 억압된 집단을 바라볼 뿐 아니라 권력에 종속된 사람들은 그들 스스로 자신의 자아 이미지를 고정관념화하여 내면화시킨다. 류터는 다음과 같이 기록한다.

> 심리적 투사에 대한 사회학적 연구를 이해하기 위해, 우리는 그 심리적 투사가 권력에 종속된 집단에 의해 내면화되는 경향이 있음을 알아야만 한다. 투사된 이미지들은 사람들이 허용한 사회적 역할을 지배한다. 이것은 교대로 사람들이 억압자들이 있는 곳에서 뿐 아니라 심지어 자신들의 모습 속에서 그들 자신이 지니는 외모적 특성을 크게 드러내기 위해 자신의 자아 이미지를 만들어 낸다. 이것은 경험을 교정하고 더 확대하도록 돕는 교육을 받거나 직업 교육을 받을 수 있는 기회들을 제외시킴으로써 강화된다.[45]

권력에 종속된 사람들은 그들 스스로 지배집단에 대해 열등한 자들로 보이도록 교육을 받고, 사회에서는 열악한 보상을 받는 직업이 그들에게 주어지고 사회적 선택의 범위를 제한받으면서 그들의 열망을 억제하도록 교육 받는다. 예를 들어, 인디안 사람과 그들의 문화는 지배문화의 언어와 미디어, 그리고 민속으로 정형화(고정관념화)되어 있기 때문에 낮은 계층의 미국 원주민 어린이는 수치심과 열등의식으로 결합된 자기 이미지를 쉽게 받아들일 수 있다. 자기 의심으로 가득 찬 아이들은 학교나 직장에서 실패한 경험들을 과장하여 표현하는 것같이 보이고, 결과적으로 직업을 선택할 때에도 아주 비천한 직업들을 어쩔 수 없이 받아들이게 된다.

사회화 과정은 힘 있고 설득력이 있는 반면에 인정받지 못하는 경우도 자주 있다. 류터가 주장하듯이 성차별주의자들의 고정관념으로 만드는 사회화 과정의 체계는 특히 의식을 이끌어내는 데 어려움이 있다.

> 사회에서 억압이란 결코 단지 개방된 강요의 문제만은 아니다. 그것은 항상 사회적으로 동조하게 부추기며 서민들에게 투사된 이미지를 내면화하도록 만드는 문화적 조건의 형식들을 작용하게 한다. 모든 권력관계들 가운데 남자와 여자 사이는 가장 친밀하기에 세밀하게 숨겨진, 설득할 만한 형태들은 필수적으로 여성들이 남성적 이데올로기에 따라 무엇인가를 형성하고 남성적 이데올로기에 적합한 자기 이미지를 내면화하도록 여성들을 유도한다. 가장 나이 어린 시절부터 여성들은 문화적으로 그들의 노예적 근성에 기꺼이 동조자들이 되고 자신의 객관적 상황에 대해

---

45) Ruether, "Women's Liberation in Historical and Theological Perspective," *Soundings*, Vol. 53 (Winter 1970), 376.

이런 사회화 과정들을 분명하게 밝혀내기 위해 여성학적 사회
학자들은 많은 노력을 해왔다.[47] 아마도 언어는 이들 가운데 가
장 중요한 요소로 보이는데, 왜냐하면 "언어는 현실을 사람들 자
신의 용어로 설명하도록 해주며 피지배집단들에게 눈에 띄지 않
도록 숨기는 지배집단 권력의 근원적이고 반성적인 사고가 되기
때문이다."[48] 실재와 가치인식을 형성시켜 주는 언어의 영향력
있는 역할이란 보통 완전히 무의식적이라는 것이다. 예를 들면,
종교적 전통이 배타적으로 남성적 의미(아버지, 왕, 주님)가 담긴
용어들 속에 신적인 내용들을 계속해서 구체화시켰을 때, 궁극
적 가치에 대해 예배드리는 자들의 인식은 비록 하나님이 성(性)
의 차원을 넘어섰다고 확언될 수 있을지는 몰라도 남성으로 기
울어질 수밖에 없다.

## 계급적 이원론에 대한 도전

계급적 이원론 문제에 대한 류터의 반응은 그가 가장 잘 알고
있는 신앙 공동체에 초점을 둔다. 즉, 여성들과 교회 공동체의
관계이다. 류터는 모든 억압된 사람들을 대변하는 주장을 하려

---

46) Ruether, "Sexism and the Theology of Liberation: Nature, Fall and
    Salvation as Seen from the Experience of Women," *The Christian
    Century*, Vol. 90 (12 December 1973), 1226.
47) Jo Freeman, *Women: A Feminist Perspective* (Palo Alto, California:
    Mayfield Publishing Co., 2nd ed., 1979). Note especially parts 3 and 4 참조.
48) Ruether, *New Woman/New Earth*, xiii.

는 것이 아니며 심지어 모든 백인들을 위해서 그런 것도 아니다. 단지 기독교 여성들을 염두에 둔 주장이다. 류터는 해방에 대한 다양한 표현들을 개방하고 그 차이를 인정하는 반면에 공통점들을 추구하기 위한 평등을 증진시키는 일에 모든 관심을 두는 일은 중요하다고 믿는다. 이런 생각으로 교회와 여성의 의식 고취에 대한 다음 논쟁들은 기독교인들과 여성들에게 잠재적으로 도움이 될 뿐 아니라 다른 단체와 억압된 집단들을 위해서도 그 영향을 미친다.

## 해방 공동체로서의 교회

교회는 종종 인간해방을 잘못된 방향의 궤도로 이끄는 힘을 가진 기관과 같은 역할을 해 왔다. 이 책 서두에서 우리는 교회가 계급론적 이원론의 패턴들을 키워 왔던 방법들에 대해 몇 가지 살펴보았다. 그러나 류터는 교회란 항상 인간정신의 억압문제에 대해 관여하지 않았으며 다루지 않았다고 주장한다. 많은 사람들에게 교회는 불의에 저항하고 더 나은 세상에 대한 희망을 이루는 근원으로 여겨져 왔다.

해방을 향한 투쟁의 제도적 근거를 갖춘 교회의 잠재력은 여성 운동가들의 단체에서 열띤 논쟁이 되어 왔다. 어떤 사람들은 "교회는 가부장제도의 중심이며 가부장제도로부터 구원할 희망은 없다."고 주장해 왔다. "교회 밖에는 구원이 없다."라는 고전적 진술은 "교회 안에서도 해방을 위한 희망은 없다."라는 말로 바꾸어 읽혔다. 「남성우월주의를 넘어서」(Beyond God the Father)라는 영향력 있는 널리 알려진 책에서 여성 철학자이며 신학자인 메리 델리(Mary Daly)는 이 같은 입장을 반영한다.[49] 델리의 비판은 어떻게 종교적 상징이 문화 속에서 여성들에 대한 억압을 합법화하기 위한 기능을 하고 있는가에 초점을 둔다. 델리에게는 교회에서 부르는 아버지 하나님이란 이름은 남성 우월의 모습으로 비쳐졌다. 비슷한 방식으로 델리는 교회의 핵심적인 종교적 상징들, 즉 아버지와 아들, 주님과 왕국은 구제할 수 없는 가부장적 제도로 말미암아 결국 교회를 남성 우월감으로 지지하고 정당화하는 계기가 되었다고 선언한다. 캐롤 크라이스트(Carol Christ)가 언급한 대로, 델리는 "하나님과 아들, 그리고 성령은 무제한의 권력이 타자의 복종을 강요하는 강탈과 대량학살 그리고 전쟁으로 타락한 삼위일체를 합법화하게 되는 근원"으로 본다.[50]

만일 교회가 세상을 구원시키는 실재가 되도록 잠재력을 다시 회복하기를 바란다면, 우리는 여성 운동가들의 이런 비판들을 단순히 무시할 수 없다. 여성신학을 처음으로 접한 사람들은 너무 자주 그것을 지나친 반응이라고 간과해 버린다. 우리는 기독교의 가부장제의 기형적인 모습을 주의 깊게 연구하려는 노력과 교회에서 여성의 이미지와 여성의 육체를 잔혹하게 했던 역사의 얼룩진 모습 사이에서 그 연결성에 대해 탐구할 경우 때로 그것을 과장하여 주장하기 쉽다.

심지어 교회 역사에 대해 간단한 피상적인 연구만 해도 우리는 어떻게 여성차별주의가 뿌리 깊게 이루어져 왔는지를 알 수 있다. 단지 사도 바울이 예수 그리스도의 복음을 가르치기 시작한 후 1 세기 동안에도 아마 초기 교회 '교부들' 중 가장 영향력

---

49) Mary Daly, *Beyond God the Father, Toward a Philosophy of Women' Liberation* (Boston: Beacon Press, 1973).

50) Carol Christ, "The New Feminist Theology: A Review of the Literature," *Religious Studies Review*, Vol. 3, No. 4 (October 1977), 205.

이 있지 않았나 생각되는 터툴리안(Tertullian)도 그리스도의 죽음을 놓고 여성들을 비난했으며 "당신(여성)들의 성(性)에 대한 하나님의 심판은 심지어 오늘까지 인내하고 있으며 그리고 그것과 함께 정의(심판)의 기준에서 당신들의 범죄에 대한 행위를 어쩔 수 없이 참고 있다. 당신은 악의 출입구이다."라고 선언하기도 했다.[51] 4세기경 위대한 신학자 히포(Hippo)의 어거스틴(Augustine)은 여성들에게는 영혼이 없다고 주장했다.[52] 토마스 아퀴나스는 여성들은 "결함 있는 사생아와 같다."고 주장하기도 했다.[53] 마틴 루터는 "하나님은 아담을 만물을 다스리는 주인으로 창조했지만 이브가 모든 것을 망쳐놓았다."고 비꼬아 말하면서 농담 삼아 말하는 잘못을 저질렀다.[54] 이와 같은 수많은 진술들은 가톨릭과 프로테스탄트 신앙의 이름으로 수행되었던 마녀사냥으로 숱한 사람들이 살해된 사건으로 절정에 이르게 되어 그 같은 일은 결코 가볍게 웃어넘길 만한 일이 못 되었다.[55]

우리는 자신이 그와 같은 생각을 하지 않는다고 단순히 말함으로써 과거 가부장적 실체들을 쉽게 정리해 버리는 경우가 있다. 그러나 확실히 우리가 살아서 숨 쉬고 있는 것과 같이, 우리의 정신은 교회 생활에서 여전히 만연되어 있는 종속적인 여성 이해에 함몰되어 있음을 볼 수 있다. 그것은 교회의 예배와 지도력의 모습 속에서, 관심이나 능력보다는 오히려 성(性)적 정체성

51) Tertullian, *Woman's Dress* (PL 1, 1418 b, 19a. De cultufeminarum, libri duo 1, 1.).

52) Winnie Davis, *Fantastic Womanhood* (Plano, Tex.: Winone Publishing Guild, 1974), 39, Augustine 인용.

53) Thomas Aquinas, *Summa Theologica*, IQ. 92, A.2, 13th Century.

54) Martin Luther, *Table Talk*, No. 727.

55) Ruether, *New Woman/New Earth*, 111 참조.

에 따라 교회 과업이 주어지는 비공식적인 수많은 실천과 규범들 속에서, 그리고 하나님과 우리 자신에 관해 사용하는 우리의 언어들 속에서 현존하고 있음을 본다.

류터는 델리(Daly)의 교회 비판에 대해 많은 점에서 동일한 관심들을 함께 나누지만 델리가 단지 절망만을 보고 있는 곳에서 류터는 다시 희망을 발견한다. 류터와 델리는 기독교 성서에 대한 평가를 놓고 서로 다른 노선을 취한다. 류터는 자신의 입장에 대해 정교하게 다음과 같이 주장한다.

> 나는 가부장제를 하나의 강한 사회적 부산물로 이해하지만, 그러나 유대교와 기독교 전통의 규범이나 본질적 성격은 아니라고 생각한다. 만일 그렇다면 나는 기독교인이 되지 않았을 것이다. 나는 유대교와 기독교 전통의 진정한 본성은 예언자적 · 우상 타파적 · 메시아적 전통으로 본다. 우상과 이데올로기에 대한 비판의 전통과 근접해 있고 궁극적인 구원과 서로 그리고 세상과 하나님과의 화해로 향하는 일은 인간 현실의 변화를 이루기 위한 희망이 된다. 이런 규범은 또한 가부장제를 성서적 신앙으로 탄핵하고 제거하기 위한 규범이 된다.[56]

류터의 주장에 따르면 그러므로 기독교 안에 있는 가부장적 상징과 실천에 대한 비판은 교회 밖의 입장으로부터 유래될 필

---

56) Ruether, "Ruether on Ruether," *Christianity and Crisis*, Vol. 39, No. 8 (14 May 1979), 126. 류터는 그녀의 논문, "Feminism and Patriarchal Religion: Principles of Ideological Critique of the Bible, Journal For the Study of the Old Testament," *Issue22* (February 1982), 54~66에서 이 관점에 대해 상세히 설명한다. 이 연구에서 류터는 예언자적 종교를 '성스러운 영역'(sacred canop)의 종교와 대조시킨다. '성스러운 영역'의 종교란 가부장적 · 계급적 · 인종적이고 노예를 소유하는 사회 이후, 하나님에 대한 상징들을 포함하여 종교적 법과 상징들을 모델로 하는 종교라고 설명할 수 있다(55). 그것은 현재 상태를 타당하게 하기 위해 종교적 상징을 사용한다. 대조적으로 예언자적 종교는 동시대적인 억압의 형태들

요가 없으며, 또한 그것은 본질적인 유대교와 기독교 전통을 파괴할 필요가 없다고 본다. 오히려 비판은 본질적으로 예언자적 자기비판이다. 이는 성서적 신앙의 근거가 된다.[57]

그러나 류터에게 희망을 준 성서를 통해 보여 준 그것은 바로 확실한 해방의 정신이다. 이는 가부장적 감옥으로부터 자유로워지기를 갈망하는 시대적 교회의 정신이 된다. 그 한 예로 류터는 개신교회 목사 안수 때 여성들의 수가 증가하는 데서 희망을 찾는다. 만일 여성들 다수가 목회 현장에 들어간다면 전반적인 이원론, 즉 하나님과 인간, 정신과 육체, 목사와 평신도, 성(聖)과 속(俗) 등과 같은 이원론 배후에 놓인 성(性)적 패턴이 비판적으로 재평가하도록 개방되기 때문에 류터는 여성 안수 문제를 다시 고려해야 한다고 주장한다. 여성의 선천적 특성들은 성령으로 말미암아 교회 지도력을 이끌게 함으로써, 남성적이며 계급적인 형태에 익숙한 모든 사람들을 목회와 교회의 사명을 이끄는 대행자들로서 대화적 형태의 지도력을 발휘하게 하여 변화를 이끌어 낼 것으로 믿는다.

비록 초기 세대들로부터 여성 차별적 경향을 유래해 왔다고 할지라도 여성과 목사는 자연적 동맹 관계이다. 두 집단은 모두

---

을 역사적으로 분별하여 신성화(sacralizing)의 경향에 대해 비판하면서 발전한 종교이다. 류터는 두 종교적 경향들이 성서에서 발견된다고 인정하지만 규범적 종교로서 예언자적 종교를 주장한다. 여성의 동시대적 경험과 성서적 해석 사이의 관계에 대한 류터의 견해는 그녀의 논문, "Feminist Interpretation: A Method of Correlation," in Letty M. Russell(ed.), *Feminist Interpretation of the Bible* (Philadelphia: The Westminster Press, 1985), 111~124 참조.

57) 물론 류터는 기독교 전통의 해방적 핵심으로서 예수 그리스도의 중심성을 주장한다. 기독론에 대한 가장 완벽한 사상은 그녀의 저서, *To Change the World: Christology and Cultural Criticism* (New York: The Crossroad Publishing Company, 1981)에 담겨 있다.

현대 세계에서 현실 삶으로부터 밀려나 소외되는 경험을 해왔다. 여성은 가정의 테두리 속에 제한되어 왔으며, 교회는 사회에서 그 중심적 위치로부터 제거되었고 주변으로 밀려났다. 이 공통의 경험은 상호협력의 기초가 되고, 교회와 사회는 둘 다 변화를 거쳐야 한다.

> 목사와 여성이 가정이라는 틀 속에서 함께 갇혀진 감옥으로부터 고통을 받아왔다면, 그들은 '개인적 도덕성'과 '현실 세계' 사이에서 잘못된 분열을 극복하기 위해 함께 투쟁하는 동맹관계로서 서로를 깨달아야만 한다. "하나님의 뜻이 이 땅에 이뤄지게 하옵소서."라는 예수의 기도를 하기 위해, 우리는 사적인 '여성적' 도덕성과 전쟁의 주범들이 '남성적'(manly) 활동들로 여기저기 퍼져 있는 반면에, '시대에 뒤떨어진' 교회의 메시지를 묘사하는 기술적 이성의 공적인 세계 사이에 있는 잘못된 분열 증세를 산산이 깨부숴야만 한다. 교회의 메시지는 개인적이고 사적인 '구원'으로 보기보다는 인간 역사의 사회적 명령임을 알려야만 한다.[58]

그와 같은 해방의 잠재력을 다시 얻기 위해 류터는 교회가 핵심적인 신학적 선언들을 재해석하는 일에 열중해야 한다고 권면한다.

---

58) Ruether, "Male Clericalism and the Dread of Women," 69. 후기 논문에서 류터는 이 주제로 다시 돌아와 목회로 들어가는 여성들의 영향을 평가했다(Cf. Ruether, "Women in Ministry: Where Are They Heading," *Christianity and Crisis*, Vol. 43, No. 5(4 April 1983), 111~116). 이 후기 연구에서, 류터는 여성들이 제도적 교회의 가부장적 구조들을 변화시키기 위한 가능성에 관해 다소 낙관적이지 못하다. 류터는 '기초공동체'의 모델을 페미니스트 신념을 지닌 여성들과 남성들을 위한 영적 양육과 예배의 대안적 형식으로 제시한다. 이런 교회의 형식적 구조들로부터 독립적으로 존재하는 비목회적인 성향의 공동체들은 아직 더 많은 전통교회들과 상호작용할 것이다. 류터는 "만일 의사소통과 기초 공동체들의 해방적 선택의 역사적 변천에 대해 고려해 본다면 기초 공동체와 역사적 제도들 사

> 고전적 기독교 신학의 전통적 이원론 파괴는 종교적 상징들의 의미론적
> 내용 변화가 요구된다. … (다시 말해) 성육신과 계시, 부활과 같은 핵심
> 기독교 상징들은 과거 일어난 모든 사건들 속에서 제도적 교회가 하나의
> 신비적인 구원의 능력으로서 구체화시켜 왔으며 과거 어떤 한때로 다시
> 역행하는 것이 아니라 대신에 지금 여기 살고 있는 사람들 속에서 일어
> 나는 해방의 패러다임들이 되어야만 한다.[59)]

류터에게 성육신은 단순히 예수의 인성 속에서 하나님이 인간이 되는 것으로만 언급되지 않고, 오히려 '성육화'란 피억압자의 해방 속에 온전히 육체적으로 참여함으로써 오늘날 세상에서 하나님이 인간적으로 현존하게 하는 것을 의미한다. 계시란 초자연적 진리를 과거에 일어났던 의사소통에 제한시키는 것이 아니라, 정의와 평화를 이루기 위해 행동하며 살아가야 한다는 것을 사람들에게 깨닫게 해주는 구속적이고 해방적 통찰을 의미한다. 부활은 예수 그리스도에게만 일어났던 고대의 기적에 국한된 것이 아니라, 죽음 이후에도 모든 사람에게 발생한다. 새로운 사람, 즉 새로운 세상을 만들기 위해 투쟁과 참여로 말미암아 얻어진 새로운 사람이란 현실적 바람이다. 동시대적으로 종교적 상징들의 의미를 재생시켜줌으로써 그리스도의 몸은 동맥을 통해 흐르는 생명의 피로써 메시아적 소망을 다시 느끼도록 해준다.

---

이에 변증적 관계 또한 필요하다(114)."고 주장한다. 세군도의 사회학에 대한 기대 속에서 류터가 추천하리라고 생각되는 것은 천천히 그러나 점진적으로 '대다수' (majority) 교회를 변화시키는 '소수' (minority) 교회를 위한 특별한 공동체다. 기독교 여성들을 위한 기초 공동체들의 개념을 조심스럽게 다룬 글을 보려면 Sharon D. Welch, *Communities of Resistance and Solidarity: A Feminist Theology of Liberation* (Maryknoll, N.Y.: Orbis Books, 1985) 참조.

59) Ibid., 182~183.

## 의식 끌어올리기와 사회적 행동

류터는 교회를 하나님의 해방 사역을 이루기 위한 활력 있는 제도의 근원이라고 지적하는 반면에, 어떻게 여성들과 남성들의 근본적 뿌리를 지탱하도록 서로 협력할지에 대해서는 그렇게 명확히 밝히지 못한다. 그러나 류터는 여성들이 처한 상황과 이를 변화시키고자 하는 욕구로부터 경험했을지도 모르는 과정에 대해 간단히 설명한다. 이는 자기 자신에 대한 사람들의 인식과 가부장제를 강화시키는 사회 제도를 변화시키기 위한 욕구를 함께 유지시키는 과정이다.[60] 다른 하나가 없이는 또 다른 하나는 불충분하다.

류터는 여성해방으로 이끄는 데 서로 관계된 네 가지 단계를 소개한다. 첫째 단계는 일반적으로 주관적이고 심리학적이다. 그 것은 의식을 함양하는 반면 자아 이미지에 대한 비하를 떨쳐 버리는 일이다. 류터는 이런 심리적 상황에서 신학적 덕목들로 화(anger)와 자존심(pride)을 주장한다.[61] 여성들에게 화(진노)는 남성들을 향한 의존적 집착 상태에서 벗어나고 우리 문화 속에 팽배해 있는 여성을 비하하는 이미지들을 극복할 수 있는 힘을 얻게한다. 여성들에게 자존심은 자신의 존재 근거로서 사람됨에 대한 확실한 의식을 다시 세울 수 있는 힘을 준다. 결국 화(진노)와 자존심은 여성들에게 자신의 정체성을 확인하는 힘을 회복시켜 준다.

둘째 단계는 사회적 행동이다. 여기서 관심의 초점은 여성들이 개인의 차원을 넘어서 협력의 차원으로 옮겨가야만 한다는 것이다. 여성들의 자신에 대한 새로운 인식은 생각에서 행동으

---

60) Ruether, *New Woman/New Earth*, Chapter One.

61) Ruether, "Sexism and the Theology of Liberation," 1226.

로 옮겨가야만 한다. 한 집단으로서 여성들은 남성과 여성의 역할을 조직적으로 구조화함으로써 계략에 빠져들게 하는 방법을 극복하기 위해 노력해야만 한다.

셋째 단계로 여성들은 자기 확신을 넘어서 자기비판으로 옮겨가야만 한다. 특히 자신의 계층과 인종적 현실에 대한 자기비판이 있어야만 한다. 처음 두 단계들은 세계를 선과 악으로 구분하는, 묵시적 의식의 발달로 향하는 경향이 있다. 남성들은 '남성 맹신주의자들'(male chauvinist pigs), 즉 여성을 전적으로 무시하고 남성우월주의의 편견에 사로잡힌 고약한 남자들로서 구원받을 수 없을 만큼 평판이 더럽혀진 자들인 반면에, 이런 생각 속에서 여성들은 구원에 대한 배타적인 수행자들이 된다. 그러나 아무리 억압적인 상황을 설명하려면 이런 인간성에 대한 묵시적 선악의 분열은 필수적이고 유용하다 해도, 이는 궁극적으로 타당하지 않다. 우리의 공통된 인간성은 착취와 억압을 고발하는 데 궁극적인 기반이 되어야만 한다.

넷째 단계로 사회 정의를 실현하기 위한 새로운 사회 건설의 비전은 생태학적 위기를 수용해야만 한다. 19세기 진보주의는 불이익을 받은 사람들이 이미 엘리트들을 위해 마련된 특권에 점차적으로 들어갈 수 있다고 상상한 반면에, 오늘날 "유한한 지구를 침해했던 무한한 물질적 요구는 우리의 발 아래 딛고 있는 지반을 상당히 빠르게 파괴하고 있다."는 사실을 인정하는 것은 본질적인 문제이다[62] 류터는 인간의 욕구를 자연과 조화를 이루면서 필연적이고 균형 잡힌 사회적·정치적 그리고 경제적 평등의 방향으로 전환할 것을 강하게 주장한다.[63]

---

62) Ruether, *New Woman/New Earth*, 31.

## 그 밖의 단계

류터는 서양문화에서 억압의 근본 뿌리는 고대세계로부터 물려받은 이원론적 세계관에 둘 수 있다고 주장한다. 근본적인 소외는 일련의 계급적으로 관련된 이원론, 예를 들면 성(聖)과 속(俗), 영성과 자연, 육체와 정신 등과 같은 이원론들의 반영 결과로부터 유래되는 고대세계를 통해 경험하게 된다. 남성과 여성의 생물학적 차이는 남성의 경우는 그들 스스로가 선천적으로 더 성스럽고 영적이며 이성적이라고 상상한 반면에, 여성은 육체적으로 경멸받아야 하고 자연적이며 이 세상적인 현실과 관계되었다고 이해하면서 억압하는 결과를 낳았다. 이렇게 투영된 정체들은 여성에 대한 남성의 억압을 정당화시켰다. 더욱이 여성에 대한 이원론의 부정적인 측면의 투영은 다른 집단에 대한 남성의 견해로 만들어진 문화를 위한 정신적 모델이 되었으며, 자연을 착취하기 위한 단계로 들어서게 되었다.

류터의 주장은 성차별의 근본적인 특성과 착취의 또 다른 형태로써 관련시켜 고려해 보는 일이다. 류터는 한편으로 성차별과 반유대주의와 같은 인종차별 사이의 역사적인 유추들과, 다른 한편으로 제국주의에 대해 흥미롭게 설명한다. 그러나 류터

---

63) 류터는 '공산주의적 사회주의'를 가리키는 경제적이고 정치적인 조직체를 주장한다. 그것은 소유권은 사회적으로 기초가 되어야만 하며, 그러나 국가적 통제는 피해야만 하는 사상에 기초한다. Cf. "Why Socialism Needs Feminism & Vice Versa," in *Christianity and Crisis*, Vol. 40, NO. 7 (28 April 1980), 103~108. 여기에 관심이 있는 독자는 또한 류터의 다음과 같은 제목으로 두 권의 시리즈로 된 책, "An American Socialism: A Just Economic Order," *Religious Socialism*, Vol. VII, Nos. 3&4 (Summer & Fall, 1983), and Vol. III, Nos. 2 &3 (Spring & Summer, 1984) 참조.

가 자신의 역사적인 연구와 관계된 어린이들의 심리발달에 대해
아직 세밀하게 생각하지 않고 있는 점은 참으로 아쉽다. 어린이
의 발달과 계급적 이원론의 역사적 발달 사이에는 흥미로운 관
계성이 있다. 마치 성별(gender)이 아마도 역사적으로 인정되며
맨 처음에 스며든 인간의 차이성에서 오는 것처럼,[64] 아이들의
성숙 또한 그들의 인종적·민족적·계층적 혹은 종교적 정체성을
습득하는 것보다 먼저 그들의 성에 대한 정체성을 배우는 것과
같다.[65] 마치 성별의 차이는 계급적 관계를 이루는 첫 번째 원리
가 되기 때문에 어린아이들이 다른 집단의 틀에 박힌 형식(고정
관념)을 배우기 전에 가치가 담긴 남성과 여성의 고정관념들을
배우게 된다. 마지막으로 성차별이 인간억압의 다른 형태들을
위한 역사적 모델을 제공해 줌으로써 일단 '타자'(other)에 대해

---

64) 성적·인종적 관심에 대한 인식의 역사적 발달과 인간차별에 대한 다른 형태들을
놓고 그 시기를 정확하게 잡는 데에는 어려움이 있을 것이다. 성적 차이에 대한 인
식이 인간 차별의 다른 형태들보다 더 초기에 발달되었다는 주장은 인류학적 주장
보다 오히려 논리적 주장에 의존한다. 모든 문화에서 나타나는 성적 차이성의 확실
한 보편성뿐 아니라 종의 다양한 지속적인 성적 구별의 필연성은 성적 구별에 대한
매우 초기 인식을 지적한다. 편견의 역사적 발달은 동일하게 연대기적으로 보기가
어렵다. 실제로 성적인 비대칭이 매우 초기에 발달했다는 만장일치의 주장이 있는
반면에, 특별한 인종적 편견 또한 비슷한 발달을 했다는 사실을 발견하기 어렵다
Frank Snowden Jr., *Before Color Prejudice: The Ancient View of Blacks.*
(Cambridge: Harvard University Press, 1983) 참조.

65) J. Money and A. Ehrhardt, *Man and Woman, Boy and Girl: The
Differentiation and Dimorphism of Gender Identity from Conception to
Maturity* (Baltimore: John Hopkins Press, 1972)에서 보여 주는 바와 같이, 어
린이들은 2세 혹은 3세에 성에 대한 인식이 발달한다. 대조적으로 인종적 인식은
약 4세 때 비로소 발달한다. 여기에 대해서는 I. Pushkin, et al., "The
Development of Racial Awareness and Prejudice in Children," in M.B.
Smith (ed), *Psychology and Race* (Chicago: Aldine Publishing Co., 1973) 문
헌 참조. 일단 어린이가 두 종류의 대상(혹은 사람) 사이를 구별하는 것을 배우면
다음 과제는 어떻게 그 종류들이 관련되는지를 배운다. 아이들은 종종 계급적·이
원론적 고정관념을 통해 남성과 여성의 계층을 관계시켜 배운다. I. Frieze, et al.,

계급적으로 관계시키는 것을 배워 온 어린이는 다른 집단들에 대해서도 계급적으로 관계시키는 데 익숙해지게 마련이다.

성적인 억압은 인간지배의 가장 오래된 형태일 뿐만 아니라 가장 보편화된 억압이다.[66] 가부장제가 모든 보편적인 현상들 중 대표적이다. 남성과 여성 간의 관계란 인간차별에 대한 다른 형태들의 차원 그 이상의 것으로, 그 성(性) 사이의 관계가 일상적 형태의 심오한 학습에 의해 일반적으로 가장 적합한 형태를 제공해 주는 경우보다 남성과 여성의 관계가 더 가깝고 더 친밀하며 지속적일 때 더 중대한 의미를 갖는다. 성적 차이는 역사적으로 그리고 심리학적으로 가장 초기의 발달로서 가장 보편적인 억압이며 성적 차이성을 넘어선 관계들로서 가장 유지할 만하고 친밀하다는 관찰들로부터 그것은 류터에 의해 당연히 다음의 결론에 이른다. 다시 말해 "여성에 대한 지배는 사회에서 지배의 가장 근본적인 형태이며, 지배의 다른 모든 형태들은 그것이 인종과 계급 혹은 민족 집단이든 간에 성적 지배의 공상들로부터 만들어졌다."는 것이다.[67] 류터가 간결하게 언급하는 바와 같이 "이것은 또한 여성해방이라는 모든 해방운동의 가장 심오한 것이 된다."[68]

---

*Women and Sex Roles: A Social Psychological Perspective* (New York: W.W. Norton and Co., 1978), 특히 7장 참조. 만일 계급적 이원론과 성별 사이의 실제적 관계를 이해하려면 경험이 아직 드러나지 않았을지라도 이론적 배경을 근거로 남성과 여성의 사회적 경험 사이에 관계를 밝힌다면, 일반적으로 그 성별의 관계는 또 다른 사람들과의 관계에 있어서도 같은 관계적 원리로 작용한다고 볼 수 있다.

66) Ruether, *New Woman/New Earth*, 3~4, 182.
67) Ruether, "Women's Liberation in Historical and Theological Perspective." 363.
68) Ibid., 363.

여성들이 물리적으로 혹은 심지어 심리학적으로 다른 어떤 집단들보다 더 억압받았다는 사실은 명확하지 않다. 사실 많은 여성들이 심지어 그들 스스로를 억압받은 자들로 보기란 어려운 일이다. 편견은 인종적 혹은 계층적 차별성과 관계된 착취에 대해 더 노골적이고 더 분명한 형태들 속에 존재하게 될지도 모른다. 그러나 사람들의 억압에 대한 보급과 전례 그리고 범례적 특성들은 한 사람이 다른 사람에게 종속한다는 의미를 파악하는 데 중요한 사항이 될 것이다.

비록 류터가 계급적 이원론의 많은 관점들에 관해 설명해 왔으며 이와 정반대로 일어날 수 있는 것에 대해 그의 비전을 보여주기 위해 광범위하게 노력해 왔다 할지라도 그 스스로 이미 인정하는 바와 같이 "우리는 어떻게 극복하기 시작할 것인가"에 대해 알지 못한다. 그럼에도 류터는 우리에게 많은 해결의 실마리를 제공해 주고 있는 것도 사실이다. 류터는 이원론을 편견 뒤에 숨겨진 핵심 문제로 밝혀왔다. 다음 장에서 우리는 존 듀이의 명백한 반이원론적 교육철학을 조사함으로써 이원론의 주제를 다룰 것이다. 류터는 또한 도덕적 관계에 대한 사람들의 인식을 왜곡시키는 심리학적 방어기제를 지적해 왔다. 따라서 제3장에서 우리는 편견 배후에 놓인 도덕적 심리학을 더 탐구하기 위해 심리학자 노마 하안의 연구 작업을 살펴볼 것이다. 그리고 마지막으로 류터와 같이 우리가 신학하는 방법에 대해 다시 생각할 필요가 있다고 본다. 따라서 제4장에서 신학적 방법에 대한 세군도(Segundo)의 연구 관찰들은 해방과 어떻게 우리가 신적인 실제와 관련하여 생각하고 행동할 것인가의 사이에서 상호 연결성을 통해 생각하도록 도와줄 것이다.

**토의를 위한 질문**

1. 오늘날 편견과 차별이 매우 심각한 문제라고 생각하는가? 개인적 입장을 말해 보자.
2. '계급적 이원론'을 본인의 말로 설명해 보고, 삶 속에서 경험한 예들을 제시해 보자.
3. 류터는 성차별을 가장 오래되고 보편적인 편견의 형태라고 확인시켜 주고 있는데, 그 견해가 맞다고 생각하는가? 왜 그런지, 혹은 왜 그렇지 않은지 설명해 보자.
4. 자신의 경험을 되새기면서 어떻게 교회가 편견들에 도전하고 있으며, 또 이를 지지하며 돕고 있는지 말해 보자.
5. 변증법과 이원론 사이의 차이성에 대해 어떻게 이해하는지 설명해 보자.
6. 어떤 사람들은 인종차별을 '백인 편견과 권력'으로 보고 있다. 당신은 미국의 원주민이 인종차별주의자가 될 수 있는 가능성이 있다고 생각하는가?

 **더 읽어야 할 책들**

Christ, Carol. "The New Feminist Theology : A Review of the Literature." *Religious Studies Review* 3:4 (October 1977), 203~212.

Daly, Mary. *Beyond God the Father : Toward a Philosophy of Women's Liberation*. Boston: Beacon Press, 1973.

Freeman, Jo. Women : *A Feminist Perspective*. Palo Alto, California: Mayfield Publishing Co., 2nd ed., 1979.

Ruether, Rosemary R. *Sexism and God-Talk : Toward a Feminist Theology*. Boston: Beacon Press, 1983.

Ruether, Rosemary R. *Faith and Fratricide : The Theological Roots of Anti-Semitism*. New York: The Seabury Press, 1979.

Ruether, Rosemary R. *New Woman/New Earth : Sexist Ideologies and Human Liberation*. New York: The Seabury Press, 1975.

Chapter **2**

# Restructuring Experience

# 경험의 재구성

존 듀이의 이원론 이해

제2장

# 경험의 재구성

## 존 듀이의 이원론 이해

편견 극복을 위한 신앙교육

　이 장에서 우리는 존 듀이의 경험철학과 교육 프로그램에 관심을 가지게 될 것이다. 반세기 가량 류터보다 앞서 있는 존 듀이가 류터의 도식과 일치한다는 사실은 참으로 경이롭다. 류터가 동시대적 비판이론을 종합적으로 접근하는 데 모자람이 없는 반면, 존 듀이도 한때 많은 사람들이 죽음의 선고를 내렸던 미국 실용주의 철학 학파에 주된 영향력을 발휘했다. 류터는 주로 사회구조의 변화를 요청하는 반면, 존 듀이는 진보적 개혁을 위한 계획을 세우는 일을 했다. 그리고 아직도 존 듀이의 뛰어난 방법들은 류터의 연구 업적을 보충해 준다. 구조적 행동을 실현하고 실험하는 철학에 대한 존 듀이의 강조는 류터의 철학적 · 신학적 실천과 확실히 일치한다. 가장 중요한 것은 존 듀이와 류터는 둘 다 사회를 병들게 하는 문제들의 핵심이 계급적 이원론에 있다고 믿는다는 사실이다. 그러나 류터와는 다르게 존 듀이는 그의 생애를 이원론과 연관된 문제들을 교육적으로 설명하는 데 헌신했다. 앞으로 살펴보겠지만, 존 듀이의 교육 과정에 대한 광범위하고 통찰력 있는 저서들은 편견을 좁히는 데 관심을 갖는 사람들에게 풍부한 자료를 제공해 준다.

이 장은 주로 세 부분으로 구분된다. 우선, 이원론의 출현이 불안전한 세계에서 삶의 위험한 일들로 동기화된 확실성의 탐구에서부터 왔다는 사실을 주장하면서, 우리는 존 듀이가 서술한 이원론의 자료들을 분석할 것이다. 비록 이 연구조사가 이원론적 사고를 반영시킴으로써 잘못된 결과를 이끌어낼 수도 있다 하더라도 이는 또한 구조적 행동을 위한 동기를 제공해 줄 수 있다고 본다. 다음으로, 우리는 존 듀이의 경험철학으로 돌아가 특히 인간의 가치들이 실현되는 세계를 이룩하는 데 인간의 지성이 할 수 있는 구조적 역할을 탐구하면서 그의 경험철학이 현실을 바라보는 이원론적 방법들을 약화시키기 위해 어떻게 노력하는지를 살펴볼 것이다. 이 장 마지막 부분에서, 우리는 존 듀이의 교육 저서들 속에 나타나 있는 그의 탐구와 민주주의 및 경험에 관한 개념들에 주목할 것이다. 존 듀이의 교육은 이미 만들어진 기존 철학들이나 학습이론들을 기술적으로 적용하도록 구성되어 있지 않다. 진보적 관점에서 이 사실은 매우 가치 있는 일이다. 교육은 철학이다. 그리고 교육적 행동은 철학적 사고의 자료이며 테스트(실험)이다. 그러므로 이원론들을 좁힐 수 있는 여지를 교육에서 찾을 수 있다.

## 이원론의 출처

듀이는 철학적이고 문화적 이원론의 근원에 대해, 특히 세계에서 부딪치는 어려운 문제들에 중점을 두면서 많은 생각거리들

을 제공한다. 이런 것들은 우리가 살고 있는 삶의 상황 속에서
발생되며 이원론의 상황적 출처가 되기에 우리는 여기에 대해
설명하려고 한다. 또한 듀이는 종종 이원론의 간접적 출처를 잘
못된 정신에서 비롯된다고 보며, 이 문제에 대해 논한다. 여기서
우리는 이런 듀이의 입장으로부터 이원론의 방법론적 출처를 설
명하려고 한다.

## 이원론의 상황적 출처

듀이는 그의 책, 「확실성의 탐구」(The Quest for Certainty)를
다음 글로 시작한다. "위험한 세계를 살고 있는 사람은 확실성을
추구하도록 강요받는다."[1] 이 한 문장에서 듀이는 역사 전반에
걸쳐 이원론적 사상을 반복적으로 일으켜 온 실존론적 상황에
대한 견해를 설명한다. 우리가 살고 있는 세계는 불안정할 뿐만
아니라 예측 가능할 만하다. 다시 말해 세계는 놀라움으로 가득
차 있으나 그것은 현실적이다. 다른 한편으로 불확실한 것을 확
실한 것으로 관련시키는 일은 삶의 기쁨과 신비의 근원이다. 놀
라움은 단조로움을 깨뜨리고 행복을 가능하게 해준다. 그러나
놀람은 또한 비극을 가져다줄 수 있다. 우리가 미래의 상자를 열
었을 때 그것은 우리에게 큰 기쁨을 주는 선물일 수도 있지만 우
리를 파괴하는 폭탄일 수도 있다. 이런 행운의 유동성으로 말미
암아 우리 안에 불확실성의 두려움이 만들어진다. 어쨌든 만일
우리가 우리의 계획들과 목표들, 가치들과 관념들 같은 것들이
헛되지 않는 확실한 세계 속에서 살 수만 있다면 그것은 대단한

---

1) John Dewey, *The Quest for Certainty: A Study of the Relation of
Knowledge and Action* (New York: G. P. Putnam's Sons, 1929), 3.

일이 아니겠는가. 만일 어쨌든 우리가 불확실성을 파악하며 다룰 수만 있다면 그것은 대단한 일이 될 것이다.

현실의 불확실성을 제거하기란 불가능하기 때문에 종종 인간의 욕망이 위장된 세계를 믿도록 이끈다고 듀이는 주장한다. 삶의 불확실성은 자주 실존적인 문제들에 대해 애써 만든 결과가 잘못된 것으로 빠지게 되어 '확실성의 탐구'를 하게 한다.

듀이는 종종 어떻게 확실성의 탐구가 이원론으로 이끌 수 있는지 설명하기 위해 그리스 문화에 초점을 둔다. 듀이에 따르면 그리스 사람들은 궁극적인 실재를 순수한 관념으로 똑같이 다루려는 시도를 했다. '현실' 세계는 인간의 감각 세계를 초월한 세계로 이해했다. 경험의 자연적 세계를 초월한 관념의 세계를 확립함으로써 '참된' 실재는 매일 일상생활에서 본래 가지고 있는 운명의 변동으로부터 해방되었다. 관념은 자연의 힘들에 영향받지 않기 때문에 가뭄으로 쇠약해지지도 않고 폭풍으로 영향을 받지도 않는다. 그러므로 이원론은 관념의 현실적 세계와 자연의 가상적 세계 사이에서 일어난다.

그리스 사람들은 경험된 세계를 초월한 관념의 영역을 가설로 내세움으로써 이원론을 만들어 냈을 뿐 아니라 스스로 문제를 만들어 냈다. 만일 궁극적인 실재가 자연질서 밖에 놓여 있다면 어떻게 우리는 그것과 관계를 맺을 것인가? 어떻게 우리는 관념의 안전한 세계의 입구에 한 발을 내딛게 될 것인가? 그리스인들은 지식, 즉 사색을 통해 얻는 지식이 변하지 않은 관념의 영역에 접근하도록 해준다고 생각했다. 그러나 결국 지식에 대한 그리스인들의 개념은 관념과 자연의 이원론을 반영시켰다. 지식은 참 지식 혹은 높은 지식, 그리고 사실과 관계된 지식으로 구분되었다. 직접적으로 자연을 다루는 기술들에 종사하는 정신은

'궁극적 실제'와 관련된 관조적 정신보다 덜 가치가 있다고 생각했다.[2]

듀이는 이처럼 실재에 대해 설명하면서 실재의 이데올로기적 중요성을 지적한다. 얼마나 더 고상하거나 기본적인 형태들이냐에 따른 지식의 구분은 사회적으로 구분된 문화의 필요에 따라 적용하게 되었다. 종교적 · 철학적 '지식'은 반성적 사고를 즐기는 사람들과 하류계층의 '일상의 무미건조한' 지식을 경멸했던 상류계층의 소유물이 되었다.[3] 상류계층은 그들만이 유일하게 '참' 지식을 소유한다고 여겼기 때문에 하류계층을 지배하는 일을 당연하게 받아들였다.

만일 확실성의 탐구가 역사적 발달을 분석하기 위한 것으로 동시대적 사상과 관련된다는 그의 주장이 아니었다면 듀이의 분석은 단지 역사적 호기심에 불과했을 것이다. 많은 동시대적 이원론들 역시 아직 안정성과 확실성을 궁극적 실제로 전환시키려는 욕망 속에 그 뿌리를 둔다.

> 사람들은 궤변을 최소한 어느 정도 미신으로 대체시켜 왔다. 그러나 궤변은 종종 미신으로 대체시킬 만큼 비이성적 말에 의해서도 좌우될 정도다. 세계의 불확실한 특성을 숨기려는 마술적 안전보호 장치는 존재의 변화를 부정하고 보편적이며 필연적인 법, 원인과 결과의 편재, 자연의 일치, 보편적 진보, 그리고 우주의 본래적 합리성에 대해 우물우물 얼버무리는 일이다.[4]

---

2) Ibid., 11~15, and Dewey, *Experience and Nature* (New York: Dover Publications, Inc., 1958), 53.

3) Dewey, *Reconstruction in Philosophy* (Boston: Beacon Press, 1948, 1957), 12~13.

4) Dewey, *Experience and Nature*, 44.

듀이는 확실성의 탐구가 세속화 과정과 긴밀한 관계가 있다고 본다. 우리는 더 이상 어떤 '타계'(other world)를 자연세계보다 더 현실적이라는 식으로 접근하여 탐구함으로써 해결하려 하지 않는다. 오히려 우리는 과학과 자연법으로 확실성을 찾으려고 노력한다. 그러나 격언처럼 "더 많이 변하는 대상일수록 더 같은 곳에 머무르려고 한다." 우리는 계속해서 삶의 불확실성을 조정하려는 욕망으로 동기화되고, 우리의 탐구는 계속해서 매일 일상생활의 세계와 대조되는 상상의 세계를 구조화하려고 한다. 과학적 설명의 세계가 있다고 믿기 때문에 만일 단지 우리가 과학적 접근을 시도한다면 모든 신비들이 해결될 것이라고 믿는다. 과학은 새로운 사고가 된다. 그리고 그 마지막 결과는 또다시 이원론이 된다. 한 예로, 과학(확실한 영역)과 종교(허상의 영역) 사이에 이원론이 된다.

## 이원론의 방법론적 출처

세계에 대한 불확실성은 안정성을 추구하려는 욕구를 불러일으킨다. 그러나 불확실성 그 자체만으로는 이원론으로 인도되지 않는다. 듀이는 경험을 이해하는 잘못된 방식으로 이원론을 연결시킴으로써 이원론들이 어떻게 발생하는지 상세히 설명한다.[5] 특히 듀이는 우리가 주변 세계에 관해 생각할 때 사용하는 추상적 개념의 과정에 중점을 두고 설명한다.

모든 생각은 추상적 개념을 포함한다. 우리는 당근과 양파, 무

---

5) 존 듀이 사상의 이런 의미에 대한 조심스러운 접근은 Dorothy Dunn, *The Problem of Dualism in John Dewey, unpublished doctoral dissertation* (St. Louis University, 1966), 제1장 참조.

등이 담긴 접시를 보고는 이를 '야채'라는 범주로 추상화한다. 추상화할 때 우리는 정신적 선택 과정을 밟는다. 우리는 확실한 것에 집중하고 다른 것들은 간과한다. 우리가 특별한 색상과 조직, 모양과 냄새, 그리고 맛의 형태로부터 당근을 범주화하도록 추상화할 때, 우리는 다양한 감각적 인상으로부터 우리 마음속에 있는 목적, 즉 야채라고 확인하는 것과 관련된 그러한 특성들을 선택한다. 그러나 추상화는 우리의 관심을 확실한 특성에 중점적으로 두게 할 뿐 아니라 다른 특성들로부터 우리의 관심을 멀어지게도 한다는 점에 주시하는 일은 중요하다.

듀이에게 추상화란 평가하는 고도의 정신적 능력이다. 그러나 추상화 과정과 함께 덧붙여 생각해야 할 것은 추상적 대상을 전체적인 경험으로 간주하는 잘못이 얼마든지 일어날 수 있다는 사실이다. 다시 말해, 만일 생각으로 말미암아 그 자체의 생산품을 실재로 간주하는 실수를 저질렀다면, 이는 잘못이다. 그것은 흙덩어리로 아름다운 그릇을 만든 일종의 항아리와 같으며, 그래서 그릇은 인간 활동의 산물이라는 점을 망각하게 된다. 듀이가 기록한 글에 따르면 "선별적인 강조, 즉 선택이란 반성적 사고가 일어날 때마다 피할 수 없는 것이다. 이것은 악은 아니다. 단지 속임수란 선택의 현존과 작용을 숨기거나 위장하거나 부정할 때 일어난다."[6]

듀이는 생각의 산물을 '우연적 기능'(eventual functions)이라고 부른다. 대조적으로 우리를 경험에 이르게 하는 '흙덩이'는 '선행적 실재'라고 지적한다. 이른바 듀이가 주장하는 '사악한 추상주의'(vicious abstractionism)의 핵심은 선행적 실재와 우연

---

6) Dewey, *Experience and Nature*, 29.

적 기능의 혼돈이다.[7] 사악한 추상주의는 정신적 구조를 가지며 그 구조를 마치 진짜 객관적인 실재로 보는 기능을 한다.[8]

이 사악한 추상주의를 회피하기 위해 우리는 정신적 구조 속에서 논리적인 연구 조사를 수행할 수 있다는 사실을 염두에 두는 일이 중요하다. 정신적 구조가 논리적 탐구 속에 있는 기능들로부터 분리되거나 독립된 존재로 남게 되면 문제가 발생한다. 이것은 우리가 어떻게 이원론들에 이르게 되는지 대변해 준다. 예를 들면, 어떤 구별은 정신과 육체의 관계를 묘사할 수 있는데, 그것은 어떤 관계성에 대해 논리적으로 생각하는 일이 중요하다. 그러나 이런 사고의 구별은 이전의 반성적 사고 실재(pre-reflective reality)를 이후의 것에 투사시킬 수 있는 위험이 있다. 왜냐하면 정신과 육체는 지적 선택과 추상개념들보다 앞선 경험으로서 유기체적으로 서로 연결되어 있기 때문이다.

확실성 탐구에 의해 동기화된 사악한 추상주의는 불가피하게 위장된 가치선택이 내포되어 있다.[9] 추상화는 선택적 인식을 요구한다고 앞서 언급했다. 그러나 그 선택은 어떤 근거로 이루어진 것인가? 듀이에 따르면 우리는 일반적으로 어쨌든 우리의 욕구나 관심과 관련 있는 경험적인 면에 관심을 기울인다. 음식이 우리에게 가치 있는 것이기 때문에 우리는 자신의 경험으로부터 어떤 것을 당근이라고 이름을 붙일 만큼 충분한 정보를 추리해 낸다. 사악한 추상주의는 생각하는 사람이 가치 있다고 여기는

---

7) Dewey, *Reconstruction in Philosophy*, 150.

8) '실체화'라는 용어는 탐구 조사가 발생한 상황을 무시한 조사의 결과를 말하며 존 듀이가 사용했다. 그러므로 그 결과 기만적으로 독립되고 거짓으로 자기 충족이 된다. Dewey, *Experience and Nature*, 167, 184, 195; and *The Quest for Certainty* 217~219, 238 참조.

9) Dewey, *Experience and Nature*, 24~25, 29.

것에 관심을 둔다. 그러나 그 선택은 우리가 더 좋아하는 범주들이나 개념들을 만드는 데 더 관심을 두기보다 그것이 실재라는 추측을 함으로써 거절된다.[10] 예를 들면, 자연을 문화적으로 평가한다는 것은 한 사람을 특별히 집중하여 문화의 범주에 고립시키는 경우다. 그러나 아직 이것은 별 문제가 없다. 그 사람은 문화와 자연은 추상적인 것이며 그 자체가 실재는 아니라는 사실을 망각하고 있을지도 모른다. 그리고 이런 일이 일어날 때 실재는 근본적으로 문화와 자연이 서로 분리된 것으로 묘사하게 된다.

사악한 추상화 과정을 좀 더 명확히 설명하기 위해 인종적 편견의 경우에는 그것이 어떻게 작용하는지 알아보자. 예를 들어, 한 사람이 체포된 살인 혐의자에 관한 소식을 전하는 저녁 뉴스를 보고 있다고 가정해 보자. 기소된 살인자는 흑인이며 키와 몸무게는 평균치이고 턱 수염이 나 있다. 이와 동시에 같은 프로그램에서 길을 지나가던 몸이 가늘고 자그마한 체형의 흑인 남자가 물에 빠진 어린 소년을 구했다는 수영 사고 소식을 들었다고 하자. 그 뉴스가 끝난 뒤에 뉴스를 본 한 여자는 첫 번째 이야기에 나타난 사람이 흑인이었고 겉모습이 위협적이었음을 기억할 수 있었다. 그러나 그 여자는 이 두 번째 사람의 인종을 전혀 기억하지 못했다. 그녀는 범죄 이야기와 관련하여 특별히 범죄에 가담한 자가 흑인이었는지에 대해서는 알아차리고 연상하여 기억해 냈던 것이다. 이런 경우 사람들은 적합한 범주에 빠져 있기

---

10) 류터는 또한 어떻게 이원론적 한 쌍이 긍정적이고 부정적으로 가치가 있는가에 대해 논의했을 때 숨겨진 가치 선택을 지적한다. 그녀의 견해로 이런 이원주의에 대한 '선택받지 못한'(unchosen) 면은 현실적 경험을 거부하지 않고 오히려 '타자'의 본성으로서 '투사'된다.

때문에 이전에 가치 있는 가설들을 확인시켜 주고 또한 그 세계를 더 안정되고 예견할 만한 것으로 만들고자 한다. 그 여자는 자신의 기억 속에 숨겨진 가치를 선택하도록 반영시켜 준다는 사실을 깨닫지 못했다. 그리고 그 여자는 자신이 단순히 객관적으로 세계를 바라본다고 당연히 믿고 있을 뿐이다.

지금까지 살펴본 내용을 요약하자면 듀이는 모든 생각은 경험 속에서 차별화하는 정신적 잠재력에 의존한다고 보았다. 예를 들면, 주체와 객체 사이를 혹은 인간 문화와 자연 현상 사이를 구별함으로써 사고는 진행된다. 그러나 때때로 우리의 생각은 실재 그 자체로부터 과오를 범한다. 이런 일이 발생하면 실재는 주체와 객체 혹은 인간과 자연 같은 확고한 이원론으로 구성되었다고 이해하게 된다.[11] 우리는 '무엇이 더 큰 가치가 있는가?'라는 점은 어쨌든 실재의 본성에 깊이 근원을 둔다고 믿고 싶어 하기 때문에, 가치선택이란 육체로부터 정신을 혹은 자연으로부터 인간을 고립시키는 것을 의미한다는 사실을 종종 망각한다.

### 듀이의 이원론에 대한 반응

사악한 추상화는 생각이 평범한 경험으로부터 분리되었을 때

---

11) 이것이 발생할 때, 실재 안에 있는 면들을 구별하는 과정은 실재의 종류들이나 수준들을 차별화하는 과정으로 오해하게 된다. 강조하기 위해 선택한 것은 또한 구체적인 경험 속에 있는 강조되지 않은 요소들과 불연속적인 것으로 보인다. 듀이는 이런 발생을 크게 '유사성을 키우고' '허상을 창조하는' 특성화의 결과로 본다. *The Quest for Certainty*, p. 217 참조. 류터는 특성화 과정뿐만 아니라 자기 이해를 하는 과정에서 공통 사항이라고 덧붙여 말한다. 기독교의 자기 이해에 이르는 과정에서 어떻게 이것이 발생하는가에 대한 분석은 Ruether, "Anti-Judaism is the Left Hand of Christology," *New Catholic World*, Vol.217 (January-February 1974), 12~16 참조.

활발하게 작용한다. 듀이에 따르면 만일 사악한 추상화가 제거
된다면 평범한 경험과 그것의 부가된 문제들 그리고 애매모호한
것들에 대한 탐구 과정이 이루어진다. 아마 역설적으로 듀이의
표현에 따르면 이 '평범한 경험'이란 말 자체가 우리가 평범하
게 경험하는 것은 아니라는 의미일 것이다. 이제 우리는 경험과
사상 그리고 가치 사이의 복잡한 관계들을 명확하게 하는 시도
를 하려고 한다.

## 경험

듀이를 이해하기 위해 '경험'이라는 단어에 담긴 두 가지 의미
를 구별하는 일은 중요하다. 듀이는 자주 분석되지 않은 경험의
사건을 우연한 것으로 설명한다. 경험이 처음에 발생할 때 우리
는 논리의 범주를 구별하지 못한다. 그는 이것을 '원초적' 경험
이라고 말하는데, '2차적' 혹은 '반성적 사고' 경험, 즉 인간의
지성적 작용으로 꾸며진 경험과는 구별된다. 듀이에게 조직과
환경 혹은 주체와 객체 같은 용어들은 이미 원초적 경험을 넘어
선 단계로 옮겨 갔으며, 이는 경험에 관해 생각하는 자들에 의해
형성된 차별을 반영한다. 경험은 이런 반성적 차별들보다 이전
에 혹은 과정 중에 존재하거나 더 나은 효력을 발생한다. 모든
철학과 생각이 이원론의 오류에 빠지지 않으려면 아직 분석되지
않은 총체성, 즉 원초적 경험으로부터 시작해야만 한다.[12]

한편 듀이는 원초적 경험이란 아직 사고의 논리적 과정에 의

12) Dewey, *Logic: The Theory of Inquiry* (New York: Henry Holt and
Company, 1938), 105~108 참조.

해 변형되지 않은 것이라고 믿으면서도 또 마찬가지로 여전히 경험자의 영향으로부터 자유롭지 않다는 것을 확신한다. 한 개인은 수동적으로 경험을 받아들이지 않는다. 더욱이 원초적 경험의 단계에서, 더 넓게는 무의식적 단계에서, 경험자는 환경으로부터 오는 인상(감동적인 인상)들을 선택하고 조직한다. 이것은 그 사람이 결코 단순히 중립적인 관찰자가 될 수 없음을 말해 준다. 그 사람은 어떤 욕구 혹은 동기로부터 환경과 상호작용을 하게 된다. 듀이가 주장하는 바와 같이 "다소 모든 경험은 충동으로부터 시작된다."[13] 사람의 외향적 움직임을 일으키는 충동은 욕구의 형식에 따라 진행되고 변화된 환경에서 끝나게 된다. 결과적으로 환경 그 자체는 사람의 행동에 따른 산물이라기보다 인간의 외적 존재의 산물이다.

사람과 함께 주어진 환경은 모두 존재의 진행 속에서 활동적이기 때문에 듀이는 경험을 그 사람이 행하는 것과 그 사람이 겪고(경험하고) 있는 것 사이의 관계적 과정으로 본다. 인간은 환경을 꾸미고 그리고 다시 환경에 의해 사람이 꾸며진다. 행동하는 것과 모험 사이의 관계는 경험의 틀과 구조를 만들어 준다. 듀이에게 경험은 결코 획일화된 것이 아니라는 사실을 인정하는 일은 매우 중요하다. 모든 경험은 근본적으로 비교할 수 없는 독창성을 지닌다. 게다가 듀이에 따르면 경험이란 각자 내적인 복합성과 통합성을 지니면서 중복된 경험들의 다원성을 내포한다는 사실을 보여 준다. 경험은 가장 작은 순간들을 지속시킬 수 있거나 일정 기간 동안 발전시키고 흘러가도록 할 수 있다. 다시 말해 경험이란 시작과 끝, 이동과 변형, 중단과 연속이 혼재되어 있다.

13) Dewey, *Art as Experience* (New York: Minton, Balch & Company, 1934), 58.

## 자연의 영역으로서의 경험

경험과 자연 사이에 이원론을 만들어 낸 것은 서양철학에서는 흔한 일이다. 사람들은 아름다운 미(美)와 가치로서 사물을 경험할 수 있으나 이를 자연 세계 밖에 있는 것들이라고 생각한다. 때로 이런 사람들의 경험의 특성들은 허영이기보다는 현실적인 것으로 받아들이기도 하지만, 그 근원적 특성들은 어떤 초자연적 작용에 의한 덕택의 결과다. 자연으로부터 인간의 경험을 분리하는 일은 종종 '생명력이 없는 물질'(dead matter)로서 자연을 대하는 견해로부터 시작되었다. 앞 장에서 살펴보았듯이 자연 질서로부터 오는 가치를 제거했을 때 우리는 생태학적 파괴를 가져오는 광경을 본다.

듀이는 경험을 자연 속에서 일어나는 철학적인 문제로 설명함으로써 이원론적 문제를 조심스럽게 피해 가려는 시도를 한다. 따라서 경험은 단순히 자연 속에서 주어지는 일종의 하나의 사건이다. 마치 화학적 반응이란 어떤 화학적 성질의 것이 함께 결합되었을 때 발생하듯이, 마찬가지로 경험이란 자연적 두 형태가 서로 결합될 때 발생한다. 다시 말해, 경험이란 경험하는 주체와 경험된 환경 사이에 일어나는 상호작용의 결과다. 이러한 상호작용은 단지 반성적 사고의 경험과는 구별되지만, 다른 한편으로 모든 경험의 궁극적 근원이 된다.[14]

듀이에 따르면 자연은 화학적-물리적, 정신적-육체적, 그리고 인간 등 세 가지 진화론적 단계(plateaus)로 모여 다양한 교류에 의해 구성된다.[15] 이런 단계들은 각자 더 낮은 단계에 이르지

---

14) Dewey, *Art as Experience*, 147.
15) Dewey, *Experience and Nature*, 8.

않는 독특한 특성들이 있지만 그 단계 사이는 연속적이다. 화학적-물리적 단계에 있는 물질은 매우 원시적이고 예견할 만한 방법들로 상호작용을 한다. 적합한 조건 속에서 수소와 산소가 결합될 때 물이 만들어지는 것과 같다. 정신적-육체적 단계에서 일어나는 상호작용은 어쩌면 더 복합적인 작용이다. 이것은 대개 충동과 본능이 원초적 정신 과정들의 조직체를 반영하는 동물적 삶의 영역에서 일어난다. 마지막으로 인간 단계에 이르러 경험의 발생은 가능해진다. 이 단계들 간의 차이성은 다양한 유기체적 복합성의 정도를 반영시켜 준다. 그러나 각 단계들은 자연적 교류의 형태이며, 각자는 자연 발생의 결과이다. 가치(value)와 미(beauty) 그리고 비슷한 현상들은 인간 단계에서 일어나는 자연적 교류로 주장하기 위한 적합한 범주일 뿐, 물리적 혹은 화학적 상호작용과 이원론적 불연속성 속에서 추상적 개념들로 볼 필요는 없다.

경험과 자연의 이원론적 관계에 대한 듀이의 응답은 그의 철학의 전형적 모습이다. 둘 사이에 분리가 어디엔가 존재한다고 믿는 듀이는 어떻게 분리된 요소들이 근원적인 지속성을 반영시키는지를 탐구한다. 모든 이원론은 듀이가 믿는 바로 경험 혹은 자연 속에 있는 상상의 단절과 같은 분열을 전제한다. 그 단절은 근본적 경험의 연속보다 반성적 사고의 산물이 더 현실적이라고 생각하기 때문에 오는 결과이다.

## 경험은 지식의 원천 그 이상이다

서구 사상에서 두 번째 공통된 이원론은 '앎의 주체'(the knower)와 '지식의 대상'(the known) 혹은 주체와 객체 사이에 있다. 듀이는 이런 이원론들은 많은 경험 철학적 논쟁의 특징이 되는 인식론에서 지배적인 관심을 반영시킨다고 주장한다.[16] 많은 철학자들은 경험을 지식의 원천으로 축소하여 생각한다. 듀이의 관점에서 보면 이것은 너무 협소한 강조다. 듀이에게 '앎'(knowing)이란 실재와 관계하거나 경험을 하기 위한 유일한 길이다. 그리고 앎이란 그 자체 경험의 인식 차원만이 아닌 훨씬 더 광범위한 비인식론적 경험 차원의 영역에 놓여 있을 때만 적합하게 이해될 수 있다. 경험이란 지식 추구와 동등할 때 그 경험자는 앎의 주체자로 그리고 환경은 지식의 대상으로 환원된다. 이런 중복된 환원은 근본적인 의미들로 생각되는 주체와 객체 사이를 연결할 수 없는 깊은 간격이 발생한다. 그 딜레마는 주체와 객체를 구별하는 일이 유기체와 환경 사이의 상호작용으로 보는 방법으로부터 발생하지만, 그러나 반드시 그런 것만은 아니다. 듀이는 다음과 같이 설명한다.

> 만일 사물들에 대해 알고 있는 사람이 또한 사물과 다른 관계성을 맺고 있다면 이미 알려진 사물과 사랑을 받거나 미움을 받거나 평가받거나 혹은 보거나 들었거나 그 어떤 관계에 있든 간에 그러한 사물들 사이를 분별할 수 있도록 대조하는 일이 가능하다. … 만일 알고 있는 사람이 그 밖의 것 혹은 그 이상의 대상들에 대해 알고 있다면, 그리고 만일 대상들이 그 대상들을 알고 있는 사람과의 관계 속에서 지식과 관련된 그 밖의 것 혹은 그 외의 것들이 있다면 거기에 대해 설명하고 논의할 필요가 있다 … 앎이란 다른 것에 의존되어 있는 사물들의 연결성이며 자아와 사

16) Dewey, "The Need for a Recovery of Philosophy," in Creative Intelligence, *Essay in the Pragmatic Attitude*. Reprinted in Richard Bernstein (ed.), *John Dewey: On Experience, Nature and Freedom* (New York: The Liberal Arts Press, 1960).

물 사이에 있는 더 근본적인 연결성들이다.[17)]

주체와 객체 사이의 관계는 사랑하는 두 사람 사이의 관계성과 같은 사소한 관계다. 애인끼리 싸움하는 광경을 상상해 보라. 각자가 서로 단지 적대자로서 타자관계에 있다면 그 싸움의 딜레마로부터 빠져나올 수 있는 방법이 없으며, 싸움을 극복할 방도도 없게 된다. 그러나 만일 상대를 친구나 동료 혹은 돕는 자나 이야기를 들려주는 자 혹은 신뢰자로서 받아들이는 관대한 상황에서 사랑하는 두 사람 사이에 의견대립에 대한 견해가 있다면, 상대방에 대해 전반적으로 설명할 때 적으로 돌리며 상대의 역할을 과장되게 말하지는 않을 것이다. 그것은 지식과의 관계에서도 마찬가지이다. 앎의 주체와 대상(the knower-known) 사이의 이원론은 앎의 주체와 대상이 서로 배타적인 지식 관계에 있을 때 발생한다. 앎에 대한 기능적 성격을 명백하게 하기 위해 제3의 관점이 필요하다. 만일 앎의 주체와 대상이 기능적 이성과 구별될 수 있다면, 대상들은 잘 알려진 바와 같이 평가받고 가치가 주어지며 두려움의 대상이 된다는 것 또한 기억해야만 한다.

주체와 객체의 이원론을 극복하는 것은 편견에 도전하는 일의 중심이 된다. 편견은 외집단의 구성원들을 대상화시킨다. 편견에 빠진 사람은 외집단의 구성원들을 온전한 인간 전체성으로 경험하지 않고, 오히려 그들 집단의 특성들과 정형화된 특성들을 밝힘으로써 알려고 하는 대상들로 축소시킨다. 예를 들면, 흑인

---

17) John Dewey, "Epistemological Realism: The Alleged Ubiquity of the knowledge Relation," in *Essays in Experimental Logic* (New York: Dover Publications, 1916), 266, 275~276 참조.

들은 검둥이로 알려져 있는데, 그들은 슬퍼하고 기뻐하는 감성적인 사람이 아니라 피부색이 검어서 불안감을 주는 대상들로 보인다. 따라서 편견을 극복하기 위해서 편견에 의한 희생자들은 그들 자신을 구체적인 개성(individuality) 속에서 경험해야만 한다.

## 경험은 즉각적인 참여 그 이상이다

듀이가 경험철학에 도전하는 세 번째 이원론은 경험과 사상의 관계다. 이러한 이원론으로부터 감각세계와 의미세계가 단절된다. 그리스 문화와 관련하여 주시한 바와 같이 이 같은 이원론들은 종종 이데올로기적 의미를 담고 있다. 경험과 사상이 분리될 때 그 이원론은 기본적으로 정신적인 집단으로 정형화하거나 감각적인 집단으로 정형화하는 근본 원리를 제공해 줄 수 있다. 듀이는 대조적으로 경험을 감각에 즉각적으로 나타나는 것이라고 일축해 버리는 견해에 대해 비판적이다. 이와 관련하여 그는 경험주의자와 이성주의자의 경험이해에 대한 주장들을 함께 논박한다. 경험주의자들은 지식이란 직접 경험으로부터 유래해야만 한다고 주장하는 사람들인 반면, 이성주의자들은 일반적으로 인간의 정신은 특별한 경험과 별개로 진리를 포착할 수 있다고 주장하는 사람들이다.[18] 그러나 경험주의자들과 이성주의자들은 빈번히 경험 그 자체는 감각적인 것에 국한된다는 견해를 공유한다. 그러므로 그들의 관점에서 보면 경험이란 해석되기 전까지 의미가 결여된 상태다.

듀이에게 경험은 의미가 전혀 주어질 수 없는 것이지만 그렇

18) 경험주의와 이성주의의 정의는 너무 지나치게 단순화되었으며 어느 정도는 부정확하다. 그들은 듀이의 입장을 단지 명료화했을 뿐이다.

다고 꼭 그런 것만은 아니다. 감각정보는 인식작용을 위해 독립적이고 본래적인 통계자료들로 만들어진다는 점에서 분리될 수가 없다. 듀이에게 감각적 특성의 다양한 인식은 의미구조들을 현존하게 하는 통합성을 의미한다. 다시 말해 "어떤 감각적인 특성은 그것의 유기체적 결합체들 때문에 분산시키고 연결시키는 경향이 있다."[19] 경험을 감각정보와 동등하게 여기는 경험이해는 다양한 인식에 대한 통계자료 속에 있는 활동적이고 선택적인 정신의 역할을 간과한다. 듀이에 따르면 적합한 대립은 경험과 사상 사이가 아니라 지적인 활동으로부터 유래한 의미를 공급해 주는 경험과 그렇지 못한 경험 사이에 있다.

경험과 사상에 대한 이원론적 접근은 수단과 목적, 실재와 관념, 실천과 도덕, 물질과 정신 사이와 같은 비슷한 이원론들의 토대가 된다.[20] 이 구별들이 이원론으로 인식되었을 경우 각 쌍의 첫 번째 것은 더 직접적으로 경험과 관계되어 있고, 두 번째 것은 사상과 관계된 것처럼 보인다.

## 경험 속에서의 지성

실존적 불안정성의 특성에 대한 반응으로 인간은 불확실한 세계에 살면서 생겨나는 염려들을 없애려고 애쓰게 되며 확실성 탐구에 종사하게 된다. 확실성 탐구는 이원론들로 이끌 수 있지

---

19) Dewey, *Art as Experience*, 124. 이 점에 대한 상세한 설명으로는, Richard Bernstein, *Praxis and Action: Contemporary Philosophies of Human Activity* (Philadelphia: University of Pennsylvania Press, 1971) 참조.

20) Dewey, *Human Nature and Conduct: An Introduction to Social Psychology* (New York: Henry Holt and Company, 1922. Reprinted with a new introduction, New York: Modern Library, 1930), 63~68.

만 그렇다고 꼭 그런 것만은 아니다. 그것은 사람들에게 행동계획을 공식화하기 위해 그들의 지성을 이용하도록 자극할 수 있다. 홍수에 대한 대처 반응으로 우리는 홍수로 고통당하지 않은 다른 세계에서 생존할 수 있다는 주장을 하거나 혹은 댐을 세울 수 있을 것이다. 후자의 경우 인간의 삶과 성장에 더욱 도움이 되게 하는 확실성의 탐구는 환경의 재구조화를 이룩해 내도록 하는 영향력 있고 긍정적인 동기가 된다.

듀이의 경험철학에서 지성의 역할을 좀 더 잘 이해하기 위해 우리는 그의 실용주의 철학이 가진 미래 지향적인 특성을 지적해야 할 필요가 있다.[21] 듀이에 따르면 경험은 그 자체 의미를 품고 있을 때 확장되고 깊어진다. 지금 그것이 무엇이며 그것은 앞으로 무엇이 될 것인가를 결합하는 인식의 결과를 통해 충분한 경험의 의미를 갖게 된다. 경험이란 우리의 바람들, 즉 현재의 내용들이 결과로 나타날 거라는 기대가 반영될 때 의미가 주어진다. 우리는 의자에 앉기를 기대하기 때문에 물 위에 떠 있는 통나무를 이용해 의자를 만드는 경험을 하게 된다.

경험은 기대의 정도에 따라 의미가 주어진다는 주장으로부터 듀이는 또한 활동(작업)이란 인간 경험 속에서 생동적인 역할을 한다는 것을 보여 주려고 시도했다. 사람은 활동적으로 결과들

---

21) 듀이에게 미래는 개방되어 있으며 마지막으로 결정될 수 없다. 이것은 듀이의 철학을 교조주의로부터 보호한다. 듀이가 명확히 인정하는 다른 의미는 절대적이고 궁극적인 의미에 있어서 진리란 인간이 도달할 수 없다는 것을 말해 준다. 그럼에도 진리의 개념은 그럼으로써 무의미하지 않다. 궁극적인 진리는 확인될 수 없는 반면, 경험의 의미에 대한 반성적 사고의 일치는 진리로 향한 방향을 지명해 준다. 듀이는 피어스(Peirce)가 제시한 진리에 대한 정의를 받아들이고 인용한다. 즉, "진리란 무엇을 의미하는가를 연구 조사한 사람들은 궁극적으로 일치된 결정적 선택을 한다. 그리고 이런 선택의 목적을 현실화한다." Dewey, *Logic: The Theory of Inquiry*, 245, n. 6 참조.

에 대한 기대감 속에 환경을 변화시키는 대행자들이다. 경험은 기대했던 결과들이 이루어지도록 이행할 수 있는 행위가 뒤따를 때 그것의 의미를 갖게 된다.

이런 점에서 우리는 듀이를 오해하기 쉽다. 즉, 인지적 의미로 채운 풍성한 경험은 다소 그렇지 못한 경험보다 꼭 더 나은 것만은 아니다. 예를 들어, 경험이란 지성적이지 않아도 즐길 수 있다. 그러나 경험이 인지적 의미성을 담고 있다고 말하는 것은 경험이 지식 혹은 지성의 목적들을 이루는 데 유용할 뿐만 아니라 더욱이 반성적 사고의 경험을 하는 것이 유용하다는 뜻이다. 사실상 인간의 삶이 근원적으로 영위된다는 것은 바로 사물들의 특성들을 가지고 즐기거나 고통받는 원초적 경험에 있다. 우리는 경험에 대해 인지적으로 재고하는 일보다 우리가 살고 있는 세계를 단순히 경험하는 데 더 많은 시간을 보낸다. 그러나 반성적 사고를 일으키는 경험은 원초적 경험을 더욱 풍성하게 해줄 수 있다. 지식은 삶의 기쁨과 만족을 증가시킬 수 있다.

간단한 예를 들어 보자. 나는 초코칩 과자들을 좋아한다. 내가 초코칩 하나를 먹고 있을 경우, 나는 나의 경험을 분석하지 않으며 또한 그 경험을 구성하는 부분들을 분해하여 나누려 하지도 않는다. 단순히 그 맛을 한껏 즐길 뿐이다. 그러나 지식은 그 경험과 무관하지 않다. 만일 우리가 그 조리법을 알고 있다면 우리는 비슷한 경험들을 더 유사하게 재생산할 수 있게 된다. 지식은 경험들 속에서 결속된 요소들을 인지하도록 도와주기 때문에 원초적 경험에 있어서 중요하다. 그러므로 우리의 행동들이 기대했던 환경적 변화를 일으키기 위해 어떻게 영향을 줄 수 있는지를 세밀히 분석함으로써, 우리는 원초적 경험의 특성을 변화시킬 수 있다. 그래서 반성적 사고가 있는 경험은 원초적 경험 속

에 있는 가치들을 더 크게 실현할 수 있는 가능성을 제공한다.[22]

지성이란, 소위 듀이가 말하는 경험의 성취적(consummatory) 측면과 도구적(instrumental) 측면들 사이를 구별함으로써 부분적으로 이 기능을 수행할 수 있다. 듀이가 말하는 경험의 성취적 측면이란 무엇을 의미하는지를 이해하는 데 도움이 될 만한 방법으로 두 가지 관계된 의미들로 생각해 보려고 한다. 첫째, 경험의 성취적 차원은 경험이 가진 독특한 성질 혹은 맛을 느끼는 것과 관련 있다. 적당한 때에 적합한 시점에서 과자의 특별한 맛을 느끼는 감각이란 경험의 성취적 차원의 일부분이다. 경험의 성취적 차원을 보는 두 번째 방법은 절정에 이르는 일련의 일시적 사건들의 결과로써 경험을 생각한다. 사랑하는 일에서 오르가즘(orgasm)의 경험은 아마도 경험의 성취적 차원에 대한 일면을 보여 주는 좋은 실례다. 물론 경험의 성취적 차원들은 긍정적일 뿐만 아니라 부정적일 수 있다.

경험의 도구적 차원은 논리적으로 경험을 조직화하도록 도움을 준다. 내가 특별히 좋아하는 쿠키를 먹는 모습을 논리적으로 분석하여 재생할 수 없는 반면, 밀과 설탕, 버터와 양념, 초콜릿과 소금, 열 등의 상호작용으로 경험의 어떤 측면들을 조직해 낼 수는 있다. 경험의 도구적인 측면들을 분석함으로써 성취된 완성품들의 특성을 다룰 수 있는 부분들을 얻어낼 수 있다. 모든 경험은 변경할 수 없는 독창적 차원을 지니기 때문에 결코 완전하게 조정될 수는 없지만, 그럼에도 부분적인 조정은 경험들을 즐길 수 있는 가능성을 크게 증진시킨다.

나는 경험의 지성적 차원을 설명하기 위해 사소한 예로 쿠키

편견 극복을 위한 신앙교육

---

22) Dewey, *Human Nature and Conduct*, 196~207.

를 들어 설명했다. 그러나 듀이는 이와 같은 동일한 생각을 대중 사회문제에 또한 적용시켰다. 해결해야 할 필요가 있는 문제가 있을 때마다 지성의 목표는 환경을 재구성하여 세계 속에서 우리의 경험을 한층 더 높이는 데 수단이 되는 길을 찾는 일이다.

논리에 적합한 적용은 지성의 구조적 사용에 그 핵심이 있다고 듀이는 본다. 결과적으로 우리는 지성적 실천을 위해 경험의 일반화된 특성들을 이용해야만 한다. 원초적 경험이란 결국 비교할 수 없는 특성들로 스며들어 있는 반면, 사상적 혹은 반성적 사고의 경험은 일반화될 수 있도록 도와준다. "우리는 개인적으로 구체적 경험을 하는 것과 마찬가지로 실제적 목적을 위해 사회적 계급의 관점에서 생각한다."[23] 철학과 논리의 역할은 일반화된 개념들을 다루는 적합한 방법들을 제공함으로써 특별한 문제를 해결하기 위한 시도를 하도록 생각을 인도하는 일이다. 논리는 탐구를 하는 데 도움을 준다.[24] 요약하자면, 철학과 논리의 역할은 지성을 사용하도록 인도하는 수단이 되고, 지성의 역할은 본질의 관계를 파악해서 가치 있는 성취를 이룰 수 있도록 도와주는 일을 규정하는 것이다.

## 습관과 지성

모든 경험은 실제로 느끼는 욕구의 어떤 형태로부터 유래된 충동에서 시작된다는 것을 이미 앞에서 살펴보았다. 이것은 인

---

23) Dewey, *Art as Experience*, 217.

24) 듀이 때문에 잘 알려진 탐구에 대한 정의는 "근원적인 상황을 통일된 전체성으로 전환하기 위해 비결정적 상황을 조직화된 구별과 관계 속에서 결정적인 상황으로 조정하거나 지시하는 변형이다." Dewey, *Logic: The Theory of Inquiry*, 104~105, 참조.

간의 경험과 같이 동물의 삶에서도 마찬가지다. 그러나 고도로 발달된 삶의 형태 속에서 충동들은 즉각적으로 직접 행동으로 인도되지 않는다.[25] 가장 기본적인 욕구 때문에 우리는 때마침 눈에 비친 음식을 게걸스럽게 먹지 않는다. 환경적 영향 아래, 다시 말해 원초적으로 사회적 환경의 영향을 받는 충동은 듀이가 언급하는 바와 같이 습관과 같은 특별한 기능들로 꾸며지고 체계화된다. 듀이에게 행동이란 사람과 환경 사이의 상호교환이 정상적인 상황에서 습관에 의해 지배받는다. 예를 들면, 우리는 습관적으로 같은 방법으로 옷을 입고, 정해진 시간에 밥을 먹으며, 습관적으로 사람들과 인사를 나눈다. 이런 습관이란 행동패턴들이 일상화되어 만들어졌기 때문에 최소한의 생각을 포함하는 행동양식들이다.

그러나 행위의 습관적 패턴에 대한 일상적 활동을 방해하는 문제가 발생된 상황의 경우는 어떠한가? 예를 들면, 간식을 먹기 위해 냉장고에 다가가는 버릇이 있는데, 더 이상 음식을 구하지 못한다면 무슨 일이 일어날 것인가? 듀이에 따르면 인간의 지성은 문제 상황에서 작용하는 하나의 특별한 습관 형태다.

지성이 가진 적합한 기능은 문제 상황들이 더 이상 문제되지 않도록 하기 위해 그 상황들을 재구성함으로써 불확실성에 응답하는 것이다. 그러나 지성은 때로 부정확하게 사용될 수도 있다. 확실성 탐구의 영향으로 사람들은 오히려 구조화된 행위를 계획함으로써 문제에 반응하기보다는 생각의 망을 짜면서 문제에 접근하여 반응한다. 사상가들은 새로운 농사기술의 발달로 기근에 대항하기보다 아마도 오히려 궁극적으로 '정신세계'를 현실적

---

25) Dewey, *Human Nature and Conduct*, 55~69, 참조.

인 것이 되도록 설명했을지도 모르며, 또 그렇게 함으로써 문제 해결을 했을 거라고 상상할 수 있다. 대조적으로 듀이는 지성 속에 인간 문화를 포함시켰는데, 그것은 자연을 변화시키는 데 사용할 수 있는 아주 특별하고 유동적인 습관이다. 문화관계 속에서 지성의 역할은 행위의 낡은 패턴들이 현재 요구에 더 충실하게 반응할 수 있도록 항상 습관들을 재조직하는 일이다. 예를 들어, 만일 남성과 여성의 행위의 현재 습관적 패턴들이 여성의 종속성을 한층 더 강화시킨다는 사실이 노출되었다면, 지성의 역할은 새로운 습관들을 구조화하는 일이다. 이러한 지성과 습관 사이의 관계성에 대한 개념을 통해 우리는 사상과 행동의 이원론, 즉 부적절한 사상과 이론이 없는 행동주의로 전락해 버린 행동과 같은 이원론을 거부해야만 한다.

## 사상과 가치

지성과 경험 사이의 관계성에 대한 듀이의 견해는 생각과 느낌, 과학과 예술, 사실과 가치 사이의 관계성과 같은 일상적 이원론적 측면을 극복하는 데 도움을 주었다. 이런 모든 이원론들은 경험에 대한 도구적 차원과 성취적 차원들 사이의 분리를 말해 준다. 듀이가 이런 이원론들에 어떻게 응답하는지에 대한 이해를 돕기 위해 우리는 미학적 경험에 대한 그의 견해를 살펴보고자 한다.

듀이의 견해에 따르면 경험에 있어서 직접성(immediacy)이란 즉흥적인 역할을 의미한다. 이 직접성이란 스며든 독특한 원초적 경험의 특성들로 언급된다. 직접성으로 인식된 경험의 특성들은 경험의 성취적 차원에 이르도록 이끌고 참여하도록 해준다. 이런 직접적 특성들은 사상의 추상화 과정에 의해 많은 경험들로 종속되어 있지만 또 다른 경우 경험들을 지배하기도 하고 경험을 '경험'으로 특성화시키는 경향을 띤다.[26]

미학적 특성은 모든 경험에서 어느 정도 현재적이다. 따라서 "미학적 경험은 항상 미적인 것 그 이상이다."[27] 경험은 항상 도구적이고 성취적이며 인지적이고 비인지적인 것으로 혼합된 상태다. 경험 후 얻은 반성적 사고는 특별히 미적 경험으로 볼 수 있지만, 그러나 그 자체를 완전한 미적인 것으로 보기에는 아직 부족한 다양한 요소들 가운데 하나이며 "완전을 향하여 질서 있게 선율적으로 움직이며 미적인 것"에 이르게 된다.[28] 예를 들어, 해가 지는 광경은 환경적 조건들이 갖추어진 특별한 때에 일어나는 빛의 굴절에 관한 예로 관찰될 것이다. 그와 같은 경우 경험은 원초적으로 도구적이고 인지적이다. 그러나 똑같은 사건으로부터 묘사된 환경과 감상적인 관찰자 사이에 조화를 이루는 독특하고 반복할 수 없는 한 예로서 미학적 경험에 이를 수 있다. 후자의 경우 경험적 차원은 사람들이 하나의 특별한 경험을 가지고 일시적 흐름을 나타내는 일이 가능하도록 하는 미학적 특성을 만들어 낸다. 경험이란 실제로 느끼며 성취에 이르도록 하는 발전적이고 활력적인 특성을 지닌다.

도구적이고 성취적인 경험의 차원들은 원초적 경험과 결합되어 있다. 우리는 빛이란 서로 다른 색들로 프리즘을 통해 굴절될 수 있다는 식으로 빛을 분석할 목적으로 구별할 수 있다. 그러나 그것은 근원적으로 원초적 경험과 결합되어 있다. 이와 유사하

---

26) Dewey, *Art as Experience*, Chapter One 참조.
27) Ibid., 326.
28) Ibid., 326.

게 경험의 미학적 특성들 또한 경험의 인지적 특성들과 구별되지 않는다. 이런 사실은 이원론을 극복하는 핵심적 요소이다. 생각하는 것과 느끼는 것은 경험의 다른 차원들을 강조하는 것일 뿐 그들이 서로 분리되어 있다는 뜻은 아니다. 비록 우리가 더 경험의 도구적 차원들의 관계 속에서 생각한다 할지라도 인지적 작용은 즉각적으로 느끼게 되는 경험에 근거를 두며 그 자체가 미학적 특성들을 지닌다는 뜻이다. 따라서 느낀다는 것은 다른 한편으로 의미가 전혀 없는 것이 아니라 다른 말로 충만한 느낌을 위한 의미성 부여가 요구된다.

그러므로 듀이는 같은 방법으로 과학과 예술의 이원론에 대해 설명한다. 그의 견해에 따르면 과학과 예술에서도 역시 경험의 또 다른 차원들을 강조한다. 각 분야는 경험의 동일한 영역으로부터 연구하지만 서로 다른 관점들을 강조한다. 예술은 자신이 스스로 소유하는 데 가치가 있는 경험발달을 위한 일에 종사하는 반면, 과학은 목적달성이 실현될 수 있고 문제가 해결될 수 있도록 하는 수단으로 이해를 추구한다.

듀이는 또한 사실과 가치 사이에 어떠한 분리에 대해서도 반대한다. 경험이 원초적으로 발생하고 즐거울 때 경험에 대한 가치가 주어진다. 이것은 어떤 방법으로도 자연으로부터 경험을 분리하지 못하게 하며 혹은 다소 주관성을 띠게 한다. 경험은 원초적으로 분석될 때 사실적으로 검증받는다. 그러나 이 같은 일로 경험이 가치로부터 제거되지는 않는다. 그러므로 경험을 도구적으로 생각할 때 그것은 사실들로 구성되지만 경험을 성취적 차원으로 생각할 때 그것은 가치에 의해 스며들게 된다.

사실과 가치는 수단과 목적처럼 독립적으로 분리할 수 있는 현상이 아니다. 그것은 서로 관계적이다. 가치 판단은 예견할 만하다. 그래서 특별한 경험은 소유할 만한 가치가 있다. 그러므로 사실과 가치는 예견할 만하며 가능성이 있는 특성을 공유한다. 사실이란 원초적으로 목적을 이룰 수 있는 수단과 관계있고 가치는 원초적으로 추구할 만한 목적과 관계있다. 그러나 목적은 결코 온전히 정당한 목적이 되지 않을 뿐만 아니라 오히려 목적을 촉진시키는 수단이 된다. 목적 달성을 위한 완성은 그 스스로 그리고 그 자체로 가치를 지닐 뿐만 아니라 그것이 이끄는 한층 더 심화된 경험에 의해 성취된다.

　듀이에게 궁극적인 가치란 성장이다. 가치를 지닌다는 말은 사람이 더 광대하고 더 의미가 풍성하며 더 미학적인 경험을 하는 데 도움이 되는 경험을 가리킨다. 그러므로 가치판단이란 성장경험을 설정하고 이를 토대로 판단하는 것이다. 듀이에게 이것은 순수하게 주관적 평가를 의미하지는 않는다. 가치판단은 마치 사실적 명제가 성립하는 것처럼 경험적으로 평가될 수 있는 명제를 내포한다.[29]

　성장에 관한 주제에 이르러 우리는 듀이의 교육철학으로 들어

---

29) John Dewey, "Theory of Valuation," *International Encyclopedia of United Science*, Volume 2, No. 4 (Chicago: University of Chicago Press, 1939), 16~17, 22. 가치는 실험적으로 확증할 수 있다는 듀이의 견해는 문제가 있다. 특별한 가치에 의해 작용하는 미래의 결과는 다소 예견할 수 있는 경우도 생기는 반면, 이런 결과들의 가치는 결과들의 결과에 대한 언급을 제외하고 성취해낼 수 없다. 보다 먼 결과에 접근하는 일을 제외하고 한 결과가 다른 한 결과보다 더 좋다고 말할 수 있는 기준을 만들 수 없다면 듀이는 무한한 퇴보에 직면하게 된다. 바람직한 것에 대한 공통된 의견일치가 있었다고 느꼈기 때문에 듀이는 정직하게 이 문제를 심각하게 생각하지 않았다. 그러므로 그의 입장에서 문제는 가치관에 대한 일치된 수단(방법)에 있지 가치를 지닐 만한 것에 대한 일치에 이르는 데에 있지 않았다.
　참여에 관한 질문은 이 문제와 관련 있다. 듀이는 인간의 가치를 유지시키는 세계를 재건하기 위해 지성적 능력을 이용하는 일에 참여했다. 그의 전체적 도구주의 철학은 더욱 바람직한 세계를 만들기 위해 환경을 변화시키는 과정으로 행동 방향을 조직적으로 제시하기 위해 지성적 기능을 적합하게 하는 이유에 대해 설명하려

가게 된다. 우리는 교육을 철학의 한 분야로 보기 쉽다. 그러나 이것은 듀이의 입장이 아니다. 교육에 대한 그의 접근은 경험철학으로부터 분리할 수 없다. 듀이의 교육이해는 실천에서부터 교육적 사상을 발달시켰으며 검증되고 세련된 이해였다. 교육 문제는 상당할 정도로 그의 철학의 출처가 되었다. 그리고 우리가 이해하는 바와 같이 그의 교육적 과업을 이루기 위한 듀이의 핵심 문제는 이원론이었다.

## 교육을 통한 이원론 접근

듀이의 교육이해는 경험의 미학적 특성을 더 풍성하게 하고 경험의 인지적 차원을 더 광범위하게 살리기 위해 경험을 확장

---

는 시도를 한다. 이런 참여는 두 가지 질문을 일으킨다. 첫 번째는 지성에 대한 듀이의 믿음을 기초로 하는지에 대한 문제다. 지성에 대한 조직적 사용이 이전보다 더 인간적이고 인간다운 환경을 만들 수 있는지에 대한 가설이 진리에 대한 듀이의 도구적 견해에 의해 평가될 수 있다. 이런 시험을 적용하면서 핵의 그늘에 살고 있으며 환경파괴의 위기에 직면한 오늘날 많은 사람들은 듀이의 가설이 실패해 왔다는 결론에 이를 수 있다.

두 번째는 초기 조사내용과 관계있다. 사회 변화를 추구하면서 지성에 의해 인도되는 행위에 대한 듀이의 참여는 마지막 분석 내용을 볼 때 그의 철학적 이론 밖에 놓여 있던 가치 가설(value-assumption)에 의존하고 있다. 프리드릭 코프레스톤(Frederick Copleston)은 다음과 같이 주장한다. "결국 듀이의 철학은 가치판단, 즉 행동의 가치에 달려 있다. 물론 우리는 판단 혹은 가치에 대한 판단을 철학에 기초할 수 있다. 그러나 이 경우 판단은 개방적으로 열려 있어야만 한다는 바람이다. 그렇지 않으면, 예를 들어, 진리의 도구적 이론은 단순히 냉정한 분석의 결과가 된다는 생각을 할 수 있다." *A History of Philosophy, Volume Eight*, Part Ⅱ. (Garden City, New York: Doubleday & Company, Image Books, 1967), 138. 나는 듀이의 행동 가치를 받아들이지만 자명(self-evident)한 것으로서 받아들이지는 않는다. 제4장에서 나는 의미 있는 존재를 향한 길을 보여 주기 위해 역사적 전통에서 이런 가치에 배경을 둔 신학적 틀을 제시할 것이다.

시키고 재조직하는 과정이다. 교육이란 일종의, 혹은 더 좋은 표현으로 유일한 도덕적 명령이다.[30] 그러나 교육은 그 자체 어디에서나 만연되어 있는 동일한 이원론들에 의해 오염되어 왔음을 본다. 이러한 이원론에 대한 듀이의 공격은 전 생애에 걸쳐 교육을 재건하기 위해 이원론 제거운동의 형태를 띠고 있다는 것은 놀랄 만한 일이 아니다. 다음 글에서 우리는 듀이의 다양한 교육적 저서들의 전반에 걸쳐 흐르는 세 가지 주요 주제, 즉 경험, 민주주의 그리고 탐구에 관한 교육적 의미를 살펴볼 것이다.

## 경험

경험이란 개인과 환경 사이에서 상호작용으로 나타난다. 그것은 행함(doing)과 겪음(undergoing)의 결과이다. 다시 말해 사람은 행동을 하며 그리고 반대로 행동에 의해 영향을 받게 된다. 사람이나 환경이 이원론적인 상태가 될 때 교육적 문제가 발생한다. 다소 이런 이원론들의 모습과 그것들에 대한 교육의 영향에 대해 다음에서 알아보고자 한다.

가장 유력한 이원론들 가운데 하나는 정신과 육체 사이의 이원론이다. 이 같은 이원론이 빈번하게 교육적 표현 속에서 발견된다는 것은 그리 놀라운 일이 아니다. 그것은 종종 교실에서 발생하는데, 정신과 육체 사이에 연속성이 단절되고 정신은 경험의 수동적인 면과 동일시되며 육체는 경험의 능동적인 면과 동일시된다. 육체적 활동은 정신적 '수용성'(receptivity)으로부터 분리된다. 한 교사가 학생들에게 조용히 앉아 있으며 그리고 의

---

30) Dewey, *Reconstruction in Philosophy*, 183.

자에 앉아서 그들의 정신을 학습에 집중하기를 기대할 때 이는 이원론의 상태임이 분명하다. 육체는 정신발달과 대조를 이루는 상대의 적으로 생각된다. 듀이의 말로 표현하면 "육체적 활동은 정신 활동의 침입자이다."[31] 듀이는 교육에서 경험을 주기 위한 많은 훈육의 문제점들은 이 정신과 육체의 이원론에 근원을 둔다고 주장한다. 방해 행위란 신체조직의 결합상태로부터 육체를 의미 있는 활동으로 분리시키려는 것에 대항하는 아이들의 모호한 저항을 말한다.

정신과 육체의 이원론은 주체와 객체 사이의 이원론과 유사한 형태이다. 이 이원론은 지식의 소유자(가르치는 자)와 수용자(배우는 자)로 생각되는 사람과 배우게 될 외적 자료의 본체가 된다고 생각하는 학과목 사이에서 구별되는 교육적 입장으로 설명할 수 있다. 학과목이란 단지 외적으로 개인이 계속해서 추구하려는 것과 관계되는 독립된 지식의 본체와 같다고 여길 때 기계적인 학습방법이야말로 참된 교육을 대신한다. 학과목은 단순히 다소 무관심한 개인들에게 주입되는 낯선 과제가 되는 셈이다.

또한 자연과 인간 사이의 가상적 구별은 교육실천의 발달에 영향력을 끼쳐 왔다. 자연과학과 인문과학 사이의 구별은 이런 분리의 한 예를 말해준다. 대조적으로 듀이의 입장에서 자연과학은 유기체적으로 인간성과 깊이 관계되어 있다. 그리고 인간성이란 바로 과학에 깊은 차원의 의미를 부여한다.

> 의미들에 대한 인식은 관계성, 즉 상황 인식에 의존한다. 물리적이고 기술적인 상황 속에서는 물론 인간에게 있어서도 하나의 과학적 사실 혹은

---

31) Dewey, *Democracy and Education*, 141.

규칙을 이해하는 것은 의미의 중요성을 확장시키고 증폭된 문화적 가치를 부여하는 일이다.[32]

그러므로 과학은 인간성과 반대되는 개념이 아니다. 듀이의 견해에 따르면 과학이란 가치를 한층 높여 주고 삶을 더 의미 있게 하며 사회를 더 평등한 구조로 만들 수 있도록 돕는 수단이 될 수 있도록 하는 연구이다.

이런 이원론들, 즉 정신과 육체, 주체와 객체, 자연과 인간은 교육적 실천 속에서 불화를 일으킬 뿐만 아니라 편견을 낳게 하는 환경과 여건을 조성시킨다. 예를 들면, 과학과 인간성 사이를 구별하는 일이 직접적으로 편견을 가르친다는 것은 아니다. 오히려 과학이 문화적 예술로부터 단절되었을 경우, 학습자들은 미신적이고 감정적이라고 다른 사람들을 무시해 버리는 반면, 현실적이고 이성적이라고 어떤 사람들을 단정 지어 버리는 것과 같은 이원론에 대해 생각하게 되고 또한 이원론적으로 용이하게 이용하도록 자극받게 된다.

이러한 이원론들을 제거하기 위해 듀이는 모두 함께 경험을 하며 겪어 보도록 해주는 입장들을 유지시키라는 처방을 내린다. 경험이란 한 사람이 무엇을 하고 또 무슨 결과를 초래하는가에 대한 관계성을 연결시켜 인식하도록 해준다는 점에서 교육적이다.[33] 교육이란 환경을 변화시키고 경험하도록 관계성을 넓혀 줌으로써 경험에 대한 인식을 하도록 해주는 능동적 과정이다. 배움이 의미가 있는 행동과 관계될 때 정신은 육체가 하는 일에 종사하게 되고, 학과목은 삶의 경험의 의미를 확장시켜 주며, 과

---

32) Ibid., 287~288.
33) Ibid., 274.

학적 정보는 사회적 가치의 유익을 주는 위치에 서 있게 된다.

듀이의 교육적 입장은 활동 중심이다. 즉 교육이란 '어떻게 활동을 통해 지성적으로 기대했던 목적을 성취하도록 방향을 설정해 줄 것인가' 라는 문제를 의미한다. 그러므로 듀이는 "경험에 대한 의미를 축적하여 연속적인 경험의 과정으로 향하도록 능력을 키워 주는 경험의 재구성 혹은 재조직"으로 교육을 설명한다.[34]

그러나 때로 활동에 대한 듀이의 강조를 오해할 수도 있다. 그에게 활동이란 항상 육체적 움직임만으로 이해되지는 않는다. 의사소통에 참여하는 일은 아주 중요한 하나의 활동이다. 실제로 의사소통은 사회적 활동의 핵심이다. 다른 사람들과 의미를 함께 나누는 활동에 참여하는 일은 듀이의 교육과정의 기본 구조가 된다. 듀이의 견해에 따르면, 교육은 의미를 서로 연결시키려는 시도를 통해 의미가 확장되고 의사소통이 이루어지는 사회적 과정으로서 사회조직의 요소가 되는 핵심이다. 따라서 듀이의 주장에 따르면 학교와 함께 사회를 위한 선택적·사회적 조직의 형태가 곧 민주주의이다.

## 민주주의

듀이는 민주주의 사회에서 교육이란 단지 도덕적 과정이 된다는 것을 감지했다. 이를 위해 듀이는 교육에 관한 세 가지 기능들에 대해 다음과 같이 설명한다.[35] 첫째, 교육이란 하나의 조직적이고 단계적인 수단을 통해 학습자에게 복합적인 문화의 축적된 지식과 지혜를 얻도록 제공되어야만 한다. 그러나 사회는 교

---

34) Ibid., 76.
35) Ibid., 19~20.

육처럼 단순하게 제공해 주지 않는다. 학교환경의 두 번째 기능은 가능하면 현존하는 사회의 바람직하지 못한 요소들을 제거해야만 한다. 왜냐하면 학교의 환경은 일반적으로 사회적 환경보다 더 규모가 작고 다루기 쉽기 때문에 학교보다 더 넓은 사회의 가장 좋은 전통들을 반영시킬 수 있는 영향력 있는 조직이 될 수 있다. 그리고 마지막 세 번째 교육의 기능은 교육적 과제와 밀접하게 관계되어 있다. 그래서 학교의 역할은 학생들이 태어난 사회적 집단의 한계성들로부터 벗어나도록 해주는 기회를 받아들이도록 돕는 일이다.

듀이의 견해에 따르면 민주주의 사회란 이 세 가지 기능들을 모두 하나로 함께 묶기 위해 가장 좋은 가능성을 제공한다고 본다. 그러나 듀이가 말하는 '민주주의 사회'의 의미는 진단과 처방의 결합이다. 비록 듀이가 알고 있던 '민주주의' 위에 그의 사상적 기초를 미국적 상황에 두었다고 할지라도 그는 일관성 있게 그리고 항상 강하게 미국 사회의 민주주의 결핍에 대해 공격했다. 듀이의 개혁적인 견해로서 교육자의 과제란 공동체의 삶으로부터 바람직한 특성들을 뽑아내어 바람직하지 못한 모습들을 비판하는 데에 그들이 헌신하게 하는 일이다.

듀이는 어떤 주어진 사회나 공동체 속에서 민주주의의 정도를 결정할 수 있는 두 가지 기본적인 기준을 밝힌다. 첫째, 민주주의는 참여자들이 공통된 관심과 가치를 함께 나누는 사회적 조직의 수단이며, 그리고 둘째, 그 사회조직에서 사회 구성원들 간의 자유롭고 평등한 상호교환을 인위적으로 제한하지 않는 것을 기준으로 삼는다. 듀이는 다음과 같이 표현했다.

지금 그것이 어떤 사회적 집단이든 간에 우리는 약간의 공통된 관심사를 발견하며 그리고 다른 집단과 어느 정도의 상호작용과 상호협력적인 교섭을 발견하게 된다. 이런 두 특성들로부터 우리는 기준을 이끌어 낸다. 의식적으로 함께 공유되는 관심들이 얼마나 많고 다양한가? 다른 형태의 단체들과의 상호작용이 얼마나 충만하고 자유로운가?[36]

듀이의 민주주의에 대한 주장은 그가 주장하는 경험과 관련 있으며 그 경험을 반영시킨다. 즉 경험은 함께 나눔으로써 연결되고 의미가 풍성하게 된다는 사실이다. 만일 자유롭게 경험을 공유하는 것에 대해 무엇인가 침범한다면 경험은 무능력하게 된다. 마찬가지로 사회는 사회 구성원들 사이에서 자유로운 경험이 공유될 때 유익하게 된다. 편견과 차별 같은 자유로운 사회적 교류를 방해하는 한계상황이 존재할 때 민주주의는 훼손되고 만다. 불행히도 현대 사회의 특징은 많은 사회적 분열들이 일어나고 있다는 것이다. 듀이는 여성신학자 류터와 같이 이원론이란 사회의 기본적인 분열을 반영시키는 원인이라고 강하게 주장한다.

예를 들면, 부자와 가난한 자, 남자와 여자, 양반과 상놈, 지배자와 피지배자들 사이에서 발생하는 이러한 이원론들의 근원은 사회적 집단들과 한 그룹에 속한 계층들을 획을 그어 구분하는 딱딱하고 고정된 장벽들로부터 발견되어 왔다. 이 장벽들은 유동적이고 자유로운 상호교류의 결핍을 의미한다. 이런 결핍은 각기 고립된 주제와 목적 그리고 가치기준들로 삶의 경험에 대한 차별 있는 형태들로 구성하는 것과 같다. 그와 같은 모든 사회적 조건은 틀림없이 이원론적 철학에 의해 형성되었을 것이다.[37]

다소 많고 적은 기득권 집단의 사회적 분열은 종종 교육적으

---

36) Ibid., 83, 86.
37) Ibid., 333.

로 직업을 준비하는 '기술' 교육과 문화적 평가의 성향을 맞춘 '자유주의적 예술' 교육 사이의 분열로 말미암은 결과로 반영된다. 그와 같은 분열은 노동자와 상류계층으로 나눠지게 함으로써 사회적 관심을 이끌어 냈지만 그것은 민주주의와는 반대되는 결과물이다.[38] 또한 현대 사회의 계층분열은 과거 이원론적 경향들, 즉 이론과 실천, 지식과 활동이라는 이원론들을 영속시킨다. 사회적으로 기득권층 사람들은 실천보다 이론에 가치를 두며 활동보다 지식에 가치를 둔다. 듀이의 입장에서 볼 때 교육자들은 만일 그와 같은 기본적인 이원론들이 극복되고 더 한층 민주주의적 사회가 되기를 바란다면 사회적 재조직에 참여해야만 한다.

## 탐구

교육에 있어서 종종 생각과 행동 사이에 분열이 생긴다. 생각하는 것은 마치 전적으로 학생의 마음속에서 개인적으로 진행되는 내적인 과정처럼 취급된다. 행동하는 것은 대조적으로 기술과 습관 혹은 시도와 실패의 문제로 취급된다. 그러나 듀이에게 생각이란 모든 면들로 둘러싸인 경험의 또 다른 형태이다. 생각하는 것 혹은 반성적 사고에 의한 경험은 비반성적(non-reflective) 혹은 원초적 경험에서 시작하고 끝을 맺는다. 원초적인 경험에서부터 나온 사고의 인위적인 단절은 하나의 풀리지 않은 수수께끼와 같은 현상으로부터 유래한다. 즉 "왜 아이들이 학교 밖에서는 질문을 많이 하는가에 대해 결코 어떤 사람들도 설명하지 못했으며 … 왜 아이들은 학교에서 수업하는 과목들에 대한 호

---

38) Ibid., 250 ff.

기심이 눈에 띄게 적은가에 대해서는 결코 어떤 사람들도 설명하지 못해 왔다."는 것이다.[39] 이처럼 많은 학생들이 무관심하게 되는 이유들 가운데 하나는 한편으로 교실에서 진행되는 생각의 종류와 다른 한편으로 학생들의 일상생활 활동 사이에 격차가 있기 때문이다.

생각하는 것과 행동이 분리되는 한 가지 이유는 사회가 세대에 걸쳐 획득해 온 축적된 광범위한 지식에 익숙해지도록 학생들에게 요구한다는 데 있다. 이것은 단지 직접적인 경험을 통해서는 이루어질 수 없다. 가치 있는 우리의 많은 경험들은 간접적이다. 우리는 아이들에게 몇 년에 걸쳐 전반적으로 인간역사를 이해할 수 있도록 도울 수 있다. 왜냐하면 언어를 통해 우리는 어린이에게 여러 세기에 걸쳐 경험을 통해 얻은 거대한 지식의 분량을 가르쳐 줄 수 있기 때문이다. 언어는 학생들에게 그들 자신의 경험뿐만 아니라 간접적으로 다른 사람들의 경험들, 즉 직접적인 현재적 경험들뿐만 아니라 시간과 공간을 초월한(far removed in space and time) 경험들에서 배우도록 해준다. 간접적인 경험의 사용은 핵심적인 반면, 다른 한편으로 부가적인 어려움이 뒤따른다.

> 상징의 위험성은 항상 사실적이지 못하게 될 경우다. 다시 말해 그 위험성이란 상징으로 말미암아 현재적 경험을 일으키기 위한 방법이 결여되고 동떨어진 것(의미)들을 이끌어 낼 목적으로 대행체로서의 언어적 매체가 그들 스스로 하나의 목적이 될 때 위험성이 있게 된다. 형식적 교육은 특히 이런 위험성에 노출되어 있다.[40]

---

39) Ibid., 155.
40) Ibid., 232.

만일 간접적인 경험을 통해 큰 의미를 주려는 유익한 형식으로 학생들에게 접근하여 이용할 수 있게 하려면 그것은 계속 직접적인 경험과 연결되어야만 한다. 언어를 통한 배움이 직접적으로 환경에 영향을 미치는 활동으로부터 떨어져 나갈 때, 학생들이 어떻게 의미 있게 참여할 것인가에 대한 이해보다 훨씬 더 많은 지식을 말로 표현하는 것을 배우게 될지도 모른다. 사고는 경험으로부터 분리되며 그리고 그 자체의 반성적 사고의 산물로 몰두하게 된다. 따라서 이전에 말한 바와 같이, 그것은 사악한 추상주의의 근거가 된다.

이런 난점들을 피하기 위해 듀이는 교육적 실천으로 이끌 수 있는 탐구에 관한 내용을 소개한다. 그는 과학적 절차들로부터 다섯 가지 반성적 사고 경험의 특징적인 모습을 제시한다.[41] 그것을 요약하면 ① 문제 의식화(a felt interruption), ② 문제의 공식화, ③ 제안과 가설 세우기, ④ 추상적 추론하기와 유추해 내기, ⑤ 행동에 의한 검증이다.

듀이에 따르면 모든 반성적 사고란 습관적 행동의 평정이 어떤 면에서 깨어졌을 때 시작된다. 그 분열 혹은 파괴는 인지적으로 공식화되기 전에 느낀 감정이다. 이런 점에서 과거 습관은 우세하게 되는데, 이 경우 문제는 지성적으로 공식화할 수 없게 되며 경험의 재구성이 일어날 수 없다는 데 있다. 그러나 만일 그 상황이 아직 충분히 결정되지 않았거나 그 개인이 충분히 성장의 가능성에 대해 민감한 상태라면 탐구는 두 번째 단계, 즉 문

---

41) *How We Think*, 106~118; and *Logic: The Theory of Inquiry*, 104~118, 참조. 단계들의 순서는 듀이의 저작에 다양하게 나타난다. 듀이가 단계 순서가 일치하지 않았던 한 가지 이유는 의도적으로 계속성과 통합성을 강조하고 무미건조하며 삶을 잃어버린 적용을 저지하기 위해서였다.

제의 공식화로 옮겨갈 것이다.

임시적으로 어떤 문제가 공식화되었다면 그 정신은 자발적으로 추측하고 기대하며 짐작하게 된다. 이런 것들은 공감적인 지혜를 반영하고 하나의 특별한 상황의 요구들을 적합하게 받아들이도록 도와준다. 그러나 세 번째 국면의 핵심은 이런 자발적인 사고들을 명확하게 형식화된 개념들과 가설들로 세련되게 만드는 것이다. 그 다음 국면으로 추론의 단계에 이르면 듀이가 말하는 핵심으로서 경험의 재구성 과정이 있다. 바로 이 단계에서 개념들은 직접적으로 서로 관계되고 직접적으로 감각적 경험으로부터 독립되어 있다. 개념과 가설들이란 이미 논리적으로 연결된 개념들의 추상적인 틀 안에 넣은 것이며 일관성과 잠재성에 대해 검증한 것이다. 따라서 마지막 국면은 추상적인 것으로부터 다시 특별한 상황과 검증된 결과로 돌아오는 단계이다.

탐구 과정에 대한 듀이의 주장은 확고하다. 즉 그것은 비인지적 경험에서 시작하여, 우연히 변형된 인지적 형식화를 통해 더 추상적이고 상징적인 단계로 옮겨지고 다시 실제적이고 특별하며 경험적인 것으로 돌아오면서 끝을 맺는다. 듀이의 탐구 과정은 이론적이고 실천적인 통합을 보여 준다.

듀이는 또한 인식의 두 단계를 하나로 통합한다. 그 첫 번째는 상식이다. 상식은 기본적으로 탐구의 세 번째 국면과 일치한다. 실천적 문제는 제안을 일으키고 머리에서 떠오르도록 추측을 일으킨다. 그것은 비체계적인 과정이지만 매일 일상생활의 많은 요구들을 충족시켜 주는 역할을 한다. 그러나 상식은 또한 더 공식적인 탐구를 다시 할 수 있도록 하는 본질을 제공한다. 인식의 두 번째 단계는 더 공식적인 절차, 즉 탐구의 네 번째 국면의 특징이다. 이것은 과학적 조사과정이 반영되는 인식의 단계이다.

듀이는 탐구에 관한 이론에 있어서 목적과 수단, 사고와 행동, 이론과 실천, 상식과 과학 사이의 이원론들을 피한다. 그러나 이런 이원론들은 인위적으로 문제들을 부과시키는 교육으로 말미암아 수단으로부터 목적을 단절시키고, 실천으로부터 이론을 단절시키며 상식적 인식으로부터 공식적인 학문들을 단절시킴으로써 교육을 병들게 한다. 그와 같은 이원론적 교육은 편견을 직접 가르치지는 않는다 할지라도 자연과 사람을 적대적인 세력으로 나누어 옳음과 그름, 위와 아래, 안과 밖 사고의 형태를 자극시킨다. 이원론적 교육이란 이미 편견에 순응하도록 해주는 사고의 형태이다.

듀이의 탐구모형은 교육에서 가장 중요한 공헌을 한 것들 중 하나이다. 사고를 행동으로 통합하여 유지시키고 원초적 경험과 결속된 지성을 유지시키기 위해 절차를 체계화하는 일은 상당한 노력이 필요하다. 마지막 장에서 우리는 탐구에 대한 듀이의 모형에 대해 좀 더 숙고할 것이다.

편견 극복을 위한 신앙교육

**토의를 위한 질문**

1. '확실성 탐구'라는 연구 주제는 당신의 생각에 어떤 영향을 미치는가?
2. '사악한 추상주의'를 나 자신의 말로 설명하고 이에 대한 예를 내 생활 속에서 찾아보자.
3. 나는 오늘날 세계에서 찾아볼 수 있는 이원론들, 예를 들면 정신과 육체, 주체와 객체, 인간과 자연, 생각과 느낌과 같은 이원론들을 어떻게 보고 있는지 설명해 보자.
4. 나의 교육적 경험에는 어떠한 이원론들이 반영되어 있는지 생각해 보자.
5. 탐구에 관한 듀이의 접근은 편견에 대해 도전하는 데 어떻게 사용될 수 있는가?
6. 당신은 듀이 철학의 어떤 면들을 동의하지 않는가?

 **더 읽어야 할 책들**

Dewey, John. *Democracy and Education*. New York : Macmillan, 1916.

Dewey, John. *Experience and Education*. New York : Collier Books, 1938.

Dewey, John. *How We Think*. Boston : D. C. Heath and Company, 1933.

Dewey, John. *The Quest for Certainty* : *A Study of the Relation of Knowledge and Action*. New York : G. P. Putnam's Sons, 1929.

Chapter **3**
# Morality in the Balance

# 균형 잡힌 도덕성

대화와 왜곡

# 균형 잡힌 도덕성

대화와 왜곡

한편으로 키가 크고 외향적이며 음악을 좋아하는 사람으로 특성화하는 것과 다른 한편으로 편견을 가진 사람으로 지명하는 것 사이에는 상당한 차이가 있다. 편견이라는 용어는 도덕적 가치를 함축하고 있다. 어떤 사람을 두고 편견적이라는 것은 좋은 말은 아니다. 편견의 도덕적 차원은 앞서 서술한 1장과 2장 속에 함축된 면이 있었지만 직접적으로 논의되지는 않았다. 이번 장에서 우리는 편견에 대한 도덕철학을 이해하기 위해 사회과학적 접근을 하려고 한다.

도덕적 문제를 연구하고 조사하는 일은 아주 어려운 주제라고 지금까지 생각해 왔다. 그러나 최근에 심리학자들은 도덕적 관계의 역동성을 이해하는 데 급속한 진보를 가져왔다. 이 장에서 우리는 노마 하안의 도덕성에 대한 이론과 도덕 발달론에 중점을 두려고 한다. 하안의 업적은 두 가지 차원에서 우리에게 중요하기 때문에 우리가 목적하는 바를 명확하게 밝혀 준다. 첫째, 하안은 자아 진행 과정들(ego processes)의 심리 분석적 개념을 확장시켜 설명해 준다. 우리는 앞서 류터가 성차별을 일으키는 요인으로 억압과 투사에 관한 자아 형성 과정에 접근했던 모습들을 기억할 것이다. 하안의 연구를 보면 이런 방어기제들은 적합한 자아의 기능과 적합하지 않은 자아의 기능 사이의 관계를 명확하게 밝혀 주면서 자아 진행 과정에 대처하고 방어하는 더 큰 모형으로 체계화한다. 하안의 중심 주제는 사람들이 '자아 진행 과정들에 대처하는 일'에 대해서는 이성적이고 정확한 방법들로 행동하지만 방어적 과정들에 대해서는 자신들의 일관된 의식(sense)을 유지하기 위해 정당성을 포기한다는 것이다.

하안의 연구에서 두 번째 관련된 측면은 도덕적 추리력과 도덕 발달에 관한 모형이다. 하안의 도덕성이란 5단계의 연속적 발달을 통한 상호 개인적인 지식과 기술적 형태다.(174쪽 도표 2 참조) 개인의 발달 수준은 도덕적으로 성숙한 태도를 보이며 행동하는 개인의 능력에 따라 최고 한계를 설정하는 일이다. 예를 들어, 단지 제2단계에서 생각할 수 있는 사람이라고 해서 매우 성숙된 태도로 행동할 수 있는 것은 아니다. 그러나 가장 높은 도덕적 단계에 있는 사람조차도 아직 성숙된 태도로 행동하지 못하기 때문에 그 사람이 어떻게 실제로 행동하는가에 대한 문제는 도덕 발달 단계와 특별한 자아 진행 과정을 함께 고려해서 생각해야 한다. 사람들은 자아 방어기제를 사용하면서 방어적일 때 자신의 충분한 잠재력을 발휘하며 살아가지 못할 것이다. 우리는 앞으로 편견적 생각과 행동은 미성숙한 추리력이나 방어적 자아기능 혹은 이 둘의 결합을 반영시켜 준다는 사실을 알게 될 것이다.

더 상세하게 논의하기 위해 나는 독자들에게 먼저 3장의 논리적 개요를 제시할 생각이다. 계급적 이원론의 영향 아래 형성된 자아정체성은 방어 심리학적 전략 없이는 유지될 수 없다. 결국 편견적인 사람은 자신의 편견 대상이 되는 자들과 관계할 때 방어적 과정들을 행할 수밖에 없다. 이러한 방어기제란 결함 있는 의사소통을 반영시키고 지배적이고 왜곡된 도덕적 상호교환의 결과를 낳는다.

이 장은 네 개 부분으로 구성되어 있다. 첫째 부분은 구조 발달 이론, 즉 하안의 기본 공식들(formulations)을 소개한다. 둘째 부분에서는 하안의 자아 진행 과정 모형을 제시할 것이다. 셋째 부분에서는 도덕 발달을 다루고, 그리고 마지막 넷째 부분에서는 도덕 교육의 특별한 분석을 통한 하안의 도덕성의 상호작용 모형을 제시하려고 한다.

## 구조적 발달 이론

하안은 심리분석은 물론 구조 발달의 전통을 함께 종합적 요소들로 포괄하는 절충주의적 사상가다. 더욱이 그녀는 모든 이론들을 동등하게 평가하는 절충주의의 흔한 함정들을 피해 왔다. 구조 발달 이론은 하안의 패러다임의 기초다. 심리 분석적 통찰력을 자신의 연구에 결합시킴으로써 다른 사람들이 주장하는 것보다도 구조적 발달 이론을 더욱 유연하고 개방적인 견해로 발전시키는 일을 계속해 왔다.

이 부분에서 우리는 구조적 발달주의의 기본 입장을 설명할 것이다. 이 접근은 심리학이 지닌 많은 문제들을 조사하기 위해 사용되고 있지만 여기서 우리는 도덕 발달에 초점을 둘 것이다. 그리고 더 나아가 다른 연구 영역으로부터 유래한 예들을 덧붙여 설명하려고 한다. 구조적 발달 접근의 구별된 모습들을 분명하게 보여 주기 위해 사회학습이론에 대한 접근과 비교하며 도덕 발달을 살펴볼 것이다. 구조주의 발달론자들은 한 개인이 성장 발달하는 데 있어서 의미-구조 과정에 초점을 두는 반면에, 사회학습 이론가들은 어떻게 성장하는 어린이들이 기성문화의 규범들을 내면화하는가에 초점을 둔다. 이 두 접근들을 대조하는 데 더하여 하안의 독특한 구조 발달 이론의 공헌은 피아제(Piaget)와 콜벅(Kohlberg)과 같은 다른 주장들에 대해 더 심오한 접근을 한다는 점에서 대조를 이룰 것이다.

## 구조와 내용

사람들은 전적으로 자기가 하고 싶은 방식대로 생각하고 행동하지 않는다. 대부분 우리의 사고와 행동 패턴의 근거는 논리이다. 종종 사람들은 사고와 행동 배후에 놓인 규칙과 원칙에 대해 잘 알아차리지 못한다. 예를 들어, 우리가 생각을 할 때 비록 복잡한 언어의 규칙을 의식하지 않는다 해도 매우 복잡한 언어의 규칙을 따른다. 우리는 그 기본 규칙을 언어구조라고 부른다. 단순한 언어구조들은 우리의 인지적 추론과 사회적 판단, 도덕적 추론과 행동 배후에 놓여 있다.

사회학습 이론가들은 개인의 사고와 행동 조직은 직접 다른 사람을 보고 정확한 행동으로 반영하면서 배우게 된다고 말한다.[1] 생각과 행동의 특별한 패턴은 모방과 강화를 통해 형성된다는 것이다. 대조적으로 구조 발달 이론가들은 생각과 행동 조직은 유일하게 개인의 외부로부터만 나오는 것은 아니라고 본다. 모든 사람들은 원래 일관성 있고 질서 있게 지각하고 구조적 정보를 줄 수 있는 성향을 갖고 있다. 오히려 단지 환경 속에서 사건들을 확인하고 수동적으로 그것들을 내면화하기보다는 사람들은 사건을 확인하고 행동으로 실천하면서 새로운 정보를 이미 존재해 있는 사고 구조로 통합시킨다. 환경은 넓고 다양한 개인적인 경험들로 이루어져 있으며 각각의 개인은 이런 경험들에 대해 의미를 부여한다. 경험은 이미 존재하는 사고 구조에 의해 동화됨으로써, 그리고 이런 구조들을 새로운 생각으로 정교하게 조정하도록 함으로써, 개인의 생각과 행동의 섬세한 형태들이 성장하여 발달한다. 구조적 발달 이론가들은 단지 어떤 기본 구조들이 있다고 본다. 즉 그들은 물리적 세계를 해석하도록 해주는 인지적 구조와 대부분 언어적 구조의 연구뿐만 아니라 도덕적 구조 또한 상당한 관심을 가지고 연구해 왔다.

생각의 내용과 그 아래에 놓인 구조 사이의 구분은 구조의 개념을 더 잘 이해하도록 도와준다. 특별한 정보와 신념 그리고 가치들은 생각의 내용을 말해 준다. 어떤 연구가는 한 사람의 생각의 내용을 오히려 쉽게 이끌어내기도 한다. 그러나 대조적으로 심리학적 구조들은 직접 설명될 수 없을 뿐 아니라 더욱이 종합적 연구관찰을 통해 유추해 내야만 한다. 예를 들면, 한 어린이와 인터뷰를 하면서 나눈 아래 대화를 보면 알 수 있다.

---

1) Albert Bandura, *Social Learning Theory* (Englewood Cliffs, N. J.: Prentice-Hall, 1977) 참조. 개인의 내적 구조화의 능력에 반해 환경요소들에 대한 반듀라의 명확한 강조점은 자기 주도적 활동에로의 사회학습이론을 설명하는 그의 아래 주장에서 찾아볼 수 있다. 즉, 사회학습이론에 대한 또 다른 특징은 자기조절(self-regulatory)의 특별한 역할이다. 환경적 자극을 조정함으로써 인지적 보존을 생성하고 자신의 행동들에 따른 결과들을 만들어 내면서 사람들은 자신의 행위에 대한 통제의 정도를 실행할 수 있다. 확실히 자기 조절의 기능들이 생성되고 뜻하지 않는 외적 영향을 받는다 (p.13).

Q : 약속을 지키지 않아도 된다고 했을 경우 너는 어떻게 결정할 거니?

A : 일반적으로 나는 약속을 지키는 일은 중요하다고 생각해요. 그러나 만일 그 약속을 지켜서 아저씨의 친한 친구가 상처를 받을 수도 있다면 아저씨는 때로 약속을 지키지 않아도 된다고 생각해요.

Q : 너는 거짓말을 하는 것이 항상 잘못된 일이라고 생각하니?

A : 대부분 그렇다고 생각해요. 만일 아저씨가 진실을 말하지 않는다면 사람들은 아저씨를 믿지 못하게 될 테니까요. 그러나 때로 친구를 보호하기 위해서라면 아저씨는 어느 정도 거짓말을 할 수도 있다고 봐요.

약속과 진실을 말하는 일에 관한 한 어린이의 특별한 신념으로서, 여기에 도덕적 내용에 대한 여러 관점들이 있다. 그러나 특별한 대답들로 말미암아 사고의 패턴이 노출되기 시작한다. 두 개 질문에 대한 대답을 보면 이 어린이는 사실을 결정할 때 친구와의 우정을 고려한다. 만일 더 깊은 질문에 대해서도 같은 패턴으로 결과가 나왔다면 인터뷰를 통해 그의 도덕적 구조를 살펴볼 때 무엇이 옳은지를 결정하기 위한 핵심적 가치가 동료(또래)들에 대한 신뢰성에 국한된다는 결론에 이를 것이다. 그렇다고 특별히 이런 원리로 작용한다는 사실을 어린이들이 인식하고 있다는 뜻은 아니다. 구조들은 사고의 표면 아래에 있어 사고를 조직하게 해주고 일관성 있게 해주는 역할을 한다. 구조란 대상(주제)들을 넓은 범위에 적용할 수 있도록 하는 정신적 작용으로 조직된 하나의 사고의 패턴이다.

재능과 실천의 구별은 분명히 구조와 내용 사이의 구별과 관계된다. 그렇다고 모든 구조들이 모두에게 똑같이 적합한 것은

아니다. 세 살 난 어린아이가 말하는 언어구조는 성인들의 언어
구조보다 덜 유연하거나 구별적이지 못하다. 한 사람의 구조 속
에 있는 고유의 수용능력은 그들이 할 수 있는 능력의 정도에 따
라 이해된다. 예를 들면, 수에 대해 안정적인 능력(구조적 능력)을
갖추지 못한 어린이는 수학문제(실행능력)를 풀 수 없다. 그러나
이에 대한 더욱 큰 관심사 중 하나는 만일 어떤 사람이 문제를
해결하는 데 필수적인 구조적 능력을 소유하고 있다 해서 그 사
람이 실행능력을 보여 줄 것이라는 뜻은 아니라는 사실이다. 앞
으로 알게 되겠지만 자아형성 과정이란 심리학적 구조들이 작용
하는 방법을 규정하는 것이라고 하안은 주장한다.

## 양적 성장 대 질적 성장

사회학습 이론가들은 발달을 상대적으로 연속적이고 동질의
새로운 정보를 배우는 과정으로 간주한다. 복잡한 행위는 단순
한 행위보다 더 나중에 습득되는데, 그것은 단지 필수적인 기술
과 정보의 종류가 모형화(modeling)와 재강화(reinforcement)를
통해 발달되기 때문이다. 학습모형은 분명히 양적인 것이다. 다
시 말해 발달이란 새로운 기술과 개체 정보들이 연속적으로 첨
가되는 과정을 의미한다.

구조적 발달론자들은 성장이란 두 가지 형태의 변화로 구성된
다고 믿는다. 즉, 양적인 변화란 발달하고 있는 개인이 더 많은
정보를 요구함으로써 발생한다. 그러나 당연히 성장이란 각 개
인들이 정보를 이해하고 조직하는 방법으로서 질적 변화를 의미
한다. 한 개인은 자료의 수동적인 수용자가 아니라 오히려 능동
적으로 새로운 정보를 추구하고 그것을 의미의 패턴들로 조직하

는 사람이다. 발달 과정에서 이러한 구조들은 규칙적인 연속성을 통해 도식화될 수 있는 질적 변화의 경험을 하게 된다.

구조적 발달 관점 속에서 이루어진 대부분의 연구는 인지 발달적 구조로 이용되어 왔다. 이런 연구결과와 밀접하게 연관된 이론들은 인간성장을 논리적 사고구조들의 연속적 발달에 의한 것으로 설명한다. 피아제는 인지 발달론자의 선구자로서 아이들은 인지적 기능을 하는 여러 단계들을 통과한다고 주장한다.[2] 각 단계들은 상호 관련된 과정 혹은 작용들의 일관된 모습으로 나타난다.

발달단계들에 관한 가설들은 인지 발달 이론들의 초석이 된다. 이 이론들은 공통된 견해를 주장하는데, 인간성장은 질서정연하고 일정하며 문화적으로 보편적 단계들의 연속성, 즉 선행하는 것보다 더 적합하게 어울리는 연속된 단계를 통해 발달하는 특징이 있다고 본다. 각 단계는 윤곽이 명확하게 드러나는 정신적 작용들의 확정된 체계들을 반영시킨다. 피아제[3]와 콜벅[4]은 모두 도덕적 발달 단계들에 대한 자세한 모델들을 소개해 왔다.

피아제와 콜벅은 '엄격한'(stringent) 구조주의적 관점을 유지하는 반면, 하안의 해석은 좀 더 유동성 있는 접근을 한다. 하안의 주장에 따르면 항상 일정하고 논리적 기초를 둔 단계들을 가설로 내세우는 이론들은 상대적으로 안정된 물리적 세계에 대한 아이

---

2) 가장 중요한 구조 발달 이론가들의 연구 저작들 중 뛰어난 연구들을 살펴 보기 위해 H. Gruber and J. Voneche, *The Essential Piaget* (New York: Basic Books, 1977)를 보라.

3) Jean Piaget, *The Moral Judgment of the Child* (New York: Free Press, 1932).

4) Lawrence Kohlberg, *Essays on Moral Development. Vol. Ⅱ. The Psychology of Moral Development* (San Francisco: Harper & Row, 1984) 참조.

들의 이해 발달이 특징적으로 평가될 수 있을 것이라고 본다.

그러나 도덕적 행위는 그렇게 안정적이지 않다. 어떤 상황에서 하나의 방법으로 행동한 사람이 꼭 다른 상황에서도 같은 반응을 일으키지는 않을 것이다. 도덕적 행위의 유동성 때문에 도덕적 성장 과정은 엄격하게 규정된 단계들의 정연한 체계에 맞지 않을 수도 있다는 것이다. 그럼에도 하안은 여전히 도덕성은 발달하며 그 발달 과정은 위험하지 않다고 믿는다. 자신의 견해를 엄격한 구조주의자들과 구별하기 위해 성장 모습을 설명하면서 그는 '단계'(stage)보다 '수준'(level)이란 용어를 더 선호하여 사용한다. 단계라는 말과 대조적으로 수준이란 말은 반드시 역행하거나 변화한다. 도덕 발달에 대한 하안의 모형은 이 장 마지막 부분에서 다시 다룰 생각이다.

### 도덕성의 보편성

사회학습 이론가들의 지적에 따르면 사회란 궁극적으로 도덕적 준거이다. '무엇이 옳은 것인가'라는 문제는 사회적 규범과 관계되며, 도덕적 성장의 과제는 이런 규범들을 배우는 것이다. 결과적으로 사회학습 이론가들은 도덕성에 대해 상대주의자적 입장을 취한다. 무엇이 옳은 것인가는 문화적 견해에 따라 상대적으로 나타난다. 도덕적 행위란 전형적으로 그것이 수용된 사회적 가치에 일치하느냐 혹은 그렇지 않느냐에 따라 '사회적 긍정' 혹은 '사회적 부정'으로 분리된다.

콜벅과 같은 인지 발달론자들은 엄격한 보편주의자들의 계열에 속한다. 콜벅은 도덕 발달론의 여섯 단계 모델은 문화적으로 보편적 연속성을 말해 준다고 주장한다. 도덕적 추론의 가장 높은 단계에 있는 사람들은 그들의 문화나 환경과 관계없이 비슷한 도덕적 딜레마에 빠져 있을 때 같은 결론에 이를 것이라고 콜벅은 믿는다.

하안은 한편으로는 문화적 상대주의를 그리고 다른 한편으로는 문화적 제국주의 사이의 중간노선을 취한다. 콜벅의 신념, 즉 사회는 도덕성으로 궁극적인 모든 것을 제공할 수 없다는 점에 일치하지만, 모든 문화에 걸쳐 성숙한 개인은 동일한 도덕적 결론에 이르게 된다는 점에서는 서로 일치하지 않는다. 동일한 결론에 이른다기보다는 노마 하안이 보는 성숙한 사람들은 해결점을 찾을 때 같은 절차를 밟을 것이라고 믿는다. 하안의 모형에 있어 보편성의 차원이란 사람들이 도덕적 결정에 이르기까지 밟게 되는 과정과 관계있다. 하안은 도덕적으로 성숙한 사람들은 다른 문화와 상황에서 다른 결론에 이를 테지만 결론에 이르기까지 동일한 과정을 밟는다고 본다.

결론적으로 구조발달 이론가들은 첫째, 추론과 행위의 패턴 아래 놓인 심리학적 구조들을 확인하고 설명하며, 둘째, 이런 구조들의 발달을 질적으로 구별된 성장 국면을 통해 도표로 나타내려고 시도한다. 구조 발달론자의 한 사람으로서 하안은 도덕적 구조들의 성장에 대해 설명해 왔다. 우리는 하안의 도덕 발달 이론을 살펴보기 전에 그것과 맞물린 인성론(personality theory)을 고려해 볼 필요가 있다.

## 자아 기능의 저항과 방어

### 심리분석학적 배경

하안은 심리학 연구 분야를 시작하기 전에 아동심리치료학자로 일했다. 치료자로서 후기 프로이드학파의 심리분석학적 전통을 따르면서 훈련을 받았다. 하안의 주장에 따르면 프로이드와 그의 연구자들이 지속적으로 공헌한 점들 가운데 하나는 현실에 대한 인식이 어떻게 쉽게 그리고 자주 부정되고 그릇되며 왜곡될 수 있는가에 대한 확인 조사다.[5] 심리분석자들은 가장 흔한 이런 왜곡의 원인은 걱정이나 근심을 최소화하기를 원하는 자아의 기대 때문이라고 본다. 심리분석학자들은 열 가지 공통적으로 인정된 자기방어기제 분류법들을 발전시켜 왔다. 이 방어기제들은 이드(Id)의 충동과 슈퍼이고(Superego)의 형벌적인 행위들, 그리고 인식된 환경의 위협들로부터 자아(Ego) 그 자체를 보호하기 위한 과정들이다. 그러나 자기방어기제에 대한 의미를 평가하기 위해 반드시 이드나 슈퍼이고 같은 실체의 심리 분석적 견해를 채택해야 할 필요는 없다.

### 피아제 학파의 배경

하안은 자신의 초기 경력에 있어서 심리분석적 이론의 한계성들을 극복하기 시작했다. 특히 피아제 학파의 인지발달연구에

---

5) Norma Haan, *Coping and Defending: Processes of Self-Environment Organization* (San Francisco: Academic Press, 1977), 10~12 참조.

관심을 가졌다.[6] 이 연구 내용은 대부분 아동에 대한 구조적이고 현실 지향적인 과정과 인지구조의 발달에 초점을 둔다. 프로이드 학파의 전통은 근본적으로 정신질환에 초점을 두고 자아기만(self-deception)을 일으킬 수 있는 기제들을 반영시키는 반면, 피아제 학파의 전통은 다른 한편으로 정상적이고 정확한 정신적 기능화를 강조한다. 하안의 대처와 방어모형은 이런 각기 전통들로부터 오는 통찰을 자아 진행 과정에 초점을 둔 하나의 인격론(a theory of personality)에 결합시키려는 시도다.

## 대처하고 방어하고 분해시키는 모델

하안은 자아 진행 과정 모형을 이해하기 위해 열 가지 고전적 방어기제에 출발점을 둔다. 그러나 "자아 기능의 개념화란 방어기제에 대한 인식 외에도 대처하는 기제들의 역할에 대한 분명하고도 조직적인 사려가 요구된다."[7]는 사실만으로 기능적 자아에 대한 이해가 부족하다는 주장을 한다. 하안이 발전시킨 핵심적인 가설은 방어기제란 정상적으로 대처하는, 좀 더 정확히 말해 대처 방식으로 다루어진 정보처리 방법들에 의해 왜곡된다는 것이다.

하안과 크뢰버(Kroeber)가 발전시킨 첫 번째 모형[8]은 표현의

---

6) 피아제(Jean Piaget)의 연구를 보려면 *The Psychology of Intelligence* (London: Routledge & Kegan Paul, 1950); *The Child's Conception of Physical Causality* (Paterson, New Jersey: Littlefield, Adams, 1960); *The Moral Judgment of the Child, Structuralism* (New York: Basic Books, 1970); and *The Child and Reality* (New York: Grossman, 1973) 참조.

7) Haan, "Proposed Model of Ego Functioning: Coping and Defense Mechanisms in Relationship to I.Q. Change," *Psychological Monographs*, Vol. 77, No. 8 (Whole No. 571), 1963, 1.

두 가지 가능적 형식, 즉 하나는 대처 과정 그리고 다른 하나는 방어 과정을 각기 유지하면서 열 가지 발생 과정들을 소개한다. 예를 들면, 감각의 발생 과정은 대처하는 **감정이입**(empathy) 혹은 방어적인 **투사**(projection)로 나타날 수 있다. 감정이입과 투사는 매우 긴밀하게 관계되어 있으며 둘 다 같은 문제, 즉 또 다른 내적 상태를 확인해 주는 욕구를 다루는 방법들이다. 감정이입은 이용 가능한 정보를 왜곡하지 않고 욕구를 표출하는 반면, 투사는 왜곡된다. 도표 1은 좀 더 공통된 여섯 가지 발생 과정들과 관계된, 대처하고 방어하는 기제를 요약함으로써 대처하고 방어하는 자아 진행 과정 모형을 설명한다.

1969년에 하안은 각각 발생 과정을 표현하는데, 세 가지 모형을 포용적 모형들로 확장시킨다.[9] 즉, 대처하고 방어하는 과정에 분열(fragmenting)시키는 과정을 첨가시킨다. 분열 과정은 방어기제의 극단적인 형식들로 개념화될 수 있을 것이다. 그러나 방어기제는 하나를 객관적인 실재에 연결시키며 심지어 그것을 왜곡시키는 반면, 분열 과정은 모든 이성의 감각을 방해한다.[10] 분열 과정은 비록 건강한 사람들도 극단적인 스트레스 때문에 일시적으로 분산될 수 있지만 정신적 질환자에게 가장 명확하게 증거로 나타난다. 분열 과정을 첨가한 것은 자아 진행 과정 모형을 보충해 주는 중요한 일이지만 본 연구에서는 여기에 대해 특별히 언급하지 않을 생각이다. 단지 이 장에서는 대처 과정과 방

---

8) T. C. Kroeber, "The Coping Functions of Ego Mechanisms," in R. White (ed.), *The Study of Lives* (New York: Atherton, 1963).

9) Haan, "A Tripartite Model of Ego Functioning, Values and Clinical and Research Applications," *Journal of Nervous and Mental Disease*, Vol. 148, No. 1 (1969), 14~30.

10) Haan, *Coping and Defending*, 34.

어 과정을 강조하려고 한다.

다음의 도식에서 세 가지 모형의 기능은 유용성에 따라 계급 구조로 조직된다. 문제에 대한 장기적 해결의 관점에서 대처는 가장 좋은 것이고 분열은 가장 나쁜 것이다. 일상생활에서 사람들은 만일 가능하다면 대처하게 될 것이며, 필요하면 방어하게 될 것이고, 모든 다른 선택이 없다면 분열하게 될 것이다. 불행히도 사람들은 항상 대처할 수는 없다. 주어진 상황에 관여하게 되는 근본적인 결정은 사람들이 자기일관성에 대한 자기 자신의 의식으로 처리하는 일이 없이 정보를 정확히 동화시킬 수 있는가 혹은 없는가에 달려 있다. 만일 새로운 정보가 너무 불일치하거나 위협적이라면 그것은 왜곡될 것이며 자극이 없게 된다. 위협과 스트레스를 받는 상황은 방어를 이끌어 내고 만일 극단적인 경우라면 분열 과정을 이끌어 낸다. 덧붙여 사람들은 대처와 방어 과정들의 계급적 구조들을 더 선호해 왔다. 어떤 사람은 자주 억압받는 경향이 있는 반면에 다른 사람은 전적인 부정으로 스트레스의 반응을 보인다. 한 개인의 대처와 방어의 구조는 그 사람의 인격성에 관한 중요한 차원을 말해 준다.

어떤 주어진 행위에 있어서 다양한 내적 구조와 내적 사실들과의 상호조정을 통합해야 한다. 그 결과 우리는 한 번에 다양한 과정을 밟는다. 우리는 종종 완전히 대처하지도 않고 완전히 방어하지도 않지만, 그러나 모두 결합된 어떤 형태를 이용하고 있다는 세밀한 연구 결과들을 발견할 것이다.

## 과정과 구조

자아 진행 과정은 두 가지 근본적인 과제를 이행한다. 첫째,

**도표 1**

## 자아 과정 모형의 저항과 방어

| 해결해야 할 문제 | 대처하는 해결 | 방어하는 해결 |
|---|---|---|
| **1. 수단과 목적의 상징화**<br>사건들 사이에 무슨<br>관계가 있는가? | **논리적 분석**<br>– 단계적 추론 :<br>　증거에 기초한 결론 | **이성화**<br>– 결정을 정당화하기 위해<br>　사용된 논리 : 욕망에<br>　기초한 결론 |
| **2. 감수성**<br>다른 사람의 감정은<br>무엇인가? | **동감**<br>– 다른 사람이 느끼고 있는<br>　감정에 대한 정확한 인식 | **투사**<br>– 자신 속에 있는 거부할<br>　수 있는 감정과 태도 |
| **3. 선택적인 인식**<br>나는 어디에다 주의를<br>집중할 것인가? | **집중**<br>– 관련된 항목과 문제에<br>　집중된 관심 | **부인**<br>– 자기관심과 갈등하지<br>　않는 사항과 문제들에<br>　한정된 관심 |
| **4. 전환**<br>나의 감정을 어디에<br>표현할 것인가? | **승화**<br>– 적당한 사람들과<br>　대상들을 향해 표현된<br>　감정들 | **이탈**<br>– 감정에 책임이 없는<br>　사람들 혹은 대상들에게<br>　발설된 감정 |
| **5. 변화(변형)**<br>어떻게 처음의 충동을<br>다룰 것인가? | **대체**<br>– 사회적으로 승인된<br>　효과들로 용이하게<br>　변형된 충격들 | **반사 형성**<br>– 호되게 반대자를 향한<br>　충동(예를 들어, 적대감은<br>　지나친 이타주의가 됨.) |
| **6. 억제**<br>어떻게 표현될 수 없는<br>감정을 다룰 것인가? | **억압**<br>– 적합하게 표현될 수 있을<br>　때까지 조정된 감정들 | **억압**<br>– 무의식적으로 그리고<br>　의도적으로 망각된 감정 |

그들은 자신의 심리학적 구조를 조정한다. 주어진 행동을 하기 위한 다양한 구조로부터 오는 정보를 결합하고 조정한다. 예를 들면, 문장을 쓰려고 할 때 글을 쓰는 체계에 관한 정신적 활동

구조로부터 오는 정보, 즉 단어와 문장 구조 그리고 논리적 발달의 의미와 관련된 언어적·인지적 구조로부터 오는 정보뿐만 아니라 의도된 청중의 관심과 동기를 제공하는 사회적 인식 구조로부터 오는 정보를 다뤄야만 한다. 과업을 효과적으로 성취하기 위해서 이런 모든 구조들 하나하나는 서로 도움을 주며, 각 구조적 협력 과정이 서로 조정되고 통합되어야만 한다. 이것이 자아 과정의 첫 번째 과제다. 두 번째 과제는 비슷하겠지만 내적 구조들을 중재하는 대신에 내적 요소와 외적 요소들 사이, 즉 자아 심리학적 구조와 상황이 변화하는 환경 사이의 상호조화다. 이 경우 환경으로부터 오는 정보는 내적 구조로 옮겨지고 이런 심리학적 의미 체계로 통합된다. 예를 들어, 공을 잡기 위해 자신의 눈을 통해 받아들인 정보는 공의 움직임을 이해해서 몸으로 움직일 수 있도록 하는 인지 구조와 상호작용이 이루어져야만 한다.

더 구체적인 비유를 들자면 심리학적 구조들은 컴퓨터의 프로세스 칩과 같으며 자아 과정은 내적인 요소들을 연결시키고 그것들을 키보드나 모뎀 혹은 다른 외적인 장치들을 연결해 상호작용하도록 하는 회로와 같다. 대처 과정은 적합한 회로의 기능에 비유되지만 그러나 방어 과정은 정보를 왜곡하는 전기의 배선회로와 같다.

대처와 방어 과정은 종종 능력과 실행 사이에 불균형적인 면이 있다는 점을 명심해야 한다. 항상 우리는 잠재성만으로 생활하지는 못한다. 하안은 「대처와 방어」(Coping and Defending)라는 그녀의 책 제7장에서 한 사람의 구조적 능력은 적당히 그 사람이 대처하고 있을 때, 그리고 그 사람의 다른 구조적 공식들이 서로 모순되지 않고 해결할 수 있도록 융합될 수 있을 때에만 적당하게 작용한다는 주장에 대해 자세히 설명한다. 다른 한편 하안의 말에 따르면 한 사람의 구조적 능력은 방어적 과정을 강요하는 스트레스가 있는 상황이거나 혹은 다양한 구조적 공식들이 견줄 데 없고 모순적인 해결로 빠질 때 적합하게 작용하지 못한다.

자아 과정과 구조적 능력 사이의 관계를 놓고 볼 때 한 사람이 충분히 성숙된 방식으로 행동하는 데 실패할 때 그 실패는 두 경우 중 어느 한쪽에 해당된다. 어쩌면 개인이 필수적인 구조적 능력을 갖추지 못해서 그 과업을 수행하지 못할 수도 있다. 아니면 그 대신에 어쩌면 그 사람이 능력을 가지고 있지만 자아방어가 구조적 능력의 표현을 왜곡시킬 수도 있다.[11] 이것은 편견이 구조의 문제인지 혹은 근본적으로 자아 과정의 문제인지 의문을 불러일으킨다. 이 문제에 대해서는 다음에서 설명하려고 한다.

### 편견, 구조인가? 과정인가?

인간의 실수는 결핍된 구조적 능력이나 심리학적 방어사용의 실패에서 그 근원을 찾을 수 있다. 우리는 도덕적 문제로서 편견을 규명해 왔다. 편견은 개인구조 속에서 도덕적 추론의 미성숙 때문에 오는 것인가? 혹은 방어적 자아 과정을 사용할 때 한 사람의 반성적 사고로부터 오는 것인가? 여기서 그 차이점들을 알아보는 것은 중요하다. 만일 편견이 구조적 문제로 규명된다면 그 실수의 정도는 개인의 외적 요소에 달려 있다. 왜냐하면 비록 때때로 불완전하거나 선택적인 것이라 해도 구조들은 실재에 대한 정확한 해석을 반영하기 때문이다. 그러므로 심리학적 구조

---

11) 물론 우리는 경쟁과 이행의 차이성에 대한 다른 이유들을 밝힐 수 있다. 예를 들면, 강요된 복종과 같다. 그러나 그와 같은 이유들이 심리학적 이론보다 사회학이나 정치학의 영역 속에 더 많이 관련되어 있다.

를 강조하는 편견의 분석과 해석은 개인에 대한 사회적 실천과 문화적 이데올로기들의 영향에 대해 토론해야 한다. 다른 한편으로 만일 어떤 사람이 계급적 이원론의 출처가 방어기제라고 한다면 그 실수의 무게 중심은 개인 내부에 있게 된다. 이 경우 편견 연구의 핵심은 편견적인 사람이란 정상적이지 못한 심리학적 욕구에 그 원인이 있다. 따라서 편견 과정의 해석은 비이성적 측면들을 강조하게 된다.

류터와 듀이는 계급적 이원론이 비이성적이라는 데에 동의한다. 예를 들면, 듀이는 모든 이원론에는 부정적인 요소가 있다고 지적한다. 그러나 비이성적 역동성을 설명하려고 애쓰며 강조한 자는 바로 류터다. 류터는 남성적 성차별은 그 출처가 억압과 투사에 있다고 주장한다. 친근감과 성(性)에 대한 두려움은 성차별의 영향으로 본다. 자신의 성에 대한 억압적인 감정뿐만 아니라 남성들은 여성들에 대한 고정관념(stereotype)으로 두려운 차원을 투사한다. 결국 남성들의 상상력 속에서 여성들은 성적 존재에 지나지 않는다.

그러나 하안의 연구 관점에서 바라보면 편견은 억압과 투사의 심리학적 과정과 독특하게 연결돼 있다는 주장은 문제가 있다. 하안은 이런 과정들이 여성보다 남성에게서 특히 현저하며 특징적이라는 점을 아쉽게도 발견하지 못했다. 억압과 투사에 대한 어떤 특별한 설득력이 부족한 점에 대해 우리는 최소한 두 가지 방법으로 해명할 수 있다. 첫째, 편견은 근본적으로 구조적이기에 광범위하게 심리학적 방어기제에 의존하지 않는다. 둘째, 억압과 투사의 증상은 그 내용이 매우 특별하며 사람의 차이성들 때문에 일어나는 문제점에 직면할 때에만 작용하게 된다.

편견에 대한 적합한 설명은 문제에 접근하는 구조와 과정의 차원들이 밝혀질 때 분명해진다. 그렇다고 할 때 류터의 설명은 옳은 주장이다. 즉, 계급적 이원론은 역사적으로 엘리트와 남성, 그리고 자아의 방어기제 작용을 통해 유래되었다. 한때 인간의 진화 과정에서 억압과 투사는 아마 특별하게 문화적 이데올로기의 발달 속에서 중요한 역할을 했을 것이다. 그러나 일단 계급적 이원론이 문화 속에 자리를 잡았다면 심리적 기제들은 영속적 변화를 위해 필수적이다. 심리적 방어기제는 더 이상 그와 같은 비판적 역할을 해야 할 필요가 없다. 만일 모든 사람이 지구가 평평하다고 믿는다면 그 정보는 물리적 세계에 대한 아이들의 구조적 해석들로 통합하게 될 것이다. 이와 유사하게 사람들의 편견적인 이미지가 공유된 문화 속에서 구조화된 정확한 자기해석은 의심 없이 이런 왜곡된 이미지들을 그대로 반영한다. 그래서 동시대적 문화 속에 그리고 아마 과거 수세기 동안 편견은 단순히 문화적 실체로서 젊은이들에게 전달되어 왔을 것이다.

계급적 이원론이 구조적 근거를 가진다는 사실에 대해 여러 가지로 의심해 볼 만한 이유들이 있다. 자아진행 과정이 아주 유동적이고 잘 적응하는 경향이 있는 반면, 구조들은 매우 천천히 발달하는 경향이 있다. 계급적 이원론의 지속성과 문화적 흡수력은 구조적 해석과 일치한다. 더욱이 어떤 구조적 견해는 편견 내용에 있어서 다양성과 일치한다. 계급적 이원론이 일정하게 남아 있는 반면, 특별한 편견에 대한 내용은 변할 수도 있다. 예를 들어, 우리는 앞글을 통해 여성들의 이미지가 낭만주의의 영향 아래 근본적으로 어떻게 변했는지 살펴보았다. 마지막으로 구조들은 한 사람의 생각 속에 다양하고 특별한 내용으로 하나의 일관된 패턴이 있을 때 지시를 받게 된다. 우리는 어떻게 다른 편견들, 즉 인종차별과 성차별, 그리고 반유대주의와 같은 것들이 모두 같은 기본적 구조, 다시 말해 계급적 이원론을 가지고 있음을 살펴보았다.

그러나 계급적 이원론이 구조적 현상이라는 가설을 내세우는 것이 자기방어가 편견작용을 하지 않는다는 의미는 아니다. 특별한 억압과 투사의 과정이 더 이상 특별하게 두드러진 역할을 하지 못하는 반면, 방어의 어떤 형태는 계속 요구된다. 희생이란 편견적 사고의 엄격한 고정관념을 따르지 않기 때문에 지배자들은 갈등을 주는 정보로부터 그들 스스로 보호해야만 한다. 이는 어떤 특별한 방어의 모습, 즉 억압과 투사가 필요하지 않다는 뜻이다. 한 개인이 선호하는 어떤 방어기제라 해도 그것을 사용함으로써 우리는 현 고정관념에 반대되는 통계자료에 쉽게 대항하여 싸울 수 있다. 이와 비슷하게 성(性)에 대한 두려움을 놓고 볼 때 일단 성차별이 지배 문화적 패턴이 되어 왔다면 성차별 배후에 있는 감정적 강요가 계속될 필요는 없다. 감정적 강요는 단순히 자아의 일관된 의식을 유지하기 위한 기대일 수 있다. 심지어 종속적인 면은 자아의 정체성 의식이 위협받게 되기 때문에 자유하게 하는 새로운 통찰에 저항하여 종종 방어한다.

이번 장에서 편견이란 근본적으로 도덕적 문제임을 소개했다. 만일 계급적 이원론이 현상과 같은 구조라고 한다면 이는 도덕적 구조들로 통합하는 것과 같다. 이 구조적 해석을 좀 더 잘 이해하기 위해, 우리는 지금 하안의 도덕성과 도덕 발달이론으로 관심을 돌려 설명하려고 한다.

## 도덕성의 상호작용

## 배경

하안의 도덕 발달 이론은 비록 콜벅의 연구와 본질적으로 다르지만 크게 그의 덕을 보고 있다.[12] 콜벅의 구조를 세우는 이론에 따르면 발달하는 개인은 도덕적 성숙으로 향하는 길에서 도덕적 성장의 여러 단계들을 경험한다.[13] 모든 사람은 같은 질서 속에서 단계들을 경험하는데, 일단 새로운 단계가 주어지면 그 사람은 전 단계로 퇴보하지 않는다. 콜벅은 더 높은 단계는 두 가지 의미에서 더 낮은 단계들보다 더 성숙된 단계가 된다는 가설을 내세운다.[14] 첫째, 각기 더 높은 단계에서 더 성숙한 도덕적 인식을 하게 되고 우선순위를 더 잘 정할 수 있다. 둘째, 콜벅은 이런 심리적 진보들은 형식적으로 차별화와 통합으로 언급되기 때문에 도덕적 적합성을 위한 철학적 기준에 일치하게 되어 각기 더 높은 단계가 더 낮은 단계보다 윤리적으로 우세하게 된다

편견 극복을 위한 신앙교육

12) Kohlberg, "Stage and Sequence: The Cognitive-Developmental Approach to Socialization," in D. A. Goslin (ed.), *Handbook of Socialization Theory and Research* (New York: Rand McNally, 1969); 그리고 Kohlberg, *The Philosophy of Moral Development: Moral Stages and the Idea of Justice* (San Francisco: Harper & Row, 1981) 참조.

13) 발달단계의 특징에 대한 서술은 Kohlberg, *The Philosophy of Moral Development*, 57~58 참조. 콜벅의 발달이해는 피아제의 이론을 따른다. Piaget, "The General Problem of the Psychological Development of the Child," in J. M. Tanner and B. Inhelder, (eds.), *Discussions on Child Development: A Consideration of the Biological, Psychological, and Cultural Approaches to the Understanding of Human Development And Behavior, Vol. 4* (New York: International Universities Press, 1960), especially 13~15 참조.

는 가설을 내세운다. 콜벅에게 각기 더 높은 단계는 정의실천의 원리 발달에 더 가깝게 움직이는데, 이는 가장 높은 단계인 6단계에서 나타나는 특징이다.

콜벅의 견해에서 도덕적 추론이란 근본적으로 연역적이다. 아이들이 성숙하고 논리적 기능이 발달함으로써 그들은 도덕적 갈등의 상황에 대한 도덕적 규칙 혹은 원리를 더 잘 적용할 수 있게 된다. 예를 들면, 네 번째 단계에 있는 사람은 사회란 그 사회 규범에 따라 행동하는 사람에 기초를 두며 도둑질하는 것에 대한 처벌법이 있기 때문에 가난한 사람은 죽어 가는 아내를 살리기 위해 비싼 약을 훔치지 않는다고 추론하게 된다. 대조적으로 다섯 번째 단계에 있는 사람은 도둑질을 인정함으로써 동일한 난관에 반응하게 되는데, 왜냐하면 법이란 인간의 삶을 지키고 향상시키도록 계획되었기 때문에 아내의 생명을 구하는 일은 그

---

14) Kohlberg, "From Is to Ought: How to Commit the Naturalistic Fallacy and Get Away with it in the Study of Moral Development," in T. Michel (ed.), *Cognitive Development and Epistemology* (New York: Academic Press, 1971). 콜벅은 궁극적 윤리의 기준인 정의(justice)에 대한 철학적 정당성을 위해 도덕 철학가 존 라울스(John Rawls)에게 깊은 영향을 받는다. 라울스는 자신의 견해를 설명하기 위해 사회보다도 평등의 근원적 지위(original position)에 대한 학문적인 개념을 발달시킨다. 라울스는 "어떤 사람도 사회에서 자신의 위치, 즉 계층이나 사회적 지위에 대해 모르고, 또한 어떤 사람도 자연적 재산을 분배할 때 자신의 행운에 대해 알지 못한다."고 주장한다. Rawls, *A Theory of Justice* (Cambridge, Mass.: Harvard University Press, 1971), 12. 라울스는 '무지의 베일'(veil of ignorance)에 싸인 모든 이성적 사람은 자신이 해명한 정의에 대한 원리와 조화를 이루며 사회 질서를 잡도록 선택해야 할 것을 주장한다. 콜벅은 그의 저서, 「도덕 발달 철학」(The Philosophy of Moral Development) 제5장에서 라울스의 '근원적 지위'에 대한 훌륭한 고안을 '개념의 역할 수행'(ideal role-taking)이라는 비슷한 개념으로 연장하여 설명하고, 그것은 6단계에서 개인들에게서 발견될 수 있다고 주장한다. 계속해서 그러므로 그의 경험적이고 심리학적인 도덕 발달 이론을 위해 라울스의 도덕이론을 지지해야 한다고 주장한다. 그러나 이것은 "사적인 단체들의 규율과 실천들 혹은 다소 포괄적인 사회집단들의 규율과 실천들에 있

자체 목적에 모순된 법을 지키는 차원을 넘어 논리적 선행을 취하게 되는 것이다.

콜벅에게 도덕성이란 단지 개인의 갈등적 상황들과 관련된다. 아내를 위해 약을 훔치려는 사람은 아내의 생명을 지키려는 권리와 자신의 재산을 지키겠다는 약사의 권리 사이에 일어나는 갈등적 상황에 처해 있다. 콜벅이 언급하는 권리의 형태나 주장은 공적으로 진술될 수 있다. 더욱이 도덕적 상황은 추상적이고 도덕적 원리가 논쟁이 되는 주장들 사이에서 결정을 내릴 때 이용할 수 있다. 반대로 도덕적 원리는 "보편적인 것을 선택하는 양식 혹은 우리가 모든 사람들이 모든 상황에서 항상 적용하기를 원하는 것을 선택하는 하나의 규범이다."[15] 콜벅에게 건전한 도덕적 원리들이란 모든 도덕적이고 갈등적인 상황에서 연역적으로 그리고 불공평하게 채택될 수 있도록 하는 모든 인격적인 면들을 제거하는 것이다. 정말로 단지 하나의 원리, 즉 논쟁적인 주장들 사이에서 적합하게 결정할 수 있도록 하는 정의의 원리만 있게 되는 것이 콜벅의 중심 사상이다.

도덕 발달에 대한 콜벅의 연구는 다양한 배경에서 비판받아 왔

---

어서는 작용하지 않을 수 있다고 보는 라울스 자신의 반대자와 일치하지는 않는다" (p. 8). 이것은 정확히 하안의 지적으로, 일상생활의 도덕적 추론은 사회에서 상품과 봉사를 공급해 주는 공식적인 연역적 추론과는 같지 않다. 일상생활의 도덕성에 있어서 그것은 '무지의 베일' 보다 '지식의 외투'를 입는 편이 더 적합하다. 개인의 흥미와 욕구, 관심과 바람 그리고 두려움은 더 좋은 도덕적 교환을 의미한다.

15) Kohlberg, "Education for Justice: A Modern Statement of the Platonic View," in T. Sizer(ed.), *Moral Education: Five Lectures* (Cambridge, Mass.: Harvard University Press, 1970). 이 논문은 콜벅의 저서, 「도덕 발달 철학」(*The Philosophy of Moral Development*)을 "정의를 위한 교육: 소크라테스의 현대적 조명"(Education for Justice: A Modern Statement of the Socratic View)이라는 변경된 제목으로 다시 발행한 것이다. 플라톤의 사상에서 소크라테스 사상으로 바꾼 것은 플라톤에 의해 묘사된 소크라테스를 설명하고 있음을 말해 준다.

다. 여기서 관심사들 중 하나는 엘리트들의 호의성에 대한 편협한 가능성이다. 콜벅의 기술적인 많은 연구결과에 따르면 남성은 여성들보다 더 빠르고[16] 깊이 있게[17] 발달되었다. 그리고 유사하게 중산계급의 미국 남성들은 타이완이나 터키, 멕시코나 미국의 하류계층 젊은이들보다 더 빠르고 깊이 있게 발달해 나갔다.[18]

캐롤 길리건(Carol Gilligan)[19]은 낙태를 할지 안 할지를 결정하는 문제에 있어, 여성의 도덕적 추론에 대해 참고가 될 만한 연구로부터, 콜벅의 정의에 관한 형식적 원리는 여성의 경험에 대한 도덕적인 면들을 적절하게 언급하지 않는다는 결론을 내린다. 여성들은 남성들과는 다르게 사회적 현실을 구성한다고 그는 주장한다. 여성들의 도덕적 관심들은 정의 문제에 중점을 두기 보다는 책임성과 돌봄의 문제를 더 깊게 생각한다는 것이다. 그러므로 길리건이 예측한 가장 중요한 특징은 남성의 도덕적 결정은 다소 적당히 정의의 원리에 의해 인도될지도 모르지만 여성의 도

16) R. L. Krebs, "Some Relationships between Moral Judgement, Attention, and Resistance to Temptation," unpublished doctoral dissertation, University of Chicago, 1967; and A. L. Lockwood, "Stages of Moral Development and Students' Reasoning about Public Policy Issues," in L. Kohlberg (ed.), Recent Research in Moral Development, unpublished.

17) N. Haan, B. Smith and J. Block, "Moral Reasoning of Young Adults," *Journal of Personality and Social Psychology*, Vol. 10 (1968), 183~201; and C. B. Holstein, "Parental Determinants of the Development of Moral Judgement," unpublished doctoral dissertation, University of California at Berkeley, 1968.

18) Kohlberg and Elliot Turiel, "Moral Development and Moral Education," in G. S. Lesser (ed.), *Psychology and Educational Practice* (Glen-view, III.: Scott Foresman, 1971), 410~465.

19) Carol Gilligan and Mary Belenky, "A Naturalistic Study of Abortion Decisions," in R. Yando (eds.), *Clinical-Developmental Psychology* (San Francisco: Jossey-Bass, 1980).

덕적 발달은 비폭력적 원리의 성향을 지닌다는 것이다.[20]

하안의 이론은 콜벅처럼 다음과 같은 가설, 즉 모든 사람은 동일한 도덕적 구조들을 통해 발달한다고 본다. 그러나 동시에 콜벅이 모든 점을 파악하지 못했거나 사람들이 실제로 적용하는 도덕성에 대해 가장 뚜렷한 구조들을 파악하지 못했다는 비판을 함으로 콜벅에 대한 길리건의 비판과 일치한다.[21]

## 상호작용적 도덕성 : 기초적 설명들

상호작용적 도덕성이란 듀이와 큐인(Quine), 하버마스(Habermas) 같은 이론가들의 철학적 근거에서 발견된다.[22] 이런 연구 접근들의 공통 주제는 우리가 소위 '실재'라고 부르는 것은 우리가 구조화한 어떤 것이라는 사실이다. 이것은 물론 정신작용과 따로 떨어진 실재란 없다는 의미는 아니다. 하지만 실재란 우리가 아는 바로 외적인 세계와 상호작용하면서 정신적 사회 과정의 실제적 작용으로 만들어진다. 더욱이 상호작용의 두 양극은 분리되지 않는다. '인간적으로 인식되고 구조화된' 실재로부터 '그 본래 자체의' 실재를 구별하는 것은 불가능하다. 우리는 우리 자신 밖에 있을 수 없으며 '순수한 실재'를 볼 수 없기 때문에 진리란 우리가 동의할 수 있는 것과 동등하다. 어떤 관념이

---

20) Carol Gilligan, *In a Different Voice: Psychological Theory and Women's Development* (Cambridge, Mass: Harvard University Press, 1982).

21) Haan, "Two Moralities in Action Contexts: Relationship to Thought, Ego Regulation and Development," *Journal of Personality and Social Psychology*, Vol. 36 (1978), 286~305.

22) Haan, "A Manual of Interpersonal Morality," unpublished document, Institute of Human Development, Berkeley, 1977, 6~11.

나 원리는 우리가 그것에 관해 서로 인정하고 우리에게 유익하다는 점에서 진리다.

하안에게 도덕성이란 사회적 구조의 산물이다. 그것은 우리 삶의 규범과 높은 차원으로 향하는 경향이 있다. 콜벅의 도덕성에 관한 연역적 접근, 즉 정당한 도덕적 행위는 하나의 원리로부터 유래한다는 것은 하안의 체계에서 하나의 사회 일원들은 모두에게 받아들여질 만한 행위에 관해 서로 이해의 폭을 넓히는 귀납적 과정으로 대체할 수 있다. 도덕적 사실이란 그것의 한 부분이 되는 사람들의 삶을 고양시키는 특권이나 권력 그리고 의무에 관한 상호 일치된 의견으로 설명된다. 도덕적 사실은 구조화되어야 하기 때문에 상호작용의 도덕성에서 중심 과정은 도덕적 대화다. 도덕적 대화를 통해 상호의견들을 교환함으로써 모든 도덕적 의무를 위한 기초를 마련하는데, 우리는 이것을 도덕적 균형이라 부른다.

## 도덕적 대화

콜벅의 체계에서 추상적 역할은 도덕적 결정을 하는 데 중심 과정이다. 도덕적 추론의 과정 속에서 개인은 각기 자신이 할 수 있는 특별한 주장들을 끄집어내기 위해 도덕적 논쟁에서 상상력을 발휘하며 자신의 입장을 밝힌다. 그런데 이런 주장들은 정의의 원리에 따라 순서가 정해진다. 이 절차에서 콜벅은 도덕성에 대해 개인주의적 접근을 한다.

그러나 하안에게 도덕성이란 정의에 대한 개인적 추론에 중심을 두지 않는다. 도덕성의 핵심은 우리가 어떻게 함께 가장 잘 지낼 것인가에 관한 협상의 상호 인간관계적 과정이다. 하안은 그 어떤 사람도 다른 사람의 욕구와 사상 그리고 감정을 충분히 알 수 없다는 점을 지적한다. 결과적으로 추상적인 역할을 수행하는 것은 충분하지 않다. 만일 우리가 상호 책임성들에 관해 동등한 의견일치에 이르렀다면 우리는 대화로 들어가야만 한다. 대화란 어떤 상황에서 그렇게밖에 볼 수 없다는 생각이 유일한 길이라고 추측하는 것을 막아 준다. 대화는 서로의 희망과 욕망, 두려움과 기대들을 구조적인 도덕적 해결로 이끌면서 서로 깊은 생각을 하게 해준다.

> 대화란 서로의 사상을 탐구, 즉 사고탐구를 직접적으로 도덕적 문제에 대한 사실과 요인들로 연결하는 일이다. 처음 모임에서 사람들은 자신들의 견해를 옹호하기 위해 서투르고 어색한 시도를 하지만 반대 의견에 직면하게 되면서 그 문제를 분명하게 하기 위해 뒤로 물러선다. 그러므로 반대 입장에 대한 설명은 그 문제의 요인을 확인하는 데 도움을 준다. 그 문제의 정체가 밝혀지고 설명되며 마지막으로 단순화될 때, 그 모임들을 통해 서로 다른 견해들을 충분히 이해하기 시작한다. 다른 사람을 이해하기 위해서는 민감성과 수용성, 친밀성의 태도들이 필요하기 때문에 사람들은 자신들의 선입견을 버려야만 한다. 서로의 도덕적 입장들을 인정한 자들은 도덕적 동기화가 얼마나 중요한지 그리고 사람들의 사회적 개입을 어떻게 파악할 것인지에 대한 증인이 된다.[23]

매일 우리는 도덕적 대화를 하며 살아간다. 옷을 빨려고 하는 사람과 접시를 닦으려고 하는 사람을 결정하는 것은 도덕적 대화를 의미한다. 항상 어떤 사람의 권리들이나 책임성들에 대한

---

23) Haan, "An Interactional Morality of Everyday Life," in N. Haan, R. Bellah, P. Rabinow, and W. Sullivaan(eds.), *Social Science as Moral Inquiry* (New York: Columbia University Press, 1983), 234.

의견이 맞지 않거나 혹은 의견불일치의 잠재적 상태, 예를 들면 동성애자들의 권리에 관한 토론과 같은 상황이나 혹은 보고 싶은 텔레비전 프로그램을 결정해야 하는 것과 같이 상대적으로 작은 일이라 해도 도덕적 대화가 발생한다. 도덕적 대화를 통해 사람들은 상호 인격적인 권리와 책임성들에 관해 공통된 의견을 추구한다.

  도덕적 논쟁에서 가장 쉬운 일은 사람들 사이에서 일어난 상호교환의 도덕적 대화에 대해 생각하는 것이다. 그 같은 이미지는 도덕적 구조의 역동성에 대한 이전 단계를 파악하기 위해 유용하지만, 우리는 세 가지 가능성 있는 그릇된 개념들을 명심해야만 한다. 첫째, 대화란 단순히 말을 이용한 의사소통에 국한되지 않는다. 예를 들어, 도덕적 행위와 같이 의사소통의 비언어적 형식도 마찬가지로 도덕적 대화에 참여하는 일이다. 사람들이 직접적인 도덕적 문제에 관해 말하기 어렵다는 사실을 발견하고 의사소통을 할 때 다양한 다른 간접적 방법들을 대체하는 경우다. 둘째, 잘못된 개념은 도덕적 대화가 단지 한 사람이 의식적으로 하나의 도덕적 문제를 타협할 의도가 있을 때만 발생한다는 생각이다. 실제로 우리는 종종 우리 자신의 도덕적 협상들에 대해 깨닫지 못하거나 혹은 단지 부분적으로 알고 있을 뿐이다. 예를 들면, 애인이 약속 시간에 늦어 당황했던 점에 대해 상대에게 말하고 싶었던 마음을 헤아리지 못한 채 나는 그 친구를 경멸할지도 모른다. 그럼에도 나의 행동은 불쾌하게 대화하며 서로에게서 기대할 수 있는 도덕적 협상의 요소다. 마지막으로 만일 도덕적 대화가 개인적인 토론으로 국한된다면 그와 같은 모습은 잘못된 방법이다. 도덕적 대화는 항상 사람들의 모임에서 일어난다. 예를 들면, 군사 협상은 국가 간에 도덕적 균형에 이르게 할 목적을 지닌 중요한 도덕적 대화다. 유사하게 인종과 성, 계층, 그리고 문화들 사이에서도 대화가 발생한다. 집단들 사이에서 일어나는 도덕적 대화에 있어서 의사소통을 위한 도식은 항상 말에 의한 것만은 아니다. 데모와 정치적 활동, 투표에 의한 선택, 벽의 그림이나 낙서, 자기방어 훈련, 전투적 해방들과 같은 많은 형식들도 도덕적 관점에서 의사소통을 말해 주는 예들이다.

## 도덕적 균형성

도덕적 대화는 도덕적 균형들을 성취하고 유지하며 회복하는 것을 목적으로 삼는다. 그러나 하안이 말하는 도덕적 균형의 의미란 정확히 설명하기가 어렵다. 부분적으로 도덕적 균형이란 각자 다른 사람과 함께 행하는 것에 대한 사람들 사이의 의견일치를 말한다. 부분적으로 그것은 동등한 주체적 의식을 가진 관계를 말한다. 동등한 관계란 본질적으로 정당한 관계와는 다르다. 정당성이란 보편화될 수 있는 추상적인 원리이다. 대조적으로 동등한 관계란 너무 독특하고 다양한 의미를 담고 있기 때문에 그와 같은 추상적 원리로 이해될 수 없다. 하안은 관계 속에 있는 사람들은 그들이 심리학적으로나 정신적으로 서로에 대해 요구하고 그리고 서로를 위해 행하는 것에 대한 비공식적 기대들을 발전시킨다고 본다. 이런 기대들은 비형식적 '의무'의 성격을 띤다. 두 사람 혹은 그보다 많은 사람들이 '도덕적 균형' 속에 있을 때, 각기 모임은 모두에게 바람직하게 되며 서로 다른 사람들을 위해 활동해 왔고, 활동하고 있으며, 활동하게 될 것이다.

여러 예들은 도덕적 균형성의 개념을 설명하는 데 도움이 된다. 만일 내가 어떤 사람과 관계를 맺고 있다면, 그리고 만일 아내가 사회활동을 요구하는 것을 내가 알았다면, 또한 내게는 홀로 있을 시간이 필요하다는 것을 아내가 알았다면, 그러면 우리는 아마 시간에 대해 협상하게 될 테고, 결국 그 요구들이 충족될 것이다. 그와 같은 조정이 곧 도덕적 균형성이다. 의견일치에 대한 문제를 공식적으로 드러내지 않았다 해도 만일 나의 소중한 시간을 더 깊은 대화 없이 빼앗겼다면 여전히 나는 공격받은 느낌이 들 것이다.

두 번째 예를 들자면, 나는 최근에 한 가족의 일원으로 어려운 고통을 받은 적이 있다. 나의 개인적 사정 때문에 나 자신이 할 수 있는 것보다 내 친구들로부터 더 많은 심리적 도움을 받는 편이 훨씬 나을지도 모른다. 관계란 일시적으로는 동등하지 않지만 내 친구들은 그들이 나를 필요로 할 때 내가 그들과 함께할 것임을 믿기 때문에 서로 동등하게 받아들여진다. 우리는 이 예를 통해 도덕적 균형이란 현재적 행동뿐만 아니라 과거 행위 패턴은 물론 미래 행위에 관한 기대까지도 설명할 수 있는 역동적 균형을 말한다.

세 번째 예로, 만일 내 차가 고장이 나서 이웃을 찾아가 차를 빌려 달라고 청하는 모습을 상상해 보자. 비록 그가 내게 특별한 호의로 빚을 진 적이 없다 해도 그는 내게 차를 빌려 줄 것이다. 그리고 몇 주 후 내가 집 앞의 잔디를 깎을 때 나는 또한 그의 집 마당 잔디도 함께 다듬어 줄 수 있을 것이다. 도덕적 균형이 일시적으로 이루어지지 않았다 해도 나의 행동은 도덕적 균형을 회복한 결과다. 재빠른 독자들은 단지 내가 이웃의 차를 빌렸기 때문에 인색한 그 이웃에 대해 도덕적 균형을 유지하기 위해서 그랬다고 생각할지도 모른다. 그와 같은 일은 도덕적 관계에 심각한 문제를 일으키는 원인이 되지는 않는다. 그러나 만약 내가 다음 날 혹은 그 훗날에 또 그의 차를 빌렸다고 한다면 어떻게 되었을까? 곧 나의 이웃은 더 이상 내가 문을 두드려도 아예 문을 닫고 열어 주지도 않았을 것이다. 도덕적 균형이란 서로 주고받는 관계로부터 오는 바람직한 신뢰성에 달려 있다. 한 사람이 다른 사람에게 베풀었을 때 그것은 다른 사람이 적당한 때에 품앗이를 해줄 것이라는 함축적 이해가 담겨 있다. 바람직한 신뢰의 관계란 종종 세미한 주고받음을 통해 유지된다.

위에서 언급한 일종의 교환하는 모습들을 '정당성' 혹은 '부당성'으로 설명하기는 어렵다. 왜냐하면 정의란 비슷하고 비교할 만한 것들의 교환 혹은 어떤 논리적 관계에 기초하여 하나의 가치를 또 다른 가치에 비해 우위를 두는 것을 의미하기 때문이다. 그러므로 죽어 가는 아내를 위해 약을 훔친 일은 정당하다. 왜냐하면 생명의 가치는 재산이나 법의 가치보다 먼저 취할 수 있기 때문이다. 그러나 차를 빌리는 것과 잔디를 깎아 주는 일은 서로 비교될 수 없다. 누가 더 좋은 협상을 했는가? 그와 같은 질문은 부적절하다. 도덕적 균형은 정의와는 대조적으로 모든 정당성들이 동등한 상황에서 만족하는 주관적 의식이 있을 때 만들어지고 유지된다. 우리는 동등성을 유지하기 위한 노력에 기초를 둔 결정을 보편화할 필요는 없다. 그런데 종종 그 같은 결정은 친밀한 상황의 독특성들 그리고 고유한 개인의 성격과 욕망과 결합되어 있다.

마지막 예로 한 직원이 심하게 일을 시키는 고용자에게 "나는 속은 것 같은 느낌이 든다."고 말하는 반면, 그 고용자는 "네가 원하는 것이 무엇이냐? 너는 정당한 임금을 받고 있다. 나는 의료혜택을 주고 있다. 넌 공휴일에도 임금을 받고 있다."고 대답하는 모습을 상상해 보자. 그 직원은 어색한 입장에 놓여 있음을 본다. 그가 느끼는 것은 자신이 귀하지 않거나 존경을 받지 못한다는 점이 아니라 오히려 모든 외적 판단 기준이 그렇다는 것이다. 이 상황에서 도덕적 균형이 부족하지만, 그러나 구체적인 부정당성은 없다. 우리는 일상생활 속에서 종종 우리가 속았다는 느낌, 무시당했다는 느낌 혹은 이용을 당했다는 느낌에 대한 이유를 설명하기가 어렵다. 그와 같은 느낌들은 애매모호하고 특별한 외적 잘못을 확인할 만한 일이 못 된다. 그러나 그 직원은 어떤 것이 잘못 되었음을 알기 때문에 단순히 균형이 깨진 상태다. 고용자는 정당하지만, 그러나 그 직원을 마땅히 존중해야 한다고는 여기지 않았다. 도덕적 균형이란 공적으로 알려진 권리와 의무에 관한 항목으로는 이해할 수 없는 더 예민한 이런 관계의 차원들을 구체화한다.[24]

하안의 관심은 도덕적 불균형성, 즉 도덕적 균형이 방해되었을 때 어떻게 그 입장을 설명할 것인가에 있다. 빈번히 일어나는 바와 같이 잘못된 일이 일어나거나 혹은 개인의 권리와 책임 면에서 의견불일치가 일어났을 때 도덕적 균형은 깨지고 그래서 다시 세워야 한다. 도덕적 대화란 도덕적 균형을 회복하기 위한 것이다. 즉, 공통된 이해와 의견을 회복하기 위해 도덕적 대화가 필요하다. 그래서 사회적 상호교환이 계속되어야 하며 그러한 생활이 계속 진행되어야 한다. 도덕적 균형이란 모든 단체들이 다음의 사실을 받아들일 경우, 즉 해결이란 상황의 한계성과 그 단체들의 현재의 자원들을 발견할 수 있고 끌어들일 수 있는 최상

---

24) 이와 비슷한 경우는 다이크스트라(Craig Dykstra)에 의해 콜벅의 이론에 대한 통찰력 있는 비판적 상황에서 만들어진다. Craig Dykstra, *Vision and Character: A Christian Educator's Alternative to Kohlberg* (New York: Paulist Press, 1981) 참조.

의 것이라는 사실을 받아들일 때 도덕적 균형의 회복이 일어난다. 그리고 동의란 공개적으로 혹은 말로 꼭 진술될 필요는 없다.

도덕적 균형 회복은 아주 예민한 방법들 속에서 발생할 수 있다. 나는 하안의 연구들 중 하나인 시뮬레이션 게임에 관한 비디오테이프를 관찰했던 일을 기억한다. 이 특별한 내용은 한 십대 소녀의 이야기로, 그 소녀는 어떻게 그 게임을 할 것인가에 관해 말하지 않은 상태에서 단지 명확한 동의를 무시함으로써 그 소년의 친구들 가운데 한 사람을 이용했던 경우이다. 여기에서 두 소녀 사이에 도덕적 불균형이 발생하게 되었다. 이 경우 나중에 가해자인 그 소녀는 머리빗으로 그녀가 속였던 그 친구의 머리를 부드럽게 빗어 주었다. 이 행동은 도덕적 대화의 비언어적 형식이었다. 그것은 함축적인 사과였으며 도덕적 균형을 회복하는 그녀의 방법이었다.

우리는 반복해서 도덕적 균형이 마치 개인들 사이에서만 일어난다고 이야기해 왔다. 도덕적 대화가 집단 사이에서도 발생하듯이 도덕적 균형의 개념은 상호집단 관계에서도 언급될 수 있다. 집단 사이에서의 도덕적 균형은 상호작용을 하기 위한 적합한 방법으로 법적 형식이나 공식적이고 계약적인 동의들 혹은 비공식적 규범들을 취할 수도 있다.

### 도덕적 진실

그 어떤 도덕적 이론이든 도덕적 진실을 정의하는 일은 꼭 필요하다.[25] 진리에 대한 물음은 우리가 정말로 마땅히 해야만 하는 것이 무엇인가를 묻는 것이다. 우리가 예상했던 대로 하안의 견해와 같이 인간의 대화나 강론 외에 다른 곳에서 도덕적인 진리를 찾을 수 없다. 상호작용적 도덕성을 위한 도덕적 진리는 실용적인 의견일치로 설명될 수 있다. 그것은 토론을 통해 도달되며 참여자들이 더불어 살아갈 수 있고 서로의 삶의 차원을 높일 수 있는 의견일치 과정이다.

이것은 분명히 상대주의적 경향으로 볼 수 있겠지만 사실은 그렇지 않다. 하안은 도덕적 규범들의 요구를 포기한 것이 아니라, 오히려 그것들의 관점을 변화시켰다. 전형적으로 도덕적 이론은 문제 해결이 도덕적으로 설명될 수 있느냐 혹은 그렇지 않느냐의 규범을 제공한다. 하안에 따르면 사회과학자는 사회과학의 한계성들을 초월하는 일 없이 그와 같은 규범에 대한 도덕성의 이론에 기초를 둘 수 없다고 믿는다. 비록 무엇을 해야만 하는가를 규정하는 사회과학의 영역 차원을 초월해 있다 해도 사회과학자는 대안 없는 상태로 남아 있지 않다. 하안은 도덕적 결정들에 대한 결과에 중점을 두기 보다는 도덕적 구조의 과정에 중점을 둔 도덕적 규범들의 견해를 주장한다. 과정에 중점을 두면서 하안은 사회과학자들의 논쟁적인 부분을 지적한다. 사회과학은 왜곡되고 기만적인 과정들을 설명할 수 있기 때문에 이런 왜곡들을 피하기 위한 도덕적 규범을 하나의 자료로 삼을 수 있다.

타당한 도덕적 대화는 도덕적 균형을 성취하는 데 목적이 있다. 도덕적 균형의 개념에 있어서 본래성이란 관심 있는 모든 단

---

25) Haan, "A Manual of Interpersonal Morality," 6~11. 도덕적 '진리'에 대한 하안의 이해에 있어서, 그녀는 하버마스의 작업, 즉 의사소통 능력의 더 광범위한 이론 부분을 이루는 추론적인 정당성에 관한 업적에 영향을 받는다(Jurgen Habermas, "Toward a Theory of Communicative Competence," *Inquiry*, Vol. 13 (1970), 360~375 참조). 이 모델에 따르면, 모든 언급은 함축적인 '타당한 주장'을 하는데, 이는 궁극적으로 단지 '개념적 언어상황'에서만 정당화될 수 있다. 진리에로 일치된 이론에 근거한 이성적 의견통합은 대화를 나눌 수 있는 기회가 주어질 때만 가능하다.

체들의 요구와 이익에 관한 정확한 정보에 근거하는 의견일치에 대한 개념이다. 단지 왜곡과 기만의 근원을 피하는 대화가 될 때 그 상황을 위한 도덕적 진리를 규정하는 것이 타당하게 된다. 그러므로 도덕적 대화는 진리를 찾아가기 위한 대화로서 설명되기 전에 확실한 조건과 만나야만 한다. 진리를 찾아가기 위한 도덕적 대화의 본성은 네 개의 기준에 따라 설명할 수 있다.[26]

### 1. 참여자들의 상호의존성

도덕적 진실을 찾기 위해 집단의 모든 구성원들이 해결점을 찾는 데 중심을 두어야 한다. 예를 들어, 위선적인 논쟁들은 도덕적 진실을 밝히는 데 적합하지 않다. 대화가 상호의존에 뿌리를 두지 않으면 쉽게 추상적 형식으로 표류하고 특별한 상황의 개별성 또한 종종 무시당하고 왜곡된다.

### 2. 동등한 참여

진실을 찾기 위한 도덕적 대화는 자유롭고 동등해야만 한다. 모든 참여자들은 문제에 대한 비공식적 관계 속에서 자유롭게 접근할 수 있어야만 한다. 진실을 확인하는 대화를 하려면 각각의 참여자가 마지막으로 결정을 내릴 때 영향을 끼칠 수 있는 동등한 참여의 기회를 갖는 것이 필요하다.

### 3. 관련된 단체들 사이의 일치

진실을 찾기 위한 도덕적 대화는 결론에 도달하게 됨으로써 영향을 받게 될 모든 참여자들이 참여해야만 하며, 또 그 결론은

---

26) Ibid., 9~10.

만장일치에 이르도록 해야 한다. 모든 단체들은 결론으로 주어진 상황의 한계성과 토론의 특수성을 고려하여 도달할 수 있는 최상의 것이라고 받아들여야 한다. 결론을 얻어내기 위한 물리적 혹은 심리적 강요는 자동적으로 그 결론을 타당하게 이르지 못하게 한다.

### 4. 상황에 따른 특별한 해결

'진실됨'의 기회를 가진 결론들은 경험적으로 묘사되어야 하고, 공감할 수 있는 언어를 사용해야만 하며, 각 개인들과 그들과 연결된 궁지(문제)의 특별한 성격을 세분화해야만 하고, 모든 모임들에서 얻고자 하는 자신의 유익을 설명해야 하며, 각 개인들이 자기의 일상생활에 만족해야만 한다.

물론 이런 네 가지 조건들은 아주 엄격하며 거의 실질적이고 도덕적인 대화에서 실현되지 않고 있다. 매일 일상생활에서 우리는 이런 모든 조건들을 충족하지 못한 상태의 도덕적 대화로부터 결론을 받아들여야만 하거나 받아들이는 형편이다. 그럼에도 결론들이 '사실'로 받아들여질지도 모르는 어떤 조건들에 대해 가능한 한 정확하게 설명해야 하는 일은 매우 중요한 사항이기 때문에, 약간은 완벽하지 못한 결론들은 임시적인 결론으로 간주하되 더 나은 대화를 이끌어 내기 위해 가능한 수단을 찾아야 한다.

## 도덕적 균형의 주제에 대한 다양성(variations)

지금까지 우리는 단지 도덕적 균형의 가장 일상적인 형태만을 생각해 보았다. 그러나 아래와 같이 대화의 다른 형태와 균형들에 대해 설명하려고 한다.

## 1. 합법적인 불균형과 비합법적인 불균형

서로 불균형한 능력이나 여건을 가진 사람들(예를 들면, 성인과 어린이) 사이에서 관계는 객관적 불균형으로 이끌어갈 수 있다. 그런데 그 객관적 불균형이란 모든 단체들의 기대들로부터 사회적으로 혹은 감정적으로 합법화되어 있기 때문에 균형적인 것으로 여전히 받아들인다. 부모와 자녀의 관계에 있어서 부모에게는 자녀들보다 훨씬 더 큰 책임이 주어지기를 기대한다. 이것은 비록 불균형 상태라 해도 규범적이고 적합한 것으로 받아들인다. 이와 비슷하게 어떤 상황에서 육체적 능력이 있는 사람들에게는 육체적 어려움으로 도전받는 자보다 더 많은 것이 주어지기를 기대한다. 예를 들면, 비록 비용자금이란 일반 공적 세금 지불 대상자들에게 불균형적으로 어느 제한된 집단에게 유익이 되도록 사용되어야 한다 할지라도 그 세금은 휠체어의 도로들을 건축하는 데 사용되어야 할 것이다. 이런 예들을 우리는 '사회적으로 합법화된 불균형'이라고 말하며 신체적 · 정신적 자원을 더 많이 가진 큰 단체들에게 재정적 · 사회적 혹은 개인적 책임성이 더 큰 비율로 부과되는 특성이 있다. 그러나 협상은 계속해서 진행해야만 한다. 더 큰 자원들을 소유하고 있어 더 많은 것을 기부해야 할 소유자들은 충분히 배려하지 못하는 부적합한 상태는 무엇이며 또 무엇이 충분한 것인가를 협상을 통해 결정해야만 한다. 온정주의(paternalism)는 더 큰 자원을 소유한 단체가 덜 혜택을 누리는 단체에게 통보된 동의 없이 주거나 주려고 하는 모습을 보일 때 나오는 결과이다.

사회적으로 합법화된 불균형들은 불평등한 권력과 능력을 가진 사람들 혹은 집단들 사이에서 발생한다. 혜택의 불평등한 분배는 참여 단체를 조정하고 통제할 수 없다는 사실들을 반영시키고 불균형은 상호의견일치를 통해 합법화된다. 그러나 또한 비합법적인 불균형도 있다. 거의 모든 사회들 속에서 불평등은 사회적 · 경제적 · 정치적 구조의 형태로 존재한다. 하안의 진보적 도덕성 이론에서 볼 때 더 큰 권력을 지닌 개인이 대화를 지배하기 위해 그 권력을 사용할 합법적인 근거는 없다. 그렇게 하는 것은 '좋지 못한 믿음'(bad faith)의 한 예가 되며 대화를 방해하는 결과를 낳거나 불만족한 결론을 일으키는 원인이 된다. 지배가 발생할 때 다양한 저항 혹은 대항 전략들은 '피억압자'에 의해 사용되어야 한다.

불법적 불균형의 두 번째 출처는 한 단체가 불성실하게 도덕적 교환에 들어갈 때 일어난다. 거저 얻어먹으려는 사람, 즉 좋은 신뢰를 바탕으로 협상하는 것처럼 보이지만 은밀히 자신의 목적을 추구하려는 사람은 도덕적 교환에 심각한 위협을 일으킨다. 만일 한 참가자가 불성실하다고 증명되었다면 대화는 무의미해지고 그리고 성실한 참여자가 할 수 있는 모든 것은 자기보호이며 더 깊은 상호교환을 철회해야 한다.

## 2. 합법적이고 불법적인 퇴보(Regressions)

도덕적 균형의 또 다른 변수는 브렌다 브레드마이어(Brenda Bredemeire)에 의해 밝혀졌는데, 그는 버클리의 캘리포니아 대학 스포츠 심리학자이다.[27] 경기와 게임 그리고 스포츠에서 발생하는 도덕적 추론에 대한 연구에 대해 지적했는데, 이런 상황에서 발생하는 일시적인 변화는 사람들이 도덕적 이유를 찾는 방법에서 비롯된다는 것이다. 예를 들어, 스포츠 세계에서 사람들은 종종 구조적으로 어린아이와 같은 유사한 도덕적 추론을 하는 퇴보적 모습을 보여 주기도 한다. 대부분 성인들의 도덕적 추론은 동등한 도덕적 상호교환을 하는 경향이 있는 반면, 스포츠 참여자들은 빈번하게 아주 자기중심적이 된다. 이러한 독특한 상황들 속에 있는 도덕적 추론이란 합법적인 퇴행이라는 꼬리표가 따라다닌다. 모든 참여자들이 상호 호혜적인 해결을 추구하는 일상적 규범을 어기는데, 그러나 그 규칙 위반을 모든 사람들은 그 자체로 수용한다. 이러한 퇴행의 모습으로 보이는 도덕적 추론을 합법적인 것으로 받아들이는데, 그 이유는 운동과 게임 혹은 스포츠 활동은 '실제 삶'의 결과들과는 관계없으며 참여자들은 그것을 상호 관계적으로 기대하고 자유롭게 받아들이는데다 스포츠에 참여하는 즐거움은 일상생활의 평범한 요구들로부터 자유롭게 해주는 해방감에 부분적으로 의존하기 때문이다. 다른 한편으로 불법적 퇴보들은 자기중심적인 도덕적 추론의 동일한 형태가 모든 단체들이 받아들이지 않았던 수단을 통해 이득을 얻는 데 사용되거나 혹은 행위의 의미성들이 실제 삶에 영향을 줄 때 발생한다. 예를 들어, 만일 운동선수가 자신의 팀이 유리하게 하려고 반대편에게 상처를 준다면, 그것은 불법적인 퇴보의 한 예가 된다.

27) 이 분야에 관심 있는 사람은 David Shields and Brenda Bredemeier, "Sport and Moral Growth: A Structural Developmental Perspective," in W. Straub and J. Williams, *Cognitive Sport Psychology* (Lansing, N.Y.: Sport Science Associates, 1984); and Bredemeier and Shields, "Values and Violence in Sports," *Psychology Today*, October 1985. 참조.

## 편견과 도덕적 불균형성

편견이란 고정관념을 이용하여 인간 집단들의 정보를 해석하는 일이다. 어떤 한 집단 구성원들의 특별한 특징들은 선택되며 그리고 전체 집단의 이미지가 된다. 이 고정관념은 이중적 부정, 즉 그와 같은 동일한 특징들이 또한 그 고정관념을 행사하는 사람의 집단에서 나타나는 부정뿐 아니라 고정관념화된 사람들에 대한 순수한 개체성의 부정을 수반한다. 이 과정은 여러 도덕적 의미들을 담고 있다.

계급적 이원론의 정신적 형태화는 '진실을 밝히는' 도덕적 대화들을 문제로 삼는다. 한편 타당한 도덕적 대화들은 자유와 평등의 핵심 개념의 전제가 된다. 진실을 밝히는 대화란 동료로서 자유로운 협상을 참여하도록 해주며 모든 단체들의 관심과 요구들에 대한 동등한 배려를 베푼다. 대조적으로 계급적 이원론은 지배를 의미하고 자신과 다른 사람들을 불평등한 관계로 해석하는 데 기초가 된다.

따라서 계급적 이원론은 심한 도덕적 불균형의 형태로 보인다. 그것은 불법적 퇴행과 불법적 불균형들의 형태를 공유한다. 불법적 퇴행과 같이 제한된 범위 안에서 충분히 성숙되지 못한 도덕적 패턴을 사용하며 불법적 불균형과 같이 불평등한 권력과 자원을 반영시키는 것이다.

계급적 이원론에서 유래된 도덕적 결함은 심지어 위선적이다. 왜냐하면 이원론적 범주들은 도덕적 불균형이 사회적으로 합법화되는 망상을 만들어 내기 때문이다. 이원론은 사회적 혜택에 대한 불평등 분배를 정당화하거나 혹은 오히려 이성적인 것으로 합리화시킨다. 예를 들면, 종종 남성과 여성을 각각 '강함'과

'약함' 이라는 이원론으로 해석해 왔다. 만일 성(性)이 정말로 그렇게 범주화된다면 육체적 노동을 요구하는 일들을 분배하는 방식에 있어서 사회적인 불균형을 합법화할 것이다. 그러나 여성들은 많은 남성들보다 더 육체적으로 강하다. 그러므로 강함과 약함의 이원론은 여성들을 어떤 직업들로부터 보호하려고 할 때 불법적 불균형으로 설명하기에 적절한 경우가 된다.

계급적 이원론 때문에 확실히 의사소통은 왜곡되고 도덕적 불균형들은 구조화되며 계속 지속될 것이다. 예를 들어, 한 흑인 간부회의에서는 남아프리카의 투자 정책을 변경하기 위해 주식회사 경영에 압력을 가하게 되었다. 그러나 경영자들은 흑인들의 열등감에 대한 예민한 이미지들에 사로잡혀 있었다. 결국 다른 백인들로부터 획득된 정보를 흑인 간부들로부터 얻은 정보보다 더 크게 신뢰했다. 의사소통은 체계적으로 흑인 구성원들의 장점들이 동등하게 고려되지 않았기 때문에 왜곡된 것이다. 그 결과 경영에 대한 결정들은 아마 그 투자자들이 흑인들을 돕고 있다는 위장된 모습으로 인종차별적 도덕불균형을 영속시키는 것 같다.

또한 심한 도덕적 불균형은 종종 불이익을 당한 단체에 의해서도 지지되는 경우가 있다. 메리 댈리(Mary Daly)는 성차별에 대해 "약탈적인 사회적 카스트 제도(caste system)는 지배적인 성 뿐만 아니라 희생자들의 동의 없이 영속될 수 없으며 그와 같은 동의는 성역할의 사회화를 통해 얻어진다."[28]고 말한다. 여성들과 다른 종속적 집단들은 그들의 자기 정체성이 문화적 이미지에 의한 무게중심으로 형성되기 때문에 심한 도덕 불균형성들을

---

28) Mary Daly, *Beyond God the Father: Toward a Philosophy of Women's Liberation* (Boston: Beacon Press, 1973), 2.

유지시키는 데 동조한다. 그들은 종종 고정관념을 믿는데다 그들 자신의 것으로 포용한다. 무의식적인 단계에서 옛 격언과 같이 "만일 그들과 견줄 수 없다면, 그들과 관계를 하라."는 입장을 취하게 된다. 지배자의 견해를 내면화해 왔기 때문에 그 종속된 단체는 그들이 동등한 입장에서 도덕적 협상에 들어갈 수 있거나 들어가야만 한다는 확신이 있기까지 어려운 곤경에 처해 있게 마련이다.

심한 도덕적 불균형성들은 일자리 고용기회들과 법적 권리들 그리고 직업 연결성들과 같은 거시적인 도덕적 문제뿐만 아니라 매일 일상생활의 상호작용으로 말미암아 발생한다. 사실 그것은 개인의 행동과 사회적 수준으로 결코 분리할 수 없다는 주장에 대해 많은 여성 사상가들의 일관성 있고 핵심적인 주제가 되어 왔다. 이런 관점에서 쉴라 콜린(Sheila Collin)의 "개인은 정치적이다."라는 말은 널리 잘 알려진 바다.[29]

성적 불평등으로 특성화된 사회에서 우리는 일상생활의 상호작용과 도덕적 협상이 또한 남성지배에 의해 특징지어졌음을 예상할 수 있다. 이런 한 예와 같이 연구원들은 여성과 남성의 차별화된 권력과 지위는 일상에서 언어적 패턴으로 반영되었다는 사실을 일관성 있게 주장해 왔다. 예를 들어, 짐머맨(Zimmerman)과 웨스트(West)는[30] 동성 간 구성원들의 대화에 있어서 간섭이 발생하는 평균 수치가 남성들이나 여성들 모두 별반 차이

---

29) Sheila Collins, *A Different Heaven and Earth* (Valley Forge, Pa.: The Judson Press, 1974).

30) D. Zimmerman and C. West, "Sex Roles, Interruptions and Silences in Conversation," in B. Thorne and N. Henley (eds.), *Language and Sex* (Rowley, Mass.: Newbury Horse, 1975).

가 없다는 것을 알아냈다. 그러나 이성 간의 대화에 있어서는 남성들이 동성 간의 대화보다도 여성들을 훨씬 더 빈번하게 간섭한다는 결과가 나왔다. 또한 남성들이 말할 기회를 얻었을 경우 여성들이 말하는 것보다 더 길게 말하고,[31] 청취자들로서 남성들은 여성들이 남성들을 강화하는 것보다 훨씬 덜 중요하게 여성 화자들에 대해 강화한다.[32]

이런 연구들에서 우리는 다시 의사소통이 조직적으로 왜곡되었음을 보게 된다. 만일 남성들이 항상 일정하게 상호 인간관계적 교환을 지배한다면 진실을 밝히는 대화를 하기 위한 조건들은 부족해질 것이며, 그 결과 도덕적 불균형을 남성들이 이롭게 하는 경우가 되고 만다. 이런 의사소통의 지배구조에는 더욱이 여성을 수다쟁이로 보는 편견이 숨어 있다.

요약하자면, 계급적 이원론은 심한 도덕적 불균형성들의 결과로 볼 수 있다. 그러나 이것이 어떻게 가능하겠는가에 대해 더 잘 이해하기 위해 우리는 도덕적 이해의 발달 측면에서 계급적 이원론을 조사해 볼 필요가 있다. 이 조사를 통해 우리는 어떻게 계급적 이원론이 도덕적 추론을 하는 패턴으로 자리 잡을 수 있는지 보게 될 것이다.

편견 극복을 위한 신앙교육

---

31) Elizabeth Aries, "Interaction Patterns and Themes of Males, Females, and Mixed Groups," *Small Group Behavior*, Vol. 7, No. 1 (1976), 1~8.

32) Lynette Hirschman, "Analysis of Support and Assertive Behavior in Conaversation," paper presented at Linguistic Society of America, July 1974; and P. Fishman, "Interactional Shitword," *Heresies*, Vol. 2 (1977), 99~101.

# 도덕성의 발달

지금까지 도덕성의 상호작용에 관한 견해들을 살펴보면서, 우리는 도덕적으로 성숙한 사람을 대상으로 언급해 왔다. 하안의 견해에 따르면 만일 조건들이 강제적이지 않거나 인지적으로 책망하지 않는다면 심지어 매우 나이 어린 아이들도 도덕적으로 성숙한 방법들을 가지고 행동할 수 있다. 그럼에도 아이들은 도덕적 상호교환의 교묘한 의미들 속에서 성장하며 그리고 자신의 도덕적 기술을 점차 발달시킨다.

하안의 이론은 다섯 단계의 도덕성의 상호작용이 있다는 가설을 내세운다.[33] 각 단계들은 도덕적 상호교환에 접근하는 더 적합한 방법을 제시한다. 이 단계들은 도표 2에 요약되어 있다. 각 단계들은 서로 맞물려 있는 구조들로 이루어진다. 이미 주장한 대로 근본 구조는 '도덕적 균형', 즉 각 단계가 성취하려고 추구하는 특별한 형태로서 도덕적 균형이다.

첫 번째 단계에서는 자신에게 호의를 베푸는 도덕적 균형들은 적합하다고 생각한다. 이 단계 사람은 다른 사람들이 다른 관심과 욕구들을 가지고 있다는 사실을 이해하는 데 어려움이 있다. 비록 성인들이 흔히 그들의 행동들을 그와 같은 것으로 잘못 해석한다 해도 첫 단계 어린이들이 이기주의적이라는 것은 아니다. 어린이들의 발달 단계에는 다른 사람들이 갈등의 욕구들을 가지고 있을지도 모른다는 사실을 인정할 능력이 한정되어 있다. 이 단계에서 도덕적 대화는 크게 자기 자신의 욕망들을 주장

---

33) Haan, "A Manual of Interpersonal Morality," 14~19.

## 도표 2
## 도덕성의 상호작용 단계들

### 동화 단계

**1단계 : 힘의 균형화**  사람은 자기 관심과 별개로 다른 사람의 관심을 지지해 줄 생각을 할 수 없으며 다른 사람에게 강요받으면 고분고분하게 순종할 것인지 아니면 위협을 가할 것인지 동요하게 된다. 균형들은 자아가 무관심하거나 타협을 강요받는 상황들을 제외하고서는 자기 관심을 반영한다.

**2단계 : 자기중심적 균형화**  사람은 자기 관심을 다른 사람의 관심과 차별화할 수는 있지만 상호관심 속에서 동시에 일어난다고는 이해하지 않는다. 사람들은 본질적으로 자기 관심적이고 그들 자신의 선을 위해 노력한다. 자신이 원하는 것을 얻기 위해 처분하거나 타협하게 된다.

### 적응 단계

**3단계 : 조화적 균형화**  사람은 자신의 관심을 다른 사람의 관심과 차별화하지만 이런 관심들의 조화는 대부분 사람들이 이타적 동기들을 가지고 있다고 믿기 때문에 상대를 배려함으로써 이루어질 수 있다고 본다. 균형은 모든 사람들이 좋은 신뢰관계를 맺기를 바란다. 좋지 못한 신뢰를 가진 사람들에 대해서는 이상하게 여기고 도덕적 고려 대상에서 제거시킨다.

**4단계 : 공통 관심의 균형화**  사람은 모든 단체의 자기관심들을 그 집단의 공통 관심사와 구별한다. 타협을 위한 균형은 그 집단의 조직을 유지하기 위한 요구에 따르기를 원한다. 모든 사람의 도덕적 유죄성이 인정되기 때문에 상호교환에 대한 외적으로 조정된 패턴들은 개인적인 상처에 대해 한계를 정하는 반면, 모든 사람에게 유익이 되는 길을 추구한다.

### 평정의 단계

**5단계 : 상호관심의 균형화**  사람은 모든 사람의 관심을 최대한 이용하기 위해 상황에 따른 특별한 도덕적 균형을 찾는 데 있어서 모든 단체의 개개인의 관심들과 그 집단의 공통 관심을 조정한다. 그와 같은 연구로부터 그 사람은 그 집단이 품고 있는 특별한 가치와 기대, 장점과 민감성들을 고려할 만한 것이라고 인정한다. 해결책은 관심의 조화를 이루는 것이거나 상황과 참여자들의 특별한 경우가 허용되는 것은 무엇이든 관심의 타협으로 나타난다.

하는 일에 국한된다. 이 단계에서 성취된 균형들은 크게 능력에 의해 좌우된다. 어린이들은 다른 사람의 행위를 자신의 관심에 맞게 균형을 취하거나 자기 자신의 주장들로 다른 사람에게 위협을 가한다.

두 번째 단계의 사람은 계속 자신의 호의로 기울어진 도덕적 균형들을 만들어 내려고 시도한다. 그러나 이 단계에서 상호관계성 이해는 자기중심주의를 조정한다. 두 번째 단계에 있는 사람은 다른 사람들이 그들 자신의 관점을 가지고 있으며, 그들 자신의 이득을 추구할 합법적인 권리가 있음을 인정한다. 흥정하기(trade-offs) 위한 도덕적 상호교환의 견해는 공통적이다. 좋은 것 혹은 나쁜 것에 대한 동등한 교환은 일종의 맞받아치기 도덕성에서 발생한다.

그런데 두 번째 단계와 세 번째 단계 사이에 극적인 변화가 일어난다. 세 번째 단계에서 개인은 다른 사람의 관심들을 조정함으로써 도덕적 균형들을 만들려고 시도한다. 이 단계에 있는 사람은 자아와 다른 사람들의 관심 사이에서 다행스럽게 조화를 생각한다. 약간의 특출 난 사람들을 제외하고서 모든 사람들이 좋게 될 것이며 모든 상황에서 그들의 좋은 관계가 유지될 것이라고 믿게 된다. 도덕적 균형을 만드는 세 번째 단계 사람은 일반적으로 상대방 역시 마음에 자신만의 관심을 염두에 두고 있다는 가설을 타자에게 허용한다.

네 번째 단계의 사람은 누구나 실수할 수 있다는 성향에 대한 더욱 세밀한 생각을 가지고 자신의 관심은 물론 다른 사람의 관심의 이미지를 새로운 생각의 공통 관심으로 옮기도록 이끈다. 이 단계 사람들은 비인격적인 외적 규칙의 요구를 받아들인다. 네 번째 단계 사람은 '조직이 운영되기 위해' 모든 사람들이 조직을 위해 희생해야 한다고 믿는다. 그 조직이란 일반적으로 가족이나 학교, 사회 혹은 다른 어떤 집단으로 언급할 수 있다. 공통 관심을 지키기 위해 네 번째 단계 사람은 '체계화된 구조적 상호교환'을 특징적인 도덕적 균형으로 삼는다. 법적 조직은 체계화된 구조적 상호교환으로서 가장 명확한 예가 된다. 이런 법제화된 도덕적 균형은 상대방에게 자신의 의무를 국한시키고 자신의 책임에 대해서도 제한시킨다.

다섯 번째 단계에서 평정은 모든 사람의 관심사가 되고 상호관심을 최대화시키기 위한 조사연구가 시작된다. 상호관심은 그것의 특수성에 의해 공통 관심과 구별된다. 공통 관심을 위한 조사는 모든 사람이 전체 사회집단의 이익과 보호를 위해 수반되는 공적 실천을 찾기 위한 기대 속에서 반영되는 반면, 상호관심은 특별한 개인들이 독특한 상황에서 주어지는 요구와 관심들을 낙관적으로 바라보면서 해결을 찾는 연구조사이다. 이 다섯 번째 단계에서 어떤 주어진 상황이 동등하게 반영되지는 않지만 균등성은 한 시기가 지나고 나서 성취하게 된다.

하안은 각 단계에 있는 사람들이 성취하고자 하는 도덕적 균형 형태에 대해 논의할 뿐만 아니라 도덕적 상호교환에 참여한 '하부구조'들에 대해 논의한다.[34] 하부구조란 한 사람이 도덕적 관계들에 접근하는 준거의 틀에 영향을 미치는 상호작용적 가능성을 말한다. 하부구조들은 도덕적 대화를 하는 동안 정보를 조직하고 해석하도록 돕는다. 하안의 모델에는 본질적으로 세 가지 도덕적 하부구조들이 있다. 발달 단계에서 하부구조가 어떻게 나타나는가에 대한 설명들은 이 책에서 자세히 다루지 않더

---

34) Ibid., 19~22.

라도 하부구조의 기본적인 역동성에 대한 간단한 언급들은 어떻게 편견이 도덕적 교환을 하는 도중에 끼어들게 되는지를 설명하는 데 도움을 준다.

### 1. 도덕적 존재와 대상으로서 자아와 타자

도덕성의 상호작용이란 지속적이며 세밀하고 친근한 도덕적 관심과 타자와 자아에 대한 관심 집중에 근거한다. 타자에게 주는 것은 항상 도덕적 균형과 상호교환의 문제다. 도덕적 성장 문제는 상대적으로 단순히 주는 것, 즉 이타주의를 배우는 것이 아니라 더 복잡하게 어떻게 상호교환을 할지 배우는 것이다.

만일 한 사람이 그들 자신의 욕구와 관심들에 대한 적합한 책임을 갖지 않는다면 도덕적 균형은 '너무 지나친 배려'로서 쉽게 당혹하게 될 것이다. 너무 많은 것을 줌으로써 그 사람은 종종 비의도적으로 타자에게 부담을 갖게 하고 또 타자가 이 부과된 의무에 책임지지 않을 때 그 베푸는 자는 우연히 자신이 이용되었음을 느끼게 될 것이다. 이타주의는 전통적으로 이해된 바와 같이 상호교환의 패턴에 맞도록 해주는 방법으로부터 유래된 실용주의적 결과를 무시함으로써 단지 주는 쪽의 입장만을 책임지는 것이다.

물론 너무 적게 주는 경우도 마찬가지이다. 이때에도 타자는 이용되었음을 느끼고 보상을 요구하거나 그 관계를 포기하게 된다. 계급적 이원론에 의해 부과된 엄격한 도덕적 불균형 속에서 더 적게 주고 너무 많이 주는 결점들은 조직적으로 부과하게 되어, 지배 집단은 그들 스스로는 적게 주는 반면에 다른 집단에게 지나치게 해달라고 요구함으로써 그 지위를 유지시킨다.

## 2. 상대의 좋은 신뢰를 바탕으로 기회들을 받아들이기

도덕적 상황의 복잡성이란 잘못된 것들을 종종 확실히 해두지 않고 교정 수단이 항상 불명확하며 그리고 매우 유순한 사람을 비밀리에 나쁜 신뢰 속에서 상호작용할 수 있도록(공짜를 좋아하는 사람) 하는 경우를 말한다. 상대의 좋은 신뢰성을 바탕으로 기회를 받아들이는 것은 도덕적 관계의 복잡성에 대한 인식을 반영한다. 우리는 상대가 대화와 상호교환을 개방하도록 하기 위해 좋은 신뢰 속에서 상호작용하는 일을 감당해야만 한다. 우리는 틀림없이 좋은 신뢰를 기대하지만 상대의 좋은 신뢰성에 대한 순수한 기대와 성숙한 기대 사이에는 차이가 있다. 맹종의 신뢰는 순진한 것이다. 상대의 좋은 신뢰관계에 대한 성숙한 기대란 '언제, 왜, 누구를, 그리고 어떻게' 신뢰해야만 하는지에 대한 복잡한 결정들을 포함할 뿐 아니라 자기 자신의 도덕적 고려를 위한 가치 있는 대상으로서 자기 스스로를 정하는 것을 의미한다.

계급적 이원론은 또한 이런 하부구조가 작용하는 데 영향을 준다. 지배집단은 신뢰받기를 기대하지만 불이익의 상황에 있는 사람들의 동기들을 의심스럽게 여긴다.

## 3. 잘못된 것들을 바로잡기

도덕적 균형들은 복잡하고 종종 비형식적이다. 잘못을 저지르는 것은 불가피하다. 성숙한 사람은 잘못된 도덕적 균형을 다시 세우기 위해 다양한 수단들을 사용한다. 균형을 회복하는 절차란 용서와 보복 그리고 보상 등을 포함한다. 저지른 잘못들과 특별한 환경들 그리고 관계의 성격 등으로 특별한 상황에서 요구되는 다양한 모습들이다. 그러나 도덕적 균형을 다시 새롭게 성취하기 위한 시도란 하나의 잘못이 실제로 발생했을 때 바로잡을 필요가 있다는 사실을 사람들이 인정하도록 하는 일이다. 만일 잘못을 인정하지 않는다면 보복과 불균형에 대한 욕구를 느끼지 못하는 경우이다. 많은 도덕적 불균형성은 필연적인 잘못을 도덕적 균형 회복의 가능성으로 통합할 능력을 상실하는 것으로부터 기인된다.

다시 말해 계급적 이원론은 이런 하부구조에 깊은 영향을 미친다. 고정관념은 공격자들이 저지른 잘못들을 숨기며 도덕적 불균형성을 무감각하게 한다. 지배집단이 잘못을 인정할 때 그것은 우연한 일로 혹은 실수로 가볍게 여기고 보상 없는 사과로 처리해 버린다.

## 도덕 발달과 편견

계급적 이원론이 잠복되어 있는 이미 만들어진 사건들에 대한 또 다른 견해를 살펴보기 위해 하안이 제시한 구조들 중 높은 단계로 이르는 데 있어서 하안의 도덕 발달 단계를 역행순서로 조사해 보면 다음과 같다.

다섯 번째 단계에서 도덕적 추론의 특징은 사람들과 상황에 대한 민감성이다. 다섯 번째 단계의 사람은 상황과 개인들의 특별한 입장들에 대해 반응한다. 여기서 모든 집단적 관심과 욕구들은 동등한 생각으로 주어지며 균형은 모든 관점들을 조정하려는 성향이다. 다섯 번째 단계에서의 사고형태는 고정관념과 계급적 이원론의 상극적 가치와 일치하지 않는다. 그러나 더 낮은 도덕적 추론 단계에서는 그들의 구조 속에 계급적 이원론들이 합병되어 있음을 볼 수 있다.

네 번째 단계의 도덕적 추론의 분명한 특징은 계급과 이원론이 모두 함께 있는 인간집단을 이해하는 데 도움이 된다. 그들의 독특한 특수성을 고려하지 않고 사람들을 '대상들'(objects)로 일축하는 경향이 있다. 이 단계의 특징인 '체계화된 구조적 상호교환'은 그들의 유동적 상황 속에 국한되고 사람들을 단지 광범위하게 분류하며 적응시킬 수 있다. 그러므로 성차별과 인종차별의 고정관념이 만연한 문화 속에서 이런 광범위한 범주들은 도덕적 권리와 의무 그리고 도덕적 가치를 평가하기 위한 기초로 사용된다.

존 듀이가 주장했던 '숨겨진 가치 선택'은 지배집단에서 긍정적 가치가 있는 특성들에 집중하도록 선택하는 반면, 불이익을 당한 집단들은 부정적 고정관념으로 일치될 때 이런 실례들을 선택적으로 알려줌으로써 이해될 수 있다. 이미 결정되고 가치가 부여된 특성들에 대한 이런 선택적 인식은 넓은 범주 속에서 개인적으로 다루기를 원하는 추론의 단계로 동화될 수 있다.

네 번째 단계의 합법적인 성향은 또한 계급적 이원론에 구조적 입장을 제공한다. 그것은 좋지 못한 신뢰적 상황으로부터 사람들을 보호하기 위한 외적 · 사회적 규정을 필요한 요구의 기초로 삼고 사회적 기대들이 외적 적합성 아래 놓여 있기에 단지 개인적 관심으로 행동하는 많은 사람들이 있다는 두려움에 기반을 둔다. 이 두려움은 이원론적으로 표현되기도 한다. 그래서 이 세상을 '법을 지키는 시민'과 '범죄인'으로 구별하게 된다. 공동 관심의 적으로 표명함으로써 공동 관심은 더 잘 보호될 수 있을 것이라고 느끼게 된다.

세 번째 단계에 있는 사람은 자신을 선한 사람들이 모인 공동체의 한 구성원으로 본다. 자신과 상대가 선하다는 이런 신념은 순진한 것이다. 사람이 기본적으로 선하다는 견해와 사람들은 거의 항상 상대를 잘 다뤄야 한다는 생각은 편파적으로 '다름' 과 '이상'한 것으로 나쁜 신뢰를 보여 주는 사람들을 분리시킴으로써 유지된다. 다시 말해, 계급적 이원론의 기초가 된다. 악이란 이 단계에서 중요한 혹은 사소한 존경 속에서 '나와 같지' 않은 사람들 혹은 '나의 집단과 같지' 않은 사람들로 일치시킴으로 완곡하게 표현할 수 있다.

처음 두 단계는 또한 이미 계급적 이원론과 결합될 수 있다. 두 단계들은 모두 자기중심적이다. 자기 자신의 관심과 요구를 향한 성향은 쉽게 '타자'를 경시하게 된다. 자신의 도덕적 관심이 내적으로 맞춰져 있기 때문에 고정관념으로 행한 폭력은 거의 인식하지 못한다.

어떻게 계급적 이원론이 네 번째 단계를 통해 위로 도덕적 추론의 구조들의 한 부분으로 편입될 수 있는지에 대해서는 아주 쉽게 알 수 있다. 계급적 이원론으로 다섯 번째 단계의 도덕적 추론과 화해시키는 일은 더 어렵다. 그러나 대부분의 성인들은 다섯 번째 단계의 도덕적 추론을 가질 수 있는 능력이 있다. 그럼에도 편견은 일상적으로 남아 있다. 다섯 번째 단계의 추론자들은 다른 단계에 있는 사람보다 편견에 대해 더 저항적인 반면에, 매일 관찰을 통해 보여 주듯이 사람들은 거의 예외적이지 않다는 것을 말해 준다.

어쩌면 류터는 이런 미로의 현상을 이해하기 위한 핵심을 제공했을지도 모른다. 그녀는 특별히 성차별에서 그것의 원인을 찾을 뿐 아니라 사람들의 자아 이미지의 기반을 제공하는 심리학적 발달로부터 매우 초기에 형성되는 계급적 이원론의 또 다른 형태들 속에서도 그 원인을 찾는다. 더욱이 류터는 성(性)적 상징이 한 사람의 온전한 질서와 가치의식과 밀접한 관계가 있다고 본다. 만일 편견이 자기 이해와 자기 가치 의식과 밀접하게 결합되어 있다면 그 사람의 편견에 대해 지적하는 것은 스트레스를 제공하는 것과 같다. 이는 하안에 의해 밝혀진 바와 같이, 스트레스가 낙관적인 기능을 순간적으로 방해하도록 이끌 수 있다고 주장하는 핵심 요소들 가운데 하나다. 방어적 과정들이 노출되고 그 사람은 쉽게 더 낮은 도덕적 단계로 퇴행하게 된다. 그러므로 정상적으로 다섯 번째 단계에서 작용하고 있는 사람은 성의 역할이나 인종적 관계, 혹은 미성숙한 형태 속에서 보여 주는 성적 성향과 같은 문제들에 반응을 보인다. 그들의 추론은 계급적 이원론과 일치된 단계로 들어가게 되는데, 이는 도덕적 추론에서 불합리한 퇴행의 한 형태이다.

요약하자면, 지금까지 계급적 이원론의 두 출처를 강조했다. 한 출처는 정보에 대한 방어적 과정이다. 특별히 스트레스로 사람들은 그들의 현재적 자아 이해와는 부조화를 이루어 정보를 왜곡하거나 억압하게 된다. 성적 정체성이나 인종적 정체성 등과 같은 여느 정체성들은 자아 확정성(self-definition)과 친밀하게 연관되기 때문에, 예를 들면 남성 혹은 여성이 된다는 것이 무엇을 의미하는지에 대한 개인의 이해를 위해 인식된 우려들은 덜 성숙한 추론으로 퇴행하는 결과를 초래하게 될지도 모른다는 것이다. 소수 집단 사람들이 자신의 집단의 문화적 고정관념에 대항하여 반항할 때 다수 집단 사람들은 자신의 정체성이 도전받는다고 느끼게 된다. 자신의 정체성을 유지하는 데 있어서 계급적 이원론에 그 근거를 둘 때 상대의 고정관념이 유지되기를 원한다. 만일 내가 열등하다고 생각해 왔던 집단에 속한 사람들과 동등하다는 주장을 받아들인다면 나는 우월한 집단에 속할 수가 없다. 도전적인 고정관념의 강박감 때문에 나는 도덕적으로 성숙한 방식으로 생각할 능력을 포기하게 된다. 그러나 이것은 계급적 이원론이 도덕적 추론에 대한 덜 성숙한 구조들과 조화를 이룬다는 것을 쉽게 추측한다. 이것이 두 번째 출처다.

우리가 살펴본 바와 같이 계급적 이원론들은 도덕적 추론을 하는데, 아직 온전히 성숙되지 못한 구조와 조화를 이룬다. 다섯 번째 단계를 성취하기에 앞서 한 사람의 도덕적 추론은 이미 문화적 이데올로기의 편견과 결합될 수 있다. 사람이 스트레스 때문에 도덕성이 더 낮은 단계로 퇴행할 뿐 아니라 편견은 또한 완전한 성숙으로 옮기기에 앞서 발달 과정에서 어떤 점에 포위된 한 사람의 도덕적 성장에 대한 관점을 반영한다. 계급적 이원론들은 발달적 결핍들을 반영한다. 만일 이 경우가 그렇다고 한다면, 보통 도덕적 성장으로 이끄는 과정들의 분석은 편견의 문제에 응답하는 실마리를 제공할 것이다.

## 도덕 교육

도덕 발달 이론에 관한 대부분 관심은 교육자의 관점에서 도덕 성장의 과정들에 있다. 어떤 변화의 원인과 자극이 있는가? 이 문제에 답하기 위해 우리는 콜벅과 그의 동료들이 관심을 둔 질문에 응답한 하안의 연구를 대조시켜 봄으로써 도움을 얻을 수 있다.

콜벅 학파는 하나의 근본적인 대답, 즉 인지적 불균형을 제안한다. 도덕적 성장은 인지적 도덕단계들의 불변하는 연속성을 통과하는 과정으로 보기 때문에 도덕적 변화는 한 사람이 그의 이성적 추론의 현 단계와 관련된 부적합성을 인식할 때 발생한다. 도덕 교육 프로그램은 인지적 부조화 혹은 불균형성을 제공하는 것으로 발전시켜 왔다. 가설된 도덕적 딜레마를 사용하는 것은 도덕적 성장을 자극하기 위해 교육자들이 사용해 온 인기 있는 기술들 가운데 하나이다. 도덕적 딜레마를 논의하는 과정에서 그것은 이론화되고 참여자들은 그들이 처한 단계에서 추론을 반영한 점들을 포함하는 다양한 견해들을 표출시킨다. 더 높은 단계의 추론을 경청하는 일은 인지적 부조화를 증진시킴으로 그 사람은 추론의 더 높은 단계로 이끌리게 되고 그의 현재 단계에 있는 한계성들을 인정하기 시작한다.

인지적 불균형으로 보는 콜벅의 견해와 대조적으로 하안은 사회적 불균형으로 설명한다. 차이점은 도덕적 사고보다 도덕적 행위로 보는 하안의 경향성에서 찾을 수 있다. 사회적 불균형성은 인간관계에서 발생하는 교란으로 본다. 한 가지 예를 들어보자.

존니는 여덟 살 난 아이인데, 현재 월등하게 둘째 단계의 도덕적 추론을 사용한다. 그는 알버트라는 친구와 블록을 가지고 놀고 있다. 존니의 추론은 뛰어나게 자기중심적이기 때문에 가장 마음에 드는 블록들을 선택하는 일에 알버트의 승낙이 필요하다는 사실을 깨닫지 못한다. 따라서 논쟁이 일어났을 때 알버트는 떠나 버린다. 이런 방해 그리고 이런 비슷한 여러 예들은 그가 다른 사람들에게 우연히 부과한 도덕적 상호교환의 패턴을 재평가하도록 존니를 이끈다. 도덕적 변화로 이끄는 것이 바로 이런 사회적 방해들이다. 우연히 존니는 새로운 도덕적 균형의 형태를 추구하게 될 것이다.

그것의 목적들 중 하나로 도덕적 성장을 위한 교육은 '경험의 기초'가 되어야만 한다.[35] 성숙한 도덕적 상호교환을 하기 위한 능력은 상대의 경험을 통해 발달한다. 그러나 모든 사회적 상호작용의 형태들은 항상 동등하게 유익하지 않다. 특별히 두 특징들은 도덕 교육의 중요한 역동성을 말해 준다. 상호의존성에 대해 인정해 주는 상호작용은 모든 인간들 사이의 기본적인 연결성에 대한 한 학생의 의식을 발전시키는 데 도움이 될 것이다. 그와 같은 의식은 도덕적 동기화에 우세한 역할을 한다. 우리는 궁극적으로 혼자가 아니라 타자와의 관계 속에서 건강한 방법을 발견해야만 한다는 사실을 인정해야만 한다. 이러한 인식은 사람들의 성공적인 완성을 위한 협력을 요구하는 과업들로 싹틀 수 있다. 게다가 교육은 상호 인간적 딜레마들로부터 일어나는 도덕적 협상의 기회들을 이용해야만 한다. 이것은 교육자들이 평가하기 어려운 점인데 그 이유는 조정된 갈등에 대한 가치부여가 요구되기 때문이다. 전형적으로 우리는 갈등을 피했으면 하고 학생들에게 바란다. 그러나 도덕 교육의 갈등적 요소는 관심의 갈등이 공통된 의견이 성취하게 될 대화를 발생시킨다는 점에서 적합하다. 경험된 상호의존성의 상황에서 협상은 도덕적 성장의 핵심이 된다. 우리는 마지막 장에서 그와 같은 교육을 위한 특별한 제안들을 살펴볼 것이다.

---

35) Shields, "Education for Moral Action," *Religious Education*, Vol. 75, No. 2 (March–April 1980), 129~141.

**토의를 위한 질문**

1. 144쪽 도표 1에는 여섯 개의 방어적 기제들이 기록되어 있다. 당신은 이들 가운데 어느 것이 편견을 가진 사람의 생각을 가장 빈번히 반영한다고 생각하는가? 당신의 선택의 정당성을 주장해 보라.

2. 친구와 함께 내가 가지고 있는 불안정한 도덕적 균형에 대해 묘사해 보라. 그 친구가 그 균형을 깨뜨렸을 때 어떤 일이 발생하는가? 당신의 느낌은 어떠한가? 당신은 무엇을 하는가?

3. 전통적으로 (a) 남성과 여성 그리고 (b) 흑인과 백인 사이의 관계들을 특성화해 온 도덕적 의견일치들 가운데 몇 가지를 서술하라.

4. 당신은 편견이 항상 비이성적이라고 생각하는가?

5. 본인의 말로 어떻게 편견들이 도덕적 불균형을 강요한다고 생각하는지 설명하라.

6. 당신은 이 장에서 제시된 생각들에 대해 어떤 비판을 할 수 있는가?

 **더 읽어야 할 책들**

Haan, Norma. "An Interactional Morality of Everyday Life." In N. Haan, R. Bellah, P. Rabinow, and W. Sullivan (eds.), *Social Science as Moral Inquiry*. New York: Columbia University Press, 1983.

Haan, Norma, Elaine Aerts, and Bruce Cooper. *On Moral Grounds* : The Search for Practical Morality. New York: New York University Press, 1985.

Kohlberg, Lawrence. *Essays on Moral Development. Vol. 1. The Philosophy of Moral Development*. San Francisco: Harper & Row, 1981.

Kohlberg, Lawrence. *Essays on Moral Development. Vol. 2. The Psychology of Moral Development*. San Francisco: Harper & Row, 1984.

편견 극복을 위한 신앙교육

Chapter **4**
# Compassion and Justice

# 동정심과 정의

해방신학의 신학적 방법

# 동정심과 정의

## 해방신학의 신학적 방법

　브라질의 교육학자 파울로 프레어리(Paulo Freire)는 바람직한
교육과 소위 '은행 저축식 교육'을 대조시킨다.[1] 은행 저축의 모
델을 무의식적으로 종교교육자들이 종종 채택해 왔다. 신학을
거대한 진리의 저장소로 동등하게 생각하면서 교사란 학생들의
생각에 저장하도록 그 진리를 유도해 내는 자다. 학생들은 질문
을 하는 반면 신학자들은 대답을 하거나, 혹은 질문이 없다면 최
소한 신학자들의 대답을 얻으려고 의도한다. 따라서 교육자는
학자들과 신학자들의 풍부한 지식을 학생들의 초라한 생각으로
옮겨 주는 신앙적 봉사자들이 된다.

　만일 우리가 이런 교육적 견해를 거부한다면 신학이 하는 역
할을 대신할 만한 것에는 무엇이 있는가? 이 대답을 발전시키기
위해서는 신학적 내용과 신학적 방법 사이를 구별해야 한다. 신
학적 내용이란 신학자나 평신도들의 특별한 신조나 가치, 진리

---

1) Paulo Freire, *Pedagogy of the Oppressed* (New York: Seabury Press, 1970).

와 관련 있다. 신학적 방법이란 '신학의 출처는 무엇인가?' '하나님의 자기 계시는 어떤 방법으로 발생하는가?' '경험은 신뢰할 만한 가치가 얼마나 있는가?'와 같은 질문을 하면서 대조적으로 신학을 구조화하는 과정이다.

종교교육에 적합한 신학적 핵심은 신학적 방법에 초점을 맞춰야 한다.[2] 이것은 종교교육자가 어떻게 사람들이 개인 혹은 공동체 경험으로부터 신학적 신념을 갖도록 할 것인가에 대한 이해를 돕는 신학의 영역이다. 신학적 방법이란 교육자들에게 성서와 같은 신앙의 역사적 자료와 동시대적 경험 사이의 관계에 대한 실마리를 제공한다. 따라서 신학적 방법은 기독교 신앙을 이해하기 위한 여행 지도와 같다.

신학적 방법에 명확한 초점을 맞추는 일은 매우 최근까지 신학에 있어서 흔치 않은 일이었다. 그래서 종교교육자들이 이 영역에 거의 관심을 가지지 못해 왔다는 사실은 놀랄 만한 일이 아니다. 많은 종교교육자들은 견고한 신학의 중요성을 강조해 온 반면에 거의 신학적 구조화 과정에는 동등하게 강조점을 두지 않았다. 그러나 신학적 방법에 관한 자의식은 신학읽기의 방법을 다르게 만들 것이다. 다음에서 우리는 신학자에 의해 세워진

---

2) 종교교육자들을 위한 핵심 자원으로 신학적 방법을 제시함으로써, 나는 신학적이고 사회과학적 관점들을 주장하는 사람들 사이에서 중간 입장을 취한다. 하나의 건강한 신학적 방법이란 다양한 학문 분야를 통해 종교적 참여의 성장을 제공해 주며 그 자체와 관련된 인식론적 문제에 대한 포괄적인 이해에 기초한 특징들을 공유하는 일이다. 종교교육에 있어서 '신학적 위치'에 대해 고전적으로 설명한 책은 랜돌프 크럼 뮬러의 Randolph Crump Muller, *The Clue to Christian Education* (New York: Charles Scribner's Sons, 1952)이다. 신학이 기독교육에 실마리를 제공한다는 생각은 제임스 마이클 리와 종교교육에 대한 사회과학적 접근을 놓고 주장하는 다른 사람들이 시도해 왔다. James. M. Lee, "The Authentic Source of Religious Instruction," In N. Thompson, ed., *Religious Education and Theology* (Birmingham Ala.: Religious Education Press, 1982) 참조.

가정과 결과를 조사할 뿐 아니라 신학자에 의해 의문이 제기된 삶의 경험에 대해 살펴보려고 한다.

너무 자주 종교교육자들은 신학하는 자와 독립된 대상으로서 신학을 연구해 왔다. 신학적 내용이 신학의 역사와 자서전적 뿌리들과 분리될 때, 신학은 경험으로부터 격리되고 살아 있는 신앙을 설명하기보다는 추상적인 진리를 주장하는 문제로 남게 된다. 신학이란 우리의 살아 있는 신앙을 기초한 의식적인 시도이기 때문에 그리스도의 복음은 더 효과적으로 의사소통할 수 있는 생명력이 있다. 만일 신학을 하나님의 진리로 맞추어진 틀로 여겨서 단순하게 배우고 가르치게 된다면 이것은 바른 방법이 아니다. 불행히도 이 문제는 빈번히 교육적 실제가 되어 왔다. 루터신학의 유산으로부터 내려온 간단한 하나의 실례가 그것을 말해 준다.

마틴 루터의 신학은 하나님과의 화해에 대한 내용을 알고자 연구하게 되었다. 젊은이로서 루터는 하나님의 진노가 그를 기다리고 있다는 두려움으로 말미암아 하나님을 두려워했다. 이 두려움은 매우 압도적이어서 어느 날 사나운 폭풍이 일어나는 가운데 루터는 "나를 구하소서. 내가 수도사가 되겠습니다!"라고 절망 가운데 외치며 강하게 씨름했다. 그 폭풍은 멈추었고 그 후 곧 루터는 그의 가방을 챙겼다. 그래서 한때 수도원에 머무르면서 루터는 지칠 줄 모르는 일꾼이 되었다. 공부와 기도, 참회의 고백 등으로 몇 시간씩 보내며 열심을 다했다. 그러나 루터 자신의 삶의 가치에 대한 강한 생각은 풀이 꺾이질 않았다. 몇 년이 지나서야 비로소 루터는 결국 그의 종교적 재각성을 위한 혁명적인 핵심을 우연히 포착하게 되었다. 그 통찰력은 다음과 같이 요약할 수 있다. 즉 "우리는 믿음을 통한 하나님의 은혜로

구원받는 것이지 율법의 업적으로 구원받는 것이 아니다."라고
루터는 주장한다. 루터의 무거운 짐은 가벼워졌고 그는 처음으
로 하나님의 따뜻한 사랑을 경험하게 된다. 간단히 말해 이것이
루터의 신앙적 체험이다.

몇 년 후 루터는 교육을 다시 시작했다. 부모가 자녀들에게 신
앙을 가르치기 위해 만든 루터의 유명한 '소교리문답'에서 그는
신학적 본질에 대한 발견을 서서히 드러내기 시작했다. 그 교리
문답은 개혁적인 통찰력을 강력하고 거의 시적인 요약으로 보여
주는 반면, 신학적 내용을 교육하기 위한 기초를 세우는 데에는
어려움이 드러난다. 루터의 '문답'에는 그와 함께 그 시대의 많
은 사람들에게 있어 곤란하면서 중대한 문제들에 대해 강하게 해
명한 내용들이 담겨 있다. 그러나 교리문답을 가르치는 일에 있
어서 루터가 그의 통찰력에 이르렀던 과정에 대해서는 재구성하
지 않았다. 대부분 학습자들은 루터의 어린 시절과 같은 지독한
경험들을 하지 못함으로 결국 그들은 값없이 주신 은혜의 선물에
대해 배울 때 루터의 희열을 경험하지 못하게 된다. 따라서 루터
의 추종자들은 어떤 다른 사람이 도달한 결론을 가르치는 경우
그 사람의 신앙을 그대로 모사할 수 없다는 사실을 인정한다.

세밀한 신학적 방법에 대한 관심은 신학을 경험과 연결시킴으
로써 교육자들에게 도움을 준다. 물론 일단 교육자가 신학적 방
법에 초점을 두기로 결정했다면 다양한 논쟁적인 접근들 사이에
서 선택이 이루어져야만 한다. 이번 장은 신학적 방법으로 우루
과이인(Uruguayan)이며 해방신학자인 세군도의 주장에 관심을
두고 계급적 이원론을 극복하기 위한 교육적 모델을 살펴보면서
그 함축적 의미를 찾아보는 데 관심을 두려고 한다.

나는 신학적 근거의 틀을 놓고 다음과 같은 몇 가지 이유로 라

틴 아메리카의 해방신학을 선택한다. 첫째, 여성신학과 같이 해
방신학은 이원론을 극복해야 할 하나의 주요 장애로서 그 주제
로 삼는다. 한 예로 보니노(Jose Miguez Bonino)가 말하듯이 "사
실 이 신학의 실마리는 모든 이원론을 제거하는 일이다."[3] 해방
신학은 또한 피억압자들의 경험을 들춰낸다는 점에서 우리의 목
적에 적합한 신학이다. 또한 계급 사회적 관계에 관심을 두고 그
방법론에 있어서 상실된 자신들의 목소리를 다시 크게 낼 수 있
는 확성기를 제공하기 위한 것이다. 더욱이 그것은 소리만 내기
위해서가 아니라 행동하기 위한 수단이 된다. 해방신학은 단지
간접적으로 신학적 개념에 관심을 두면서 근본적으로 현실 변화
에 관심을 둔다. 그러므로 신학적 공식들을 구체적으로 체계화함
과 동시에 상호 인간관계와 상호 집단관계들을 구조화함으로써
해방신학자들은 계급주의를 극복하려는 시도를 한다.

이 장은 다음 세 가지 영역으로 나누어진다. 첫 번째로 라틴
아메리카에서 형성된 해방신학을 조사하고, 두 번째는 세군도의
신학방법에 관한 연구를 설명하기 위한 배경을 구상하며, 마지
막으로 어떻게 세군도의 신학방법에 관한 연구를 존 듀이의 탐
구모델로 연장시켜 살펴볼지 그리고 그것을 종교교육자들이 활
용할 수 있게 어떻게 도와줄 수 있을지 살펴볼 것이다.

## 해방신학이란?

오늘날 기독교는 전 세계적으로 많은 변화를 겪어오고 있다.

---

3) Jose Miguez Bonino, *Doing Theology in a Revolutionary Situation*
(Philadelphia: Fortress Press, 1975), 70.

이런 변화들 가운데 한 예민한 관찰자와 참여자로서 왈버트 불만(Walbert Buhlmann)은 이런 현상에 대해 "제3의 교회의 도래"[4] 즉, 인간성이란 우월하게 백인, 남자, 중산계층, 훌륭한 교육을 받은 자가 아니라고 하는 현실성에 초점을 둔 교회를 언급한다. 대부분 사람들은 가난하고 배고프며 글자를 모르는 자들로서 많은 사람들이 억압적인 정부에게 고통을 받고 있으며 즉각적인 개선을 바라는 전망이 희미한 상태에 처해 있다. 물론 가난의 실체는 결코 새롭지 않다. 새로운 것은 신학자들이 제3세계로부터 출현하기 시작했고 자유와 존엄을 갈망하는 가난한 자들의 목소리를 대변해 주고 있다는 데 있다. 이것은 종교에 있어서 주된 변동에서 나온 결과로 세상과 신학은 가난한 사람들의 눈을 통해 바라볼 때 아주 다르게 보인다. 이런 새로운 실천신학은 라틴 아메리카에서 가장 두드러지게 나타난다. 라틴 아메리카에서 신학적 태동은 해방신학으로 잘 알려진 다양한 운동으로 발달해 왔다.[5]

---

4) Walbert Buhlmann, *The Coming of the Third Church: An Analysis of the Present and Future of the Church* (Maryknoll, N.Y.: Orbis Books, 1977).

5) 해방신학의 뿌리는 바티칸 II에서 그 근원을 찾을 수 있다. 이 회의는 현대 세계 속으로 교회가 개입해야 할 필요성을 더 직접적으로 확신시켰다. 교황 바오로 6세의 Popolorum Progressio(especially paras. 49 and 54)와 같은 회의 후에 기록된 문서들은 부자와 가난한 자의 관계에 관해 해방신학적 중심 주제로 강한 진술을 담고 있다. 또한 몰트만(Moltmann)과 메츠(Metz) 같은 정치신학자들의 영향을 받았다. 조셉 파우워즈(Joseph Powers)는 구티에레즈(Gutierrez)가 연구한 메츠의 신학을 거쳐서 칼 라너(Karl Rahner)와 에드워드 쉴레벡스(Edward Schillebeeckx)의 신학 속에서 구티에레즈의 연구의 근원을 추적했다 ("Some Roots of Gutierrez' Liberation Theology in Recent Roman Catholic Theology," presented to *the Pacific Coast Theological Society*, April 10, 1974). 프레스톤(Neely Preston)은 또한 해방사상의 뿌리는 개신교 자료들, 예를 들면 본 휘퍼와 몰트만과 판넨베르그(Pannenberg) 그리고 본 라드와 같은 사람들을 포함한 개신교의 자원들을 추적해 왔다. ("Protestant Antecedents of the Latin American Theology of

한 권의 책으로 라틴 아메리카의 해방신학을 북미 청중들에게 제시하는 데 헌신의 노력을 다한 로버트 브라운(Robert McAfee Brown)은 해방신학의 특징에 대해 전통신학과 대조되는 여섯 가지 차이점들이 있음을 소개한다.[6] 이런 차이점들은 이 장에서 연구하려는 목적을 발전시키는 데 유용한 구조적 틀을 잡아 준다. 간단히 그 여섯 가지를 살펴보자.

1) 다른 출발점 : 가난한 자들

2) 다른 대담자 : 정치적으로 말살된 자들

3) 다른 차원의 도구들 : 사회과학

4) 다른 차원의 분석 : 갈등의 실재

---

Liberation," unpublished doctoral dissertation, The American University, 1977)

라틴 아메리카의 토착적인 해방신학의 시작점은 1968년 여름 동안 콜롬비아 메델린(Medellin)에서 개최된 제2차 라틴아메리카감독회의(CELAM)로 최소한 뒤로 돌아간 시기라고 생각할 수 있다. 해방신학에서 중심이 된 많은 주제들, 예를 들면 가난한 자들에 대한 우선적 선택권과 계층갈등의 현실, 속국이론과 제도적 폭력의 인식들은 메델린의 결론들을 형성한 열여섯 가지 자료들 속에 나타나 있다. *The Church in the Present-Day Transformation of Latin America in the Light of the Council: Second General Conference of Latin America Bishops* (Washington, D. C.: National Conference of Catholic Bishops, 1979) 참조.

'해방신학'의 지적은 많은 의미를 가진다. 그것은 때로 정의와 인간의 자유가 주요 관심사가 된다는 신학적 의미로 해석된다. 이 책에서 나는 라틴 아메리카 해방신학에 초점을 두고 일반적으로 주장하는 내용들을 강조하려고 한다. 특별한 신학자들은 내가 제시한 많은 사실들에 대해 예외적일 수 있다. 그럼에도 내가 믿고 있는 여섯 가지 특징들은 신학적 방법 면에서 세군도의 연구와 일치한다.

6) Robert McAfee Brown, *Theology in a New Key: Responding to Liberation Themes* (Philadelphia: The Westminster Press, 1978). '전통적' 신학의 지적은 특별한 신학을 하는 자나 혹은 심지어 특별한 신학교에 대해 언급하지 않는다. 전통적 신학에 대한 나의 언급을 돌아보면 신학을 지나치게 단순화시키는 잘못을 자주 저지르고 있다는 느낌이 든다. '전통적 신학'이란 말의 목적은 해방신학과 구별된 요소들이 있음을 말하는 데 있다.

5) 다른 실행모드 : 실천

6) 다른 차원의 신학 : '이차적 행위'

## 1. 다른 출발점 : 가난한 자들

삶의 종교적 차원을 재고해 보고 싶어 하는 사람이 있을 때 우리는 어디에 방향을 두어야 할 것인가? 신학은 구체적 현장에서 시작된다. 우리가 시작한 곳은 우리가 묻는 질문들을 결정하기 때문에 신학적 사고를 위한 출발점을 선택하는 것은 대단히 중요한 일이다. 다양한 출발점들, 즉 자연과 교회, 인간의 이성 등은 과거에 출발점으로 사용돼 왔다. 그러나 사람들은 성서를 가장 평범한 출발점으로 삼아 왔다. 성서는 근본적 출처이며 신학의 규범이 되어 왔다.

성서에서 신학적 사고를 출발하는 데 곤란한 점들은 우리가 세군도의 해석학적 순환 과정을 다루면 더 분명해질 것이다. 성서가 항상 해석되어야만 한다는 것은 무엇인가에 대해 간단히 설명하고자 하는 것이다. 우리는 우연히 혹은 조직적으로 해석할 수 있는데, 해석해야 할 필연성을 피할 수는 없다. 특별히 이런 일들을 주의 깊게 연구하지 않았더라면, 더욱이 해석이란 독자의 전존재적(pre-existing) 가치와 가설들을 반영했을 것이다. 나는 내가 한때 전형적인 중산층 회중들에게 해주었던 성서 연구에 대한 경험을 간단한 예로 소개하려고 한다. 우리는 다음과 같이 누가복음의 본문을 읽기 시작했다.

> 가라사대 가난한 자는 복이 있나니 하나님의 나라가 너희 것임이요 이제 주린 자는 복이 있나니 너희가 배부름을 얻을 것임이요 이제 우는 자는 복이 있나니 너희가 웃을 것임이요

그리고 나는 질문을 했다. "누가 가난한 사람입니까?" 사실 그 것은 까다로운 질문은 아니지 않는가! 그러나 그 대답을 본문에 서는 까다롭게 한다. "그들은 겸손한 자들이다."라는 구절은 하나의 대답이다. "우리가 하나님을 향한 자신의 욕망으로 생각해 본다면, 가난한 자들이란 우리들 모두가 된다."는 것은 또 다른 대답이다. 이 성서 연구 모임에서, '가난한 사람들'이란 다양한 뜻을 지니고 있었다. 그러나 어떤 사람도 그것이 현실적으로 물 질적으로 가난하게 살고 있는 사람들을 언급할 수 있다고 제안 하지 못했다. 이 성서읽기를 통해 참석자들 대부분은 성서를 신학의 출발점으로 삼고 있는 반면에, 그들의 실제 출발점이 특권을 누리는 삶의 경험으로부터 형성된 다양한 신학적 전제가 되었다는 사실이 밝혀졌다.

만일 성서가 해석되어야만 한다면 성서 외에 다른 자료들도 신학자들에게 알려져야만 한다. 성서로 시작하는 것은 하나의 착각이다. 사람들이 성서에서 출발하려 할 때 성서의 말씀은 일 반적으로 사람들의 이전 신앙들을 지지한다. 그러나 이것은 성서가 종교적 형성에 중심 역할을 하지 못하고 있다는 의미는 아니다. 자신을 하나님의 계시를 향해 열어 놓을 때 실제로 성서는 자신의 무의식적 편견을 노출시키는 데 도움을 줄 수 있다. 이런 능력을 가진 성서가 되기 위해 우리는 다른 각도에서 출발점을 두어야만 한다.

인간의 경험은 신학적·반성적 사고를 하기 위해 필수적인 출발점이다. 그러나 경험은 그 자체가 획일적이지 않다. 다른 사람들보다도 우리의 경험들은 출발점으로 시작하기에 합당한 입장인가? 어떤 사람들의 경험들이 더 계시적인가? 적합한 신학적 사고를 하기 위한 출발점을 결정하기 위해 우리는 "어떤 사람이 예수 그리스도를 통해 하나님의 말씀을 들을 수 있는 가장 적합한 사람이었는가?"를 질문해야 할 것이다.

해방신학의 규범적인 출발점은 고통과 씨름하는 가난한 자들의 경험이다.[7] 1세기에 하나님의 부르심에 가장 적합한 응답을 한 사람들은 바로 가난한 자들이었고 아직도 하나님의 말씀을 듣는 데 있어 가장 바람직한 상황에 처한 사람들이 바로 가난한 사람들이다. 해방신학에 의해 대중화된 언어에 있어서 예수를 하나님의 '가난한 자에 대한 우호적인 선택'이라고 밝혔다.[8]

가난한 자들을 위한 하나님의 편애는 성서에서 항상 일정한 주제가 된다. 예를 들어, 히브리인의 예언은 가난한 자들에게 정의를 행하는 것이었는데, 종종 하나님을 아는 일로 동일시했다. 예레미야 22장 15~16절에 있는 다음 말씀들은 이런 생각들을 표명한다.

---

7) 구티에레즈는 다음과 같이 기록한다. 성서를 열어 볼 때이며 '의를 위하여 박해받은 사람은'(마 5:10), 즉 이 세상에서 비난받는 사람들로서 결국 하나님 나라가 그들의 것이 된다는 관점으로부터 성서를 읽어야 할 때다. 그것은 그들을 위해 예정된 복음이며 그들에게 우호적으로 말씀하신 복음이다. *The Power of the Poor in History* (Maryknoll, N.Y.: Orbis Books, 1983), 4.

억압받는 사람들이 만일 세계적 관점에서 해방신학을 논한다면, 더 나은 지적이 될 수 있다. 흑인 해방신학자들은 백인의 인종차별로 고통받는 경험으로 시작하는 반면에 여성신학자들은 성차별 사회에서 겪는 여성의 경험으로 시작한다. 또한 다른 신학자들의 경우 또 다른 입장에서 경험한 내용을 가지고 시작할 것이다. 억압의 상호 구조화된 성격은 세상의 억압받는 비인간적인 것들 사이에서도 상호 협력적인 노력을 하게 된다.

8) 가난한 자들의 우호적 선택권은 메델린과 푸에블라의 기록들 속에 함께 포함되어 있다. 그러나 이 우호적 선택권은 구티에레즈가 설명하는 바와 같이 독점성을 의미하지 않는다. 즉, 가난한 자들과 더불어 그들의 투쟁과 희망으로 함께하는 연대는 사람들이 구체적인 역사 속에서 얻은 사회적 반대를 그럴싸하게 속일 시도를 하지 않는 보편적 사랑의 조건과 같이 모든 사람들과 함께하는 정당한 연대성의 조건을 의미한다. *The Power of the Poor in History*, 129.

네가 백향목으로 집짓기를 경쟁하므로 왕이 될 수 있겠느냐 네 아비가 먹으며 마시지 아니하였으며 공평과 의리를 행치 아니하였느냐 그 때에 그가 형통하였었느니라 그는 가난한 자와 궁핍한 자를 신원하고 형통하였나니 이것이 나를 앎이 아니냐 여호와의 말이니라

신약성서를 살펴봐도 우리는 같은 주제의 반복성을 역시 발견하게 된다. 예수의 출생 이전에도 심지어 마리아는 억압받는 자들에 대한 하나님의 우호적인 행동을 노래했다(눅 1:51~53).

그의 팔로 힘을 보이사 마음의 생각이 교만한 자들을 흩으셨고 권세 있는 자를 그 위에서 내리치셨으며 비천한 자를 높이셨고 주리는 자를 좋은 것으로 배불리셨으며 부자를 공수로 보내셨도다

마리아는 실망하지 않았다. 예수는 소외되고 버림받은 자들에게 더 우호적인 사랑을 보여 주었다. 예를 들면, 누가복음 4장 18~19절에서, 복음서 기자는 회중들에게 예수에 대한 이야기 하나를 관련시키면서 예수의 목회시작을 기록한다. 예수는 구약성서를 선택하여 그의 목회의 목적과 주제를 명확히 선포하는 데 사용한다.

주의 성령이 내게 임하셨으니 이는 가난한 자에게 복음을 전하게 하시려고 내게 기름을 부으시고 나를 보내사 포로된 자에게 자유를, 눈 먼 자에게 다시 보게 함을 전파하며 눌린 자를 자유케 하고 주의 은혜의 해를 전파하게 하려 하심이라

만일 하나님이 가난한 사람들에게 호의를 베푸셨다면, 부자들에게 이것은 무엇을 의미하는가? 하나님의 사랑으로부터 그들은 제외되었는가? 이 사실은 우리가 가난을 관념화시키는 것을 의

미하는가? 가난은 하나님께서 우리에게 바라시는 어떤 것인가?

가난이란 애매한 단어다. 구티에레즈는 세 가지 기본 의미들을 제시한다.[9] 맨 처음으로 생각해 볼 사항은 빈곤이란 물질적 빈곤을 의미한다. 이런 의미의 경우 빈곤이란 불명예스러운 것이다. 물질적 가난은 인간 이하의 조건이다. 성서에서 구티에레즈가 연구했듯이 항상 이런 종류의 가난을 공공연히 비난하고 그것에 대한 책임 있는 자들을 비난한다. 다른 한편으로 영적 빈곤이란 긍정적으로 가치를 두고 이 세상 사물들과는 결별된 내적인 태도를 의미한다. 때때로 성서는 이런 방법으로 이 용어를 사용하고 야훼의 '예속자'(client)로서 가난한 사람에 대해 말한다. 빈곤에 대한 이런 의미는 물질적인 부와 직접적인 관계는 없다.

구티에레즈는 물질적 빈곤과 영적인 빈곤이란 그 단어가 지닌 특별한 기독교적 의미가 종합된 것으로 본다. 즉, 연대와 저항으로의 참여로서 빈곤을 바라본다. 따라서 기독교적 빈곤이란 물질적으로 가난한 자들을 강조하고 가난한 자들과 함께 억압에 대한 연대책임을 지는 구조와 개인의 저항을 위한 배움을 의미한다. 이것이 **예수 안의 빈곤**(poverty in Christ), 즉 "그리스도가 빈곤과 억압 속에서 구원의 사역을 수행하는 것과 같이 교회도 같은 길을 따르도록 부르심을 받는다."[10]

물론 빈곤을 감상주의적으로 이해해서는 안 된다. 구티에레즈는 억압의 구속 아래 있는 삶은 자신의 인간성을 저버릴 수 있다는 사실을 잘 알고 있다.

---

9) Gustavo Gutierrez, *A Theology of Liberation* (Maryknoll, N.Y.: Orbis Books, 1973), 특히 3장 참조.

10) Ivid., 300.

가난한 사람들의 세계는 단순히 희생에 대한 보상으로만 구성되지 않는다. 빈곤의 보편성은 육체와 피로 이루어진 인간 존재로 거주하며 삶과 죽음, 은혜와 죄의 세력들로 퍼져 있다. 그러한 세계에서 우리는 다른 사람들에 대한 무관심과 개인주의, 버려진 자녀들과 사람을 남용하는 자들, 인색함과 비열함, 하나님의 활동에 대해 닫힌 마음 등을 발견한다.[11]

해방신학자들에게 빈곤과 싸우는 가난한 사람들이란 하나님께서 가장 분명하게 말씀하신 자들이다. 만일 우리가 하나님을 알고 싶다면, 이것은 억압받는 자들을 밝히는 일에서부터 시작되어야 한다. 구티에레즈의 기록에 따르면 "가난한 사람, 즉 타자(other)는 전적으로 타자(Other)를 계시한 자를 향하여 앞으로 나아간다."[12] 브라질 신학자 애즈만(Hugo Assmann)은 "가난한 사람에 대한 인식론적 특권"을 언급한다.[13] 애즈만은 구티에레즈와 같이 "억압자의 의식"(프레이리)을 내면화시켜 온 가난한 자들을 언급하는 것이 아니라[14] 가난을 극복하기 위해 행동에 참여하는 자들로서, 즉 '빈곤과 싸우는 가난한 자들'에 대해 언급한다. 그들은 어떤 사람이 보호해야 할 특권들을 가지고 있을 때 불가피한 소경된 자들을 제외하고 세상을 자유롭게 볼 수 있도록 해주는 바로 그 사람들이다.

기독론의 연구에 많은 관심을 불러일으킨 그의 사상 속에서,

편견 극복을 위한 신앙교육

---

11) Gutierrez, *We Drink from Our Own Wells: The Spiritual Journey of a People* (Maryknoll, N.Y.: Orbis Books, 1984), 125.

12) Gutierrez, "Liberation Praxis and Christian Faith," in Rosino Gibellini (ed.), *Frontiers of Theology in Latin America* (Maryknoll, N.Y.: Orbis Books, 1979), 16.

13) Brown, *Theology in a New Key*, 61.

14) Paulo Freire, *Education for Critical Consciousness* (New York: The Seabury Press, 1973).

존 소브리노(John Sobrino)는 또한 모든 정당한 신학을 위한 특권적인 출발점으로서 가난한 사람들에 대해 설명한다.

> 하나님의 특권을 누리는 매개체란 총체적으로 자연 혹은 역사가 아닌 억압받는 자들의 실제적인 십자가이다. 무엇보다도 그들은 인간이 다른 인간에게 접근할 때 정상적인 자기관심을 깨뜨리기 때문에 억압받는 자들은 하나님의 중개이다. 거의 피억압자들은 거기에 관심을 두지 않고 그들은 '인간이 되도록' 도전하면서 접근하는 사람들에게 질문을 유도한다. 그래서 인간이 된다는 것이 무엇을 의미하는지에 대한 근본적인 질문으로 말미암아 '하나님이 되는 것'이 무엇을 의미하는지에 대한 역사적 매개체로 작용하게 된다.[15]

## 2. 다른 대담자 : 정치적으로 말살된 자들

신학은 신학자들에게 직업을 제공하기 위한 것이 아니다. 신학자들은 복음이 더 분명하게 선포되도록 사회적 세계 속에서 표면화된 중요한 질문들에 응답하는 신학을 발전시켜 나가기를 추구한다. 그러나 누구의 질문이 우선권을 지니는가? 이것은 핵심적인 질문이다. 왜냐하면 방향을 잡아야 할 질문의 선정은 이미 어떤 종류의 대답들이 제공되어야 할 필요가 있는가에 대한 애매모호한 결정이 되기 때문이다.[16] 대부분 학문적인 학원들이 지니는 특권을 누리는 사회적 상황으로부터 발생하는 지성적 질문들은 '지구의 비참한 모습'을 곡해하는 삶과 죽음에 관한 질

---

15) Jon Sobrino, *Christology at the Crossroads* (Maryknoll, N.Y.: Orbis Books 1978), 223.

16) Susan Langer, *Philosophy in a New Key: A Study in the Symbolism of Reason, Rite, and Art*, third edition (Cambridge: Harvard University Press, 1957), 4.

문들과 아주 다르다. 해방신학의 결정적인 질문들을 묻는 이들은 가난한 자들이며, 그리고 그것은 신학이 책임져야만 하는 '정치적으로 말살된 자들'(nonpersons)이다.

해방신학은 그것이 태동한 상황을 고려해야만 한다. 라틴 아메리카의 최근 역사는 약탈당한 계층에게 생겨난 충격적인 존재인식으로 특징지어진다. 그 이전에는 그들의 관심이 자신들의 유익을 위한 사회질서를 잡아 왔던 소수의 사람들에게만 집중되었다. 가난한 사람, 즉 다수는 사회의 가장자리에서 침묵 속에 살고 있었다. 그들은 단지 '정치적으로 말살된 자들'의 삶의 모습이다. 그러나 지금 피억압자들은 그들의 소리를 내기 시작했으며 해방신학은 야기된 새로운 질문들을 듣고 응답하는 시도를 하게 되었다.

가난한 자들의 관심에 대해 반응을 보이는 대부분 신학자들의 강조점은 대조적이다. 계몽주의 이후 신학자들은 의례히 교육받은 회의주의자의 질문들을 주장하려고 했다. 이 질문들은 현대 철학과 과학, 심리학의 입장에서 기독교 신앙의 의미에 초점을 둔다. 우리는 '이성적'이고 여전히 신앙인으로 남을 수 있는가? 그러나 소보리노의 「십자로에 선 기독론」(Christology at the Crossroads)이란 저서에서, 적합한 관심을 주지 못했던 계몽주의에 대해 이중적 국면을 확인시켜 준다. 첫 번째 국면이 만일 칸트에 의해 시작되었고 이성적 신앙에 도전했다면 두 번째 국면은 칼 마르크스에 의한 도전, 즉 피억압자들의 곤경의 문제를 신앙적 준거로 보는 도전에서 시작되었다.[17] 두 번째 국면은 기독교가 의미 없는 종교인지 아닌지에 관한 물음이 아니라 소외시

---

17) Sobrino, *Christology at the Crossroads*, Chapter Two.

키는 종교인지 아닌지를 묻는 내용이다. 다시 말해 종교란 사람들의 아편 그 이상이 될 수 있는가? 혹은 종교는 현재 상황을 하나님의 뜻으로 받아들이도록 학대받는 자들을 자극하거나 혹은 그들의 관심을 현실 문제들로부터 멀리 소외시켜 '유토피아'(pie in the sky)에 집중하게 함으로써 사회 변화에 대한 요구를 가로막는 것은 아닌가?

학술 단체는 이런 이성적인 질문들에 응답하는 경향이 있다. 많은 현대 신학은 하나님을 과학에 몰두하게 하고 비신화화시켰으며 실존적으로 드러나게 함으로써 현대인들에게 지성적이 되도록 시도해 왔다. 이런 환경 속에서 하나님을 개성적 그리고 개인적 의미로 다루는 경향이 있다. 복음의 사회적 결과에는 관심 밖이다. 대조적으로 '정치적으로 말살된 자들'에 대한 질문은 저항의 문제들이다. 해방신학은 이 질문을 해결하기 위한 임무를 수행해 왔다. 이 문제는 기독교 교리에 대한 의미가 아니라 기독교 복음의 근거로서 그 해답은 말보다 해방적인 행동을 통해 실행된다. 복음이란 해방의 메시지, 즉 구원의 동의어다. 이것은 신학에 있어서 '해방'의 정확한 의미를 가져다준다.

해방신학에 대한 비판은 복음을 때때로 사회정치적 해방의 메시지로만 축소시킨 것에 대한 책임을 묻는 데에 있다. 이 책임이 사실이라면, 해방신학은 확실히 충분치 못한 복음을 제시한 셈이 될 것이다. 그러나 이런 입장의 신학자들에게 있어서 해방이란 세 가지 의미의 차원과 밀접한 관계를 맺고 있다고 본다.[18] 첫 번째 영역은 해방이란 사회정치적 의미를 갖는다는 것이다. 구원에 대한 하나님의 계획 중 하나는 억압받는 사람들을 부자들

---

18) Gutierrez, *A Theology of Liberation*, 25~43.

의 지배와 탈취로부터 해방시키는 일이다. 비록 복음이 사회정치적 의미로 환원되어 있지 않더라도 확실히 그것은 이런 의미를 담고 있다. 구약 역사의 중심 사건은 이집트의 노예로부터 벗어나 해방과 새로운 국가를 형성하는 것이다. 출애굽의 하나님을 믿는 신앙에 기초한 그 어떤 신앙공동체도 포로들을 해방시키고 억압자들을 자유하게 하며 주변화되고 소외된 자들을 정의롭게 하시는 하나님의 계시된 계획을 무시할 수 없다.

두 번째 영역은 심리학적인 면을 말한다. 많은 사람들은 자신들의 관심에 반대되는 결과를 초래하는 그들 자신과 세계 그리고 하나님에 관한 신앙을 내면화시킴으로써 억압받은 자들은 자신들의 억압을 허용하게 된다. 예를 들어, 많은 사람들은 그들의 가난을 '하나님의 뜻'으로 믿거나 혹은 부자들은 자신의 우월한 개인적 특성으로 부를 얻을 수 있었다고 믿게 된다. 구원이란 이런 개념들의 이해를 깨뜨리는 일이다. 심리적 해방은 자신의 환경을 변화시키기 위한 책임 있는 행동을 억제하는 이데올로기나 신념들을 비판하도록 하는 자유를 창조하는 일이다. 자유에 대한 이해는 외적이고 내적인 자유를 결합함으로써 변화의 지평을 넓히게 된다.

마지막으로 세 번째 영역은 신학에서 자유란 죄로부터 자유를 말한다는 것이다. 하나님으로부터의 소외는 관계를 파괴하고 공동체를 분열시키는 행위의 패턴들로 엮어진다. 모든 사람들에게는 죄로부터 해방되고 싶은 욕구가 있다. 예수 그리스도 안에서 우리는 하나님의 사랑의 은혜를 받음으로써 죄의 속박으로부터 자유하게 된다.

자유에 대한 이런 견해들은 새롭지 않다. 그러나 전형적으로 하나의 견해는 다른 견해들을 향상시킴으로써 '참된' 해방이란 사회정치적 해방을 의미하거나[19] 혹은 한 사람이 자신의 삶을 책임질 때 마음에서 발생하거나[20] 혹은 죄로부터의 용서함이며 죄의 속박으로부터의 자유를 의미한다.[21] 이원론을 피하기 위해 해방신학자들은 이러한 각기 다른 견해들이 서로 필요하다고 본다. 보니노는 "이 신학(해방신학)의 근원은 이런 세 가지 다른 의미들을 수준별로 발견해 온 것이 아니라 근본적인 출발점으로서 서로 결합된 것(unity)으로부터 시작되었다."라고 주장한다.[22] 해방신학이 정치적 영역으로 복음을 축소시켰다는 설명은 확실히 잘못되었다. 오히려 반대자들에게 문제를 제기하는 것이 더 적합하다. 즉, "그들은 그들 스스로 하나 혹은 또 다른 차원을 무시함으로써 복음을 축소시키지는 않았는가?"라는 질문을 제기해야 할 것이다.

### 3. 다른 차원의 도구들 : 사회과학

철학은 전통적으로 신학의 시녀였다. 세속적인 철학자들의 개념들과 범주들은 신앙의 관점을 설명하기 위해 전통적인 신학자

---

19) 이런 입장은 비록 때로 19세기와 20세기 초에 미국 개신교의 사회복음주의 운동에서 잠시 보이기는 했지만 기독교 신학에 빈번히 나타나 있지는 않았다. Robert White, Jr. and C. Howard Hopkins, *The Social Gospel: Religion and Reform in Changing America* (Philadelphia: Temple University, 1976) 참조. 소위 '혁명의 신학'이란 또한 근본적인 구원의 메타포로서 정치적 변화를 받아들였다. Harvey Cox (ed.), *The Church Amid Revolution* (New York : Association Press, 1967) 참조.

20) 많은 인기 있는 설교자들은 구원의 기본 모델로서 심리적 해방을 받아들였다. 예를 들어, Robert Schuller, *Move Ahead With Possibility Thinking* (New York: Jove Publications, 1984) 참조.

21) 물론 이것은 가장 흔한 구원에 대한 기독교적 해석이 되어 왔다. 이것의 위험은 지나친 개인주의와 영성주의에 있다.

22) Miguez Bonino, *Doing Theology in a Revolutionary Situation*, 70.

들에 의해 연구되어 왔다. 그와 같은 신학자들은 동료 학자들과 근본적으로 대화하기를 바라면서 그들의 언어, 즉 근본적으로 철학적 언어를 말할 필요가 있었다. 해방신학자들은 다른 한편으로 철학자들의 합리성에 대해 방어하려는 것이 아니라 대신에 복음의 메시지를 역사적 변화의 실재들에 개입시키려고 추구했다. 그들에게 만일 사랑이 해방적 행동들로 구체화되지 못한다면, 어떤 신학자의 메시지들도 시끄러운 꽹과리나 울리는 상징에 불과했다. 만일 복음의 기쁜 소식이 나쁜 소식들을 변화시키지 못한다면, 그것은 무의미한 약속이 된다. 그리고 억압이라는 나쁜 소식을 해방이라는 기쁜 소식으로 바꾸기 위해 신학자들은 사회적 조정과 사회적 변동의 구체적 과정에 대해 인식해야만 한다. 따라서 신학자들은 사회과학의 세계로 들어가야 한다. 사회과학은 신학자들이 억압의 출처와 본성을 이해하도록 돕고, 결국 불의를 극복하기 위한 전략적인 선택을 하도록 신학자들을 안내한다. 비판적 사회과학의 이용은 신학자들에게 분리된 이원론에 대한 경향성을 회피해 가도록 해주면서 계속 삶의 문제와 관련 맺도록 유지시켜 준다. 구티에레즈는 이와 관련하여 다음과 같이 주장한다.

> 인간 존엄성의 보호에 대한 서정적이며 애매한 설명은, 정의로운 사회를 꾸며야만 하는 이미 존재하는 사회질서와 구체적 조건들을 수행해야 하는 원인이 되는 요소들에 대해 책임을 지지 않는 한 완전히 비효과적이다. … 추론에 대한 과학적 입장은 절대적으로 필요하다.[23]

그와 같은 억압적 기제의 분석은 신학을 정치학과 경제학 그

---

23) Gibellini (ed.), *Frontiers of Theology in Latin America*, 10.

리고 공적인 정책에 대한 다양한 관점들로 당연히 연결한다. 그러므로 해방신학자들에게 정치적 차원이란 하나님 말씀에 대한 역동성을 주는 본능적인 차원이다.[24] 만일 복음이 정치적 언어로 말하지 않는다면 그것은 억압적 정치 구조들 아래 고통받는 사람들을 위한 구원이 될 수 없다.

해방신학자들의 문제는 '사회과학에 어떤 접근이 필요한가?' 라는 것이다. 다양한 경쟁적인 사상가들의 학파들은 억압적 기제에 관해 서로 다른 결론들을 제시한다. 신학자들은 어떤 관점도 절대적 신뢰를 주장할 수 없다는 것과 함께 한 가지 선택만은 틀림없이 만들어져야 한다는 사실을 인정해야만 한다. 우리는 다시 우리의 출발점을 점검하려고 한다. 서로 경쟁적 사회과학 학파들 가운데 하나를 선택하기 위해 신학자들은 고난과 싸우는 가난한 자들의 관점과 현실을 가장 명확하게 설명할 수 있는 판단을 해야만 한다. 힘들게 가난과 싸우는 사람들이 제기한 문제들에 대한 관심으로부터 일어나는 유일한 이런 접근들과 학문 분야들은 신학자들의 관심에 대해 우선권을 주장할 수 있다. 대부분 라틴 아메리카 해방신학자들의 판단을 살펴보면 칼 마르크스 사회학이 가난한 사람들의 문제들을 가장 명확하게 설명한다고 보는 것 같다.[25]

마르크스라는 이름은 많은 북미 사람들에게는 공포의 이미지를 불러일으킨다. 해방신학은 칼 마르크스주의가 덜 반영되었다

---

24) Ibid., 27. 정치적 성숙의 정도는 복음에 대한 적합한 이해를 전제로 한다. 구티에레즈는 "단지 정치적 성숙의 정도에 대한 평가는 복음의 정치적 차원에 대한 현실적 이해를 도울 수 있으며, 복음의 정치적 차원을 사회봉사의 체제 혹은 인간 보호의 단순한 문제로 축소하지 못하도록 도울 수 있다."고 주장한다. *The Power of the Poor in History*, 68.

는 이유로 종종 신뢰를 받지 못하기도 한다. 마르크스에 관한 전망은 문제로 덮여 있다.

해방신학자들은 마르크스주의자들이나 공산주의자들이 아니라 단순히 라틴 아메리카의 상황을 이해하는 데 도움이 될 만한 약간의 마르크스주의자들의 사상을 노출할 뿐이다. 특별히 많은 해방신학자들의 마르크스주의적 분석이 발견되는 매혹적인 부분은 계급투쟁에 대한 노골적인 취급과 어떻게 인간 의식이 사회계층의 관심들을 반영시키는가에 관한 설명이다. 마르크스는 이런 현실들을 고안해 내지는 못했다. 예를 들면, 낙타가 바늘귀로 들어가는 것은 부자가 천국에 들어가는 것보다 더 쉽다고 가르치는 어떤 사람이 가진 자와 가지지 못한 자 사이에 자연적인 적대감이 있다는 사실을 인정하는 데 마르크스를 필요로 하지 않는다. 해방신학자들이 마르크스주의자들의 선택된 차원을 끌어들인다고 해서 해방신학자들을 정식 공산주의자들의 당원으로 변화시키지는 못할 것이다. 그와 같은 주장은 잠재의식의 실재를 인정하는 사람이라고 해서 근친상간의 프로이드학파라고 자극적인 주장을 하는 사람과 마찬가지로 잘못된 것이다.

### 4. 다른 차원의 분석 : 갈등의 실재

칼 마르크스주의의 분석은 현실 세계 속에 갈등이 만연해 있다는 사실에 대한 인정을 기본 전제로 삼기 때문에 해방신학자

---

25) 이것은 라틴 아메리카 해방신학자들이 마르크스주의적 분석을 무비판적으로 받아들이도록 제안하는 것이 아니다. Jose Migrez Bonino, *Christians and Marxists: The Mutual Challenge to Revolution* (Grand Rapids, Mich.: William B. Eerdmans Publishing Co., 1976) 참조. 또한 Juan Luis Segundo, *The Liberation of Theology* (Maryknoll, N.Y.: Orbis Books, 1976), 57~82 참조.

들에게 유용하다. 예를 들어, 라틴 아메리카에서 소수 집안들이 거대한 재산을 축적하는 반면에, 인구의 다수가 비참한 가난 속에 살고 있다. 경제적 부란 다툼 없이 사회변화를 수용하지 않는다. 갈등은 불가피한 요소이다.

신학은 이런 현실로부터 회피할 수 없다. 하나님의 말씀은 갈등이 있는 세상 속으로 들어가는 것이다. 성육신이란 역사를 초월하여 존재하지 않으시고 정의와 인간의 존엄성과 자유를 위한 인간의 고통 속으로 들어가시는 하나님에 대해 말해 준다.

라틴 아메리카 신학자들과 학자들은 항상 갈등의 필연성을 믿지 않았다. 해방신학이란 라틴 아메리카를 위해 미국에서 형성된 발달이론과 방법들의 실패로부터 온 하나의 반작용으로서 부분적으로 일어났다. 토착적 경제 구조들을 장려함으로써 가난을 줄이는 계획을 세웠다. 이런 프로그램들 아래 다음과 같은 가설이 전제되어 있다. 즉, 경제과정은 어떤 구조적 변형을 전제하지 않고 일단 그들이 확실한 궤도에만 이르게 한다면 '개발도상' 국가들을 현대화, 즉 번영사회들로 바꿀 수 있었다. 개발을 위한 협조는 1950년 동안 높은 기대들을 가지면서 라틴 아메리카에서 강화되었다. 그러나 일반적으로 그것은 개발주의자들의 정책에 의해 실패했다는 의견에 일치를 보인다.[26]

개발정책의 실패를 통해 왜 라틴 아메리카가 지금 갈등을 불가피하게 받아들일 수밖에 없는가에 대한 이유를 보여 준다. 라

---

26) *To Break the Chains of Oppression: Results of an Ecumenical Study Process on Domination and Dependence*, World Council of Churches, Geneva, 1975 참조. 또한 Richard Dickinson, *To Set at Liberty the Oppressed: Towards an Understanding of Christian Responsibilities for Development/Liberation*, Commission on the Churches' Participation in Development, World Council of Churches, Geneva, 1975, 특별히 3장 참조.

틴 아메리카 학자들에 의한 사회 분석은 개발도상국가들을 다른 나라들이 개발한 기성품으로 간주해야만 한다는 결과를 초래했다.[27] 미국과 같은 부자 나라들은 그들의 번영을 제3세계의 수탈을 통해 얻었다. 그러므로 제3세계는 개발하는 문제에 있어 미국과 동일한 길을 따라갈 수 없다. 왜냐하면 수탈할 제4세계가 없기 때문이다. 세군도는 개발주의자의 모델들의 형태를 실제로 구별하는 것은 그들이 '개발도상국'의 합리적 성격을 위장한 것이라고 지적한다.[28]

개발주의가 제3세계의 개발과 번영국가들의 관심들 사이에 고유의 갈등이 없었다는 가설을 내세우는 반면, 해방신학자들은 단지 부자 나라들의 지배를 깨뜨리기 위한 투쟁이야말로 라틴 아메리카를 그들 자신의 역사로 이룩하는 기술자들이 되게 할 수 있을 것이라고 주장한다. 결과적으로 목적은 '개발'로부터 '해방'으로 변화되었다.[29]

외국 권력에 의한 약탈의 새로운 인식은 가정에서 제도적 폭

---

27) Gutierrez, *A Theology of Liberation*, 38, n. 14 참조. 그 밖의 곳에서 구티에레즈는 다음과 같이 자세히 설명한다. "가난한 사람은 운명의 불가피한 자로서 존재하지 않는다. 그들의 존재는 정치적으로 중립적이지 않고 윤리적으로 순결하지도 않다. 가난한 자들은 우리가 살고 있는 제도의 산물이며 우리가 책임져야 할 산물이다. … 그러므로 가난한 자들의 빈곤은 관대한 구제 행동에 대한 요구가 아니라 우리가 다른 사회적 질서를 세우기 위한 요구이다. … 그러므로 우리는 사회적 혁명에 대해 말하는 것이지 개혁이 아니다. 그리고 자유에 대해 말하는 것이지 개발이 아니다. 그리고 사회주의에 대해 말하는 것이지 현행의 제도적 현대화가 아니다." *The Power of the Poor in History*, 44~45. 해방적 사상 속에서 역할을 하는 '보호령'(dependency)의 개념 설명에 대해서는 Vitor Westhelle, "Dependency Theory: Some Implications for Liberation Theology," *Dialog*, Vol. 20 (Fall 1981), 293~299 참조.

28) Segundo, *The Liberation of Theology*, 37, n. 37.

29) Ibid., 22~25. 이 발전이론에 대한 비판은 존 듀이의 경험과 성장이라는 이론을 응용하여 적용되었다고 본다. 듀이는 발전론자들과 같이 현실의 갈등적 성격을 소극

력에 대한 인식이 일어나는 것과 일치했다. 많은 해방신학자들은 지역적 단위에서 연구하기 시작했고 지역적 사업과 정치적 대행체들과의 갈등 속에서 그들 스스로를 발견했다.[30] 그러나 일반적으로 계속되는 갈등으로 그들은 억압기제의 순환들이 외부로 연결된 모습 속에서 그 반경이 국제적으로 확장되는 모습을 관찰하게 되었다. 지역적 권력자들은 행정지역의 권력을 뒷배경으로 조금 더 큰 단위의 지역적 권력의 지지기반을 가졌으며, 그것의 일부가 되는 정부는 미국의 재정과 군사적 원조로부터 버팀목이 되어 있다. 투쟁 과정에서 많은 라틴 아메리카 사람들은 작은 소수 집단들의 권익을 보호하도록 위임받은 정부기관들이 고문과 감금, 통제된 억압과 살인 그리고 다른 제도적 폭력 방법들을 빈번히 사용한다는 사실을 알게 되었다. 이런 갈등 경험은 언뜻 보면 신학적 주제가 아닌 것처럼 보일지 몰라도 해방신학의 핵심 주제가 된다. 애스만(Assmann)의 용어로 표현하자면 기독교인들은 "갈등하면서 세상"을 알게 되었다.[31]

---

적으로 다루는 경향이 있었다. 이것은 분명히 계층분열의 결과로서 경험으로부터 얻은 결과를 왜곡하는 듀이의 일관되지 못한 의견이다. 듀이의 주장에 있어서 한때 계층분열은 왜곡되고 일방적인 경험들을 만든다는 사실은 분명한 것 같다. *Democracy and Education*, 84~86; *Experience and Nature*, 165; and *Art as Experience*, 20~21, 247~248 참조. 그러나 대부분의 경우 듀이는 마치 그의 분석이 모든 사람들에게 동등하게 적합하고 적당한 것처럼 보이듯이, 일반적인 용어로 경험을 설명하기를 좋아하여 경험에 있어서 차이점들에 대해 그럴 듯한 해석을 내놓는다. 성장이란 규범에 있어서 경험 이후의 관점으로부터 모든 사람에게 동등하게 열려 있는 과정이라고 이해할 수 있다. 듀이의 라틴 아메리카의 해방사상보다 그의 연구와 동시대적이었던 북미 사회복음이 더 많은 일반 서민들에게 알려져 있다. 해방신학과 사회복음 운동에 대한 비교는 "Liberation Theology and the Social Gospel: Variations on a Theme," *Theological Studies*, Vol. 41, No. 4 (December 1980), 668~683 참조.

30) Phillip Berryman, "Latin American Liberation Theology," *Theological Studies*, Vol. 34 (1973), 365.

가난한 자는 하나의 사회적 계층으로 존재한다. 주어진 갈등의 현실에서 가난한 자들을 위한 자가 된다는 말은 구체적으로 부자들과 '저항'(against)을 하겠다는 의미이다. 여기에는 중립적인 입장이 있을 수 없다. 이런 기본적 현실을 무시하는 것은 관념의 세계로 들어가는 꼴이 된다. 구티에레즈는 다음과 같이 말한다.

> 모든 사람들을 동등하게 사랑하시는 한, 하나님의 선포는 역사 속에서 밝혀져야만 하며 또 역사가 되어야만 한다. 그리고 또 다른 계층의 이익을 위해 하나의 사회적 계층을 탈취함으로써 발생하는 불평등과 부정의로 깊게 얼룩진 한 사회에서 사랑을 선포하는 도전과 갈등은 뒤따르게 마련이다.[32]

부자 나라 출신 사람들 대부분은 이것을 억압자와 피억압자 사이의 '지나치게 단순화한'(simplistic) 인간성의 분열로 보면서[33] 유감스러워할 것이다. 그러나 그 분열은 라틴 아메리카 사람들 대부분이 경험했으며 현실을 정확하게 묘사한다. 더욱이 가난한 자들, 즉 '정치적으로 말살된 이들'은 억압을 행하는 자와 억압받는 자를 분별하는 데 문제가 거의 없다. 이분법을 받아들

---

31) Berryman, ibid., 366에서 인용. 구티에레즈는 이 지적에 대해 다음과 같은 관점에서 역사를 다시 써야 할 필요성에 대해 설명함으로써 해명을 한다. 즉, "우리는 갈등적 역사에 대해 설명해 왔다. 그러나 이것을 말하기에는 충분하지 않다. 사람들은 역사를 다시 읽어야 할 필요성에 대해 주장해야만 한다. 역사는 하나님이 자신을 계시하신 것이며 하나님을 선포한 내용으로서 우리가 가난한 자들의 편에서부터 다시 읽어야만 한다. 인간의 역사는 지배자의 편에서 백인의 손으로 기록되어 왔다. 역사의 패배자나 상실자들은 또 다른 관점을 가지고 있다." *The Power of the Poor in History*, 201.

32) Gutierrez, "Liberation Praxis and Christian Faith," 27.

33) Jon Sobrino, *The True Church and the Poor* (Maryknoll, N.Y.: Orbis Books, 1984), 특별히 7장 참조.

이는 것을 어려워하는 사람들이 바로 경제적으로 상류층 사람들이라는 것은 결코 우연한 일이 아니다.

갈등의 실재는 또한 구체적인 교회 상황에서도 마찬가지다. 소브리노(Jon Sobrino)는 그의 책 「진실한 교회와 가난한 자들」(The True Church and the Poor)에서 이런 현실을 반영한다. 그는 갈등이란 빈번히 다원주의에 관한 언어 속에 숨겨져 있다고 본다. 참된 다원주의는 기독교인들의 헌신에 대한 다양하고 대조적인 형태들에 대해 비평가적 입장(non-evaluative stance)을 주장한다. 그러나 그와 같은 중립성은 가능하지도 바람직하지도 않다. 교회는 가난한 자들을 위한 편애적인 입장에서 실천의 모범을 보여 준 역사적 예수의 기초 위에 세워졌다. 많은 기독교인들 가운데 일부 유사한 입장은 현시대적 교회 속에서 분열을 조장해 오고 있다. 그 같은 분열은 연합의 어려움을 반영하는 반면에 그들은 복음의 빛을 비출 수 있는 창구가 될 수 있을 것이다. 가난한 사람들 편에 서 있다는 것은 분열이 될지 모르지만 그것은 하나님의 통치를 위한 조건을 구조화하는 데 교회가 참여하는 수단이 된다.

### 5. 다른 실행모드 : 실천(Praxis)

만일 갈등이 우리 사회에 내재한다면 기독교인도 갈등의 상황 속에서 활동해야만 한다. 신학은 안일하게 가만히 앉아만 있을 수 없다. 사람들은 하나님을 종교적 상징과 관계된 현실로부터 초월한 대상으로 이용한다. 그와 같은 신학은 하나님을 억압받는 사람들의 요구와 갈망과는 아무런 관련이 없는 분으로 만들어 버린다. 만일 하나님이 명상이나 묵상을 통한 인간의 행위 속에 계시되었다면 정의를 위해 고통스런 역사적 갈등의 현장에 참여하는 일은 그렇게 중요하지 않을 수도 있다. 그러나 하나님은 그의 사랑을 이웃의 사랑으로부터 분리된 것으로 받아들이지 않으신다. 그리고 예수는 우리에게 이웃은 누구인가에 대해 물으시며 우리의 이웃은 도움이 필요한 희생자들이라고 말한다. 이것은 우리를 갈등적 상황의 편에 서도록 해준다. 마태복음 25장 31~40절에서 예수는 억압받는 사람에 대한 성례전적 견해를 보여 준다.

> 인자가 자기 영광으로 모든 천사와 함께 올 때에 자기 영광의 보좌에 앉으리니 모든 민족을 그 앞에 모으고 각각 구분하기를 목자가 양과 염소를 구분하는 것같이 하여 양은 그 오른편에 염소는 왼편에 두리라 그때에 임금이 그 오른편에 있는 자들에게 이르시되 내 아버지께 복 받을 자들이여 나아와 창세로부터 너희를 위하여 예비된 나라를 상속받으라 내가 주릴 때에 너희가 먹을 것을 주었고 목마를 때에 마시게 하였고 나그네 되었을 때에 영접하였고 헐벗었을 때에 옷을 입혔고 병들었을 때에 돌보았고 옥에 갇혔을 때에 와서 보았느니라 이에 의인들이 대답하여 이르되 주여 우리가 어느 때에 주께서 주리신 것을 보고 음식을 대접하였으며 목마르신 것을 보고 마시게 하였나이까 어느 때에 나그네 되신 것을 보고 영접하였으며 헐벗으신 것을 보고 옷 입혔나이까 어느 때에 병드신 것이나 옥에 갇히신 것을 보고 가서 뵈었나이까 하리니 임금이 대답하여 이르시되 내가 진실로 너희에게 이르노니 너희가 여기 내 형제 중에 지극히 작은 자 하나에게 한 것이 곧 내게 한 것이니라 하시고

행함이 없는 참된 신학이란 있을 수 없다. 즉, 신학은 사고로만 존재하지 않으며 행위 안에서 양육되어야만 한다. 더욱이 행위는 단순히 이미 완결된 신학을 따르는 것이 아니라 오히려 신

학은 **행위로부터 일어나서**(arises from) 다시 새로운 사명으로 인도된다(leads to). '실천'(praxis)이란 계속되는 변증법적으로 행동이 이론이 되고 이론이 행동으로 변하는 이중적 운동이다.[34]

실천이란 현실을 변화시키려는 필요성을 인식했을 때 시작된다. 한 사람이 변화하는 행동들 속에서 세상과 그 사람은 함께 변화된다. 모든 참된 종교적 지식이란 이런 관점으로부터 변화들이 일어난다. 구티에레즈는 "지식이란 주어진 현실의 생각을 일치시키는 것이 아니라 변화하는 과정 속으로 들어가 새로운 세상을 세우는 것"이라고 주장한다.[35] 하나님을 아는 것은 정의를 행하는 것이다.

### 6. 다른 차원의 신학 : '이차적 행위'

우리는 다시 한 번 우리의 출발점, 즉 가난한 사람에 대해 관심을 가져본다. 이 출발점의 중요한 특징 하나는 다른 주제들 예를 들면, 성서나 교리, 교회전통 등과 대조적으로 빈곤이란 독특하게 신학적 실재 혹은 신학적 문제가 된다는 점이다. 가난한 사람과 함께하는 마음은 신학자들에게만 한정되지 않는다. 의식

---

34) 이것은 해방신학자들의 작품 가운데 지적된 가장 빈번한 내용들 가운데 하나이다. Hugo Assmann, *Theology for a Nomad Church* (Maryknoll, N.Y.: Orbis Books, 1975), 74~86와 Gutierrez, *A Theology of Liberation*, 6~11 참조. 실천에 대한 초점은 해방신학자들이 궤변적인 형이상학적 사유에 부적합한 관심을 둔다는 약간의 비평들을 하게 한다. 예를 들면, 슈버트 오그덴(Schubert Ogden)은 해방신학이란 하나님 스스로의 형이상학적 존재에 대해 적합하게 설명하는 일이 없이 우리를 향한 하나님의 존재론적 의미만 다룬다고 주장한다. *Faith and Freedom: Toward a Theology of Liberation* (Nashville: Abingdon, 1979), 34. 그러나 오그덴의 비평의 타당성은 신학이란 '이해를 추구하는 신앙'이라는 고전적 견해를 수용하는 입장에서 설명되어야 한다. 그것은 바로 도전받아야 할 주장이다.

35) Quoted in Brown, *Theology in a New Key*, 71.

있는 사람이라면 어느 누구든 가난한 가족을 그냥 내버려두는 예절 없는 모습에 대해 혹은 정치적 감금과 다른 형태의 제도적 폭력의 잔혹성에 대해 혹은 질병과 절망의 상태에서 비위생적인 삶의 상황에 대한 비인간성에 대해 반응하지 않겠는가! 경제적 노예와 인종편견 혹은 성적 겁탈의 희생자들에 대해 공감을 불러일으키기 위해 신학교 교실에서 세월을 보낼 필요가 없다. 바로 억압자들의 실존은 그 어떤 사람이든, 그 사람이 종교인이든 그렇지 않든, '들을 귀 있는 자'는 들을 수 있는 외침이다.

동정심(同情心, compassion)이란 인간의 감성 가운데 하나다. 그것은 신학자들의 소유물이 아니다. 가난과 싸우는 일을 밝히고 정의를 추구하기 위한 헌신은 모든 타당한 신학을 선행한다. 그것은 모든 사람에게 개방된 헌신이다. 신학은 일차적으로 억압받는 자들에게 헌신하는 행위에 따라오는 '이차적 행위'(second act)다. 그러므로 건전한 신학을 위한 가장 중요한 결정은 철학으로 훈련하는 데 세월을 보내고 성서적 언어와 친밀해지는 일이 아니라, 고통당하는 순수한 사람들에 대한 단순한 동정심과 정의를 향한 헌신적 참여다. 동정심이 있지만 문자를 모르는 농부들은 예수가 가난한 자들에게 좋은 소식을 전하기 위해 왔다는 사실을 기억하고 잘 교육받은 신학자보다도 오히려 더 하나님을 심오하게 알 수 있는 것이다.

휴고 애스만(Hugo Assmann)은 해방신학의 이런 '이차적 행위'와 그것의 사회과학 이용 사이의 연결점에 대해 주장한다.[36] 그의 지적에 따르면 신학이란 두 가지 방법 면에서 '이차적'으로 오는데, 즉 참여 혹은 행동이 일차적 행위 다음에 따르는 이

---

36) Assmann, *Theology for a Nomad Church*, 62~63.

차적 행위가 된다고 본다. 억압자들과 함께하는 참여는 그들의
상황에 대한 사회과학적 분석과 함께 수반된다. 그러나 후에 자
세히 살펴보겠지만 세군도는 이런 일반적 설명을 받아들이는 반
면, 그것은 신학적 발전의 순환적 성격으로부터 추상화될 때 잘
못 인도될 수 있다고 지적한다. 일차적 그리고 이차적 행동이란
직선이 아니라 원형이다. 심지어 사회과학적 도구들의 구별은
신앙행위를 내포하며 최소한 신학적 의미가 함축되어 있다.[37]

위에서 말한 이 여섯 가지 요약에 대한 결론으로 해방신학에
대한 구티에레즈의 설명을 인용하려고 한다. 그 이유는 다른 해
방신학자들이 그의 연구를 많이 인용하고 사용하며 언급하기 때
문이다.

> 신학이란 신앙을 받아들이고 신앙 안에 살도록 하는 주의 말씀 앞에 직
> 면한 해방의 역사적 실천이 되고 또한 그것으로부터 비판적 사고가 되어
> 야 할 것이다. 해방적 실천으로서의 신앙과 그것의 반성적 사고가 되어
> 야 한다. 그래서 그 신앙은 하나의 선택으로 만들어진 지성적 신앙과 정
> 의롭고 우정이 있는 사회를 이루기 위한 헌신적 참여에 기초를 둔 반성
> 적 사고, 그리고 그 참여를 더 온전하고 당당하게 만드는 데 공헌하기 위
> 한 임무를 지닌 신앙이다. 참된 신학적 강의는 해방의 과정 속에 있는 실
> 제적이고 창조력이 풍부한 삽입으로 입증한다.[38]

---

36) Assmann, *Theology for a Nomad Church*, 62~63.

37) Segundo, *The Liberation of Theology*, 98~101.

38) Gutierrez, "Liberation, Theology and Proclamation," in Geffre and
   Gutierrez, *The Political and Mystical Dimensions of Christian Faith*, 70.

## 방법과 내용 : 기독론 바라보기

구티에레즈는 해방신학의 대변자로 널리 알려져 있다. 그의 선구자적인 저서 「해방신학」(A Theology of Liberation)에서 그는 명확히 해방신학자들의 핵심 과제란 신학의 전통적 개념들을 진보적으로 새롭게 해석하는 데 있는 것이 아니라 오히려 신학자들이 연구하는 방법에 있다고 주장했다. 이는 신학적 내용이 아니라 방법에 있다고 말한 것이다. 바로 위에서 재고했던 여섯 가지 관점들은 행동신학의 해방 방법과 전통적 접근 사이에서 방법론적 구별을 보여 준다.

비록 해방신학자들이 내용보다도 방법을 강조한다 해도 방법과 내용이 근본적으로 서로 분리될 수 있다는 생각은 이원론적 과오를 범하게 할 수 있다.[39] 방법은 특별한 내용 분석 속에서 그리고 그것을 통해 형성되고, 그래서 비슷하게 내용은 신학자의 방법에 반응하여 그 구체적인 형태를 취하게 된다. 라틴 아메리카 해방신학자들에게 기독론적 사고는 방법론적 통찰을 발달시키기 위한 가장 성과 있는 결과로 맺혀져 왔다.[40] 그 한 예로

---

39) Raul Vidales, "Methodological Issues in Liberation Theology," in Gibellini (ed.), *Frontiers of Theology in Latin America*, 34~57 참조.

40) Gutierrez, *A Theology of Liberation*, 168~178 참조. Segundo, *The Liberation of Theology*, 77~81. 신학적 방법과 기독론 사이의 긴밀한 관련에 있어 라틴 아메리카의 관점에서 이 둘은 조화롭게 연결된 것처럼 보인다. 예를 들어, 1975년 8, 9월에 발행된 "중앙아메리카"(Estudios Centroamericanos, San Salvador)라는 논문에 "신학적 방법과 라틴 아메리카 기독론"(Theological Method and Latin American Christology)이란 글을 기고했다. 구티에레즈는 분명하게 "신학의 중대한 해석적 원리, 그리고 모든 신학적 추론의 근본과 기초는 예수 그리스도이다."라고 연결하여 주장하였다(*The Power of the Poor in History*, 61). 기독론이 신학적 방법을 전개하는 데 있어 그렇게 뛰어난 역할을 해 왔던 이유

구티에레즈와 세군도의 기독론적 사고에 대해 간단히 살펴보면 알 수 있다. 그들의 연구의 발달은 가난뱅이 슬럼가에서 부자의 학원가로 옮길 때 발생하는 진화된 산물임을 말해 준다.

근본적으로 구티에레즈의 생각은 의심 없이 전통적인 니케아의 범주 속에 있는 기독론 사상을 가르쳤던 프랑스의 리온(Lyon)으로부터 아주 전통적인 신학훈련을 받으면서 형성되었다.[41] 그의 책 「해방신학」의 각주에서 볼 수 있듯이, 구티에레즈는 유럽 신학의 교육을 잘 받았으며 그 신학적 입장을 중요하게 다룬다. 그러나 수탈당하는 현실 사람들의 세계는 학자들의 세계와 상당히 다르다. 구티에레즈는 그의 신학적 개념을 라틴 아메리카의 공동체를 의식하고 해방하는 방법으로 설명하려고 시도하면서

---

는 가난한 자들과 함께 한 연대적 행동이 '우선적 단계'가 되고 신학은 '이차적 단계'로서 성립된다는 인식을 마련해 준 기독론의 분석 때문이었다. 구티에레즈는 '하나님이 가난한 자가 되신 것'으로 성육신(incarnation)을 설명한다. (*The Power of the Poor in History*, 13)

분명한 것은 존 소브리노(Jon Sobrino)의 저서 *Christology at the Crossroads* (Maryknoll, N.Y.: Orbis Books, 1978)에는 이런 간결한 기독론적 연구가 나타나 있지 않다는 사실이다. 이 연구는 혁명적 상황 속에서부터 이해된 기독론의 복합적인 문제들에 직면한 조직적인 노력이 담겨 있다. 소브리노의 주요 신념은 기독론적 질문을 예수 자신의 추상적인 면으로부터 행동신학을 위한 전제조건들과 관련된 질문으로 옮기는 일이다. 소브리노는 "예수는 엄격히 말해서 아버지를 계시하지 않는다. … 예수는 아들을 계시한다. 그리고 만일 우리가 예수를 그의 구체적인 역사 속에서 생각한다면 우리는 예수가 우리에게 계시한 것은 아들의 길이며 또 그 길은 하나님의 아들이 되는 길이다."라고 주장한다(105). 또한 소브리노는 하나님과의 관계로 들어가는 길은 억압자들과 연대하여 함께 살고 행동함으로써 이루어진다고 믿는다. 즉, 매일 하나님에 대한 우선적 묵상이란 억압받는 자들의 현실적 십자가를 계속해서 지는 일이다(222~223). 소브리노의 연구는 라틴 아메리카의 관점으로부터 기독론을 이해하기 위해 도움이 되는 반면, 유럽신학의 영향을 받았다고 하여 비판을 받고 있다. J. L. Sugundo, *The Historical Jesus of the Synoptics* (Maryknoll, N.Y.: Orbis, 1985), 190, n. 2.

41) 간단한 자서전적 요약을 위해서 Gibellini (ed.), *Frontiers of Theology in Latin America*, 311~313 참조.

스스로 중요한 신학적 변화를 일으킬 필요가 있다는 것을 알게 되었다. 그는 심각한 농부들의 상황과 문제들을 이해했으며 결국 그의 생각을 조정하고 구조화함으로써 '행동신학(the doing of theology)'이라는 새로운 접근이 나타나기 시작했다.[42]

구티에레즈의 견해에 따르면 우리는 직접적으로 예수를 알 수 없고 이웃을 통해서만 알 수 있다. 그리스도의 독특성은 모든 인간과 함께 그와 연합하는 것이다. 그러므로 "주님과 우리의 만남은 사람들과 우리의 만남 속에서 일어난다. 특별히 억압과 약탈, 소외 때문에 가려져 왔던 인간의 모습을 지닌 사람들과 함께하는 일이다."[43] 가난한 사람들은 고립된 개인들로서가 아니라 탈취당한 사회계층에 존재하기 때문에, 이웃에 대한 기독교인의 사랑은 개인적이거나 사적인 것이 될 수 없다. 그리스도를 사랑한다는 것은 현재 성육화된 그리스도가 존재하는 곳에서 고통이 경감되도록 함께 정치적 투쟁을 한다는 의미이다.

구티에레즈는 그의 시대에 정치적 구조들과 관계된 예수에 대해 말할 때 기독론의 주제를 확장시킨다. 20세기 혁명의 원형으로 예수를 바라보는 사람들과는 의견을 달리한다. 그는 예수가 1세기 혁명가들이나 과격한 열성당인 질롯사람들(the Zealots)에게 동감하는 반면, 그 자신을 질롯당과 같은 열성당원들과 동일시하지 않았다고 주장한다. 예수의 복음 선포는 보편적이기에 열성당인 질롯과 같이 좁은 민족주의에 한정하지 않는다. 유사하게, 예수의 율법에 대한 '영적 자유함'의 가르침은 열성당 질

---

42) 근본적 '새로움'(newness)이란 실천에 있어서 신학의 시작을 의미했다. 존 듀이가 주장하곤 했듯이 반성적 사고의 결과로 시작하기보다 오히려 신학자들은 일상적 경험의 문제들로부터 시작해야 한다. 이 경우 일상적 경험의 문제들이란 피억압자들의 해방을 위한 활동에 직면해 있는 문제들이다.

43) Gutierrez, *A Theology of Liberation*, 202.

롯의 혁명가의 문자적 해석들과는 대조된다.

그러나 예수는 그가 선포하는 해방으로 영적이고 정치적 차원에 관심을 둔다. 구티에레즈는 예수가 대중들(마 9:10 이하)과 사두개인들(마 3:7), 헤롯의 사람이라 볼 수 있는 로마 정부 자체를 공격했다고 지적한다. 각자의 입장에서 예수는 한 개인이 아니라 사회의 구석구석을 탈취한 구조적 체제를 공격한 것으로 볼 수 있다. 하나님의 뜻으로 계시된 투쟁에 예수가 참여할 때 우리는 예수가 누구인지 알게 된다.

세군도 역시 기독론의 물음에 대해 확장하여 연구해 왔으며 앞으로 우리가 알게 되겠지만 기독론의 물음은 그의 신학적 방법에 영향을 끼쳐 왔다. 세군도의 연구를 요약하면 「새로운 인간성을 지닌 예술가들을 위한 신학」(Theology for Artisans of a New Humanity)[44]이라는 다섯 권의 시리즈에 나타난 초기 작품들은 그의 후기 작품들, 예를 들어, 유명한 「해방신학」[45]과 최근 다섯 권으로 구성된 「어제와 오늘의 나사렛 예수(Jesus of Nazareth Yesterday and Today)」와 구별되는데, 그와 같은 구별은 우리가 그의 신학을 이해하는 데 필요하다. 그의 초기 작품에서 세군도는 전통적인 기독론적 논쟁들을 그의 주된 논쟁의 준거로 사용하고 그것을 라틴 아메리카의 현실에 비추어 해석한다. 그의 후기 작품은 전통적 범주들로부터 훨씬 더 자유함과 더 많은 자아

---

44) Juan Luis Segundo, *A Theology for Artisans of New Humanity*, 총 5권으로 출간되었다.: Vol. I: *The Community Called Church*; Vol. II: *Grace and the Human Condition*; Vol. III: *Our Idea of God*; Vol. IV: *The Sacraments Today*; and Vol. V: *Evolution and Guilt* (Maryknoll, N.Y.: Orbis Books, 1973~1974).

45) Juan Luis Segundo, *The Liberation of Theology* (Maryknoll, N.Y.: Orbis Books, 1976).

의식적인 인식방법을 반영한다.

「하나님에 대한 우리들의 생각」(Our Idea of God)이라는 책은 세군도의 초기 생각을 대변한다. 「새로운 인간성을 지닌 예술가들을 위한 신학」[46] 이라는 이 세 번째 책에서 세군도는 다음과 같은 질문으로 시작한다. "왜 우리는 기독론에 대해 요란하게 야단법석을 떨어야 하는가?" 이에 대한 대답을 그는 고전적 기독론 논쟁과 특별히 성자 종속주의 문제에 대한 분석으로 돌린다. 성자 종속주의자들은 그 이름이 함축하는 바와 같이 예수는 하나님보다 아래에 있는 자로 가르쳤다.[47] 예수는 신이지만 그는 하나님 아버지와 동등하지 않다. 다행히도 교회는 이 성자 종속주의를 비난했다고 세군도는 주장한다.

세군도는 성자 종속주의는 실재로 간주하는 이원론적 접근방법으로 동기화가 되었다고 지적한다. 그 논쟁은 예수가 '육체 안에' 있었기 때문에 그는 참 하나님이 될 수 없었을 것이라는 가설에 기초를 둔다. 그 이원론은 이 세상에 속한 것, 즉 시간과 역사, 인간됨을 부정하는 것이다. 세군도는 만일 가치 있는 것이 이 세상 밖에 놓여 있을 수 있다면, 현 실재에 대한 우리 책임 또한 경시될 수 있다고 정확히 지적했다. 만일 그리스도가 온전한 하나님이 될 수 없다면 인간의 관심들은 사소한 일이 될 것이다. 세군도에 따르면 성자 종속주의를 비난하는 데 있어서 교회는 도피주의적 이원론의 어떤 형태를 방지해야 했는데,[48] 이는 성

---

46) Juan Luis Segundo, *Jesus of Nazareth Yesterday and Today*, 총 5권 출판되었다. 영문판은 지금까지 2권 나왔다. Vol. I : *Faith and Ideologies* (Maryknoll, N.Y.: Orbis Books, 1984); Vol. II : *The Historical Jesus of the Synoptics* (Maryknoll, N.Y.: Orbis Books, 1985)

47) Segundo, *Our Idea of God*, Chapter Four.

(聖)과 속(俗)의 분리를 방지하는 것이었다.

또한 콘스탄틴 황제는 종속주의를 찬성했고 매우 좋은 근거로 받아들였다고 세군도는 주장한다. 만일 하늘에 계급이 존재한다면, 그래서 그의 위치를 통치자로 합법화시킴으로써 그것은 지상에서 계급을 기대하도록 하는 논리가 된다는 것이다. 이런 일종의 천상의 계급을 거절함으로써 교회는 황제의 왕위를 지지하는 일을 거절하게 된다.

종속주의의 잘못은 그리스도의 온전한 신성을 거부하는 데 있다. 그 반대의 과실은 그리스도의 인간성을 부정하는 것이었다. 세군도는 연구업적을 통해 그리스도의 신성을 확인할 뿐 아니라 그의 인간성을 강조한다.[49] 그것은 오늘날 교회가 그리스도의 온전한 인간성을 받아들이는 문제를 더 어렵게 만들었을지도 모른다. 세군도는 해방신학은 이런 이단설, 즉 신성과 인성이 어쨌든 근본적으로 반대된다는 동일한 이원론적 가설을 반영하는 이단설과 투쟁하도록 강요했다고 주장한다. 근본적인 전제 그러나 결코 명시적으로 설명될 수 없는 이 전제는 하나님이 되는 예수가 완전히 인간이 될 수가 없다는 것이다.

세군도는 「해방신학」에서 초기 기독론을 상세히 설명하지만, 그의 강조는 예수의 신학적 방법으로 돌아온다. 예수의 방법을 바리새파의 신학적 방법과 대조시킨다. 세군도의 주장에 따르면 바리새인들은 잘 훈련된 신학적 전문가들이었다.[50] 그들은 하나님의 뜻을 결정하기 위해 연역적인 과정을 사용했다. 과거의 계시로부터 시작했으며 그것으로부터 현재적 상황에서 행동

---

48) Ibid., 155.

49) See Segundo, *The Liberation of Theology*, 77~81, 162ff.

50) Ibid., 77~81.

의 정확한 길을 연역적으로 추구했다. 이는 뛰어난 신학적 학문이다.

그러나 예수의 방법은 다른 것이었다고 세군도는 주장한다. 예수는 과거 계시의 유일한 기초 위에 그 어떤 구체적인 판단을 형성하는 가능성도 거부한다. 예를 들면, 안식일에 관한 율법은 '안식일에 무엇을 행할 수 있는가 혹은 행할 수 없는가'의 질문을 해결하지 못한다. 예수는 신의 계시적 의미를 율법적인 방법이 아니라 억압받는 사람들의 해방에 참여함으로써 구조화된 준거의 틀로부터 해석했다. "안식일에 허용되는 것과 허용되지 않는 것이 무엇인가?"라고 물을 게 아니라 '어떻게 안식일에 관한 가르침이 죄 없이 고통받는 자의 삶을 향상할 수 있도록 도울 수 있겠는가?"라고 물어야 한다는 것이다. 이 같은 질문의 변화는 신학이 역사의 새로운 세계로 향하도록 그 개방성을 유지시킨다. 대조적으로 바리새인들은 역사의 불확실성으로부터 그들의 신학의 순수성을 지키고 싶어 했다. 이런 예수의 방법에 관한 통찰은 세군도에 의해 신학적 방법에 대한 더 정교한 논쟁 속에서 형성되었다.

## 신학적 방법

여기서 우리는 신학적 방법에 대해 창조적이고 자극을 주는 사상을 전개하는 세군도의 연구로 돌아가려고 한다. 특별히 그의 세 가지 사상적 측면들, 즉 해석학적 순환과 교회관, 신앙과 이데올로기를 구별하는 관계성에 대해 설명하려고 한다. 여기서 나는 그 주제들에 대한 세군도 자신의 틀을 제시할 것이다. 그리고 이 장 마지막 부분에서 듀이의 탐구이론의 관점들을 발전시키기 위해 세군도의 사상을 구조적으로 이용하려고 한다.

## 해석학적 순환

라틴 아메리카의 관점으로부터 신학적 방법을 논하는 데 있어서 해방적 모델의 신학적 사고의 '이차적 행위'에 관한 특성을 기억하는 일이 중요하다. 신학은 실천에 대한 반성적 사고다. 그러므로 그것은 선행적 참여로부터 오는 반성적 사고다. 세군도는 그의 연구업적인 「해방신학」에서 이런 입장을 설명하려는 시도를 했다. 그는 '해석학적 순환'을 그의 신학적 방법으로 소개한다.[51]

해석학은 번역의 지식과 기술이다. 사람은 텍스트의 언어로부터 의미 있는 해석으로 옮기는 해석학적 원리들을 사용한다. 예를 들면, 성서적 해석학의 원리 하나는 하나의 텍스트가 그것이 기록된 문화와 환경들의 관점에서 생각되어야만 한다는 주장이다.

세군도의 해석학적 순환이란 신학적 문제들을 통해 생각하는 하나의 방법이다. 그것은 성서에 대한 새로운 해석으로 이끈다. 세군도의 주장에 따르면, 그의 방법을 이행하는 데 두 가지 전제조건이 있다.[52] 첫째는 우리의 실제 삶의 상황에 관한 깊은 질문

---

51) Ibid., 8. 구티에레즈는 또한 해석학적 순환을 언급한다. 그의 주장에 따르면, "이것은 모든 해석학적 순환의 기본적 순환이다. 인간으로부터 하나님으로, 하나님으로부터 인간으로, 역사로부터 신앙으로, 신앙으로부터 역사로, 형제자매의 사랑으로부터 하나님 아버지의 사랑으로, 하나님 아버지의 사랑으로부터 형제자매의 사랑으로, 인간의 정의로부터 하나님의 거룩함으로, 하나님의 거룩함으로부터 인간의 정의로, 가난한 자로부터 하나님으로, 그리고 하나님으로부터 가난한 자에게로의 해석학적 순환이다." (*The Power of the Poor in History*, 15).

을 일으키도록 참여가 있어야만 하고, 둘째는 이런 새로운 질문들을 성서의 새로운 해석으로 인도하려는 의도성이 있어야만 한다. 만일 한 사람이 그의 성서 해석들이 질문의 차원을 넘어 해답으로만 주어졌다고 믿는다면 그 해석학적 순환은 붕괴될 것이며 그 사람은 단순히 자신의 그림자를 '발견' 할 것이다. 순환이란 계속적인 과정이 진행되도록 하는 개방성을 열어 준다.

'해석학적 순환' 이란 어떤 신학적 문제나 질문에 관한 분석으로 네 단계를 통한 그 자체의 작용으로 구성된다.

첫째, 우리를 이데올로기적 의심으로 이끄는 현실을 경험하게 한다. 둘째, 일반적으로 전체 이데올로기적 상부구조와 구체적인 신학적 이데올로기에 대한 의심의 적용이 일어난다. 셋째, 성서의 지배적인 해석이 중요한 자료의 부분들을 설명하지 못해 왔다고 하는 의심과 같이 우리를 성서주석적인 의심으로 인도해 내는 신학적인 실재를 경험하는 새로운 방식에 이르게 한다. 넷째, 우리는 새로운 해석적 방법, 즉 우리의 신앙 (예를 들어 성서)을 자신의 관점에서 새로운 요소들로 해석하는 새로운 방법을 가지게 된다.[53]

---

52) Segundo, *The Liberation of Theology*, 8~9. 창조적인 제안으로 세군도는 그의 순환을 새로운 지식으로 열어 놓고 있어서 모든 구절들이 비판받도록 한다. 더욱이 이것은 인간적인 무신론자들과 대화를 장려하도록 개방되어 있다. 세군도에 있어서, 특별한 행위나 프로그램의 정확성을 위한 마지막 주장은 행동이나 프로그램에 의해 영향받은 사람들의 복지에 의한 것이 되어야 한다. 직접적인 조명의 형태든 특별히 규범적인 자료 해석의 '확실한' 형태든 간에 우리는 역사를 넘어설 수 없고 신의 안내를 호소해야 한다. 그렇게 하는 것은 이데올로기를 신격화하는 셈이다. 자신의 종교적 관점에서 교리적이 되는 하나의 경향성에 대해 보호하기 위해, 세군도는 교회 밖에 있는 사람들과 대화하는 것의 가치를 주장한다. *The Community Called Church*, 124~128 참조.

53) Segundo, *The Liberation of Theology*, 9.

신학적 방법에 대한 세군도의 사상을 이해하는 데 특별히 중요한 것은 '정치적 선택'에 관한 논쟁이다.[54] 그는 "우선적인 정치적 참여의 부재 속에서 기독교 신학이나 기독교 해석과 같은 것은 복음의 메시지가 될 수 없다."고 주장한다.[55] 소위 어떤 신앙의 비정치적 해석은 단순히 현재 상태로부터 오는 해석이며 가난한 자들을 위한 정치적 선택을 하지 않는다는 것은 곧 소수 특권들을 유지하기 위한 선택을 하는 셈이 된다. 정치적 선택을 하는 것이 순환의 시작이다. 그것은 '현실을 경험하는 방법'이다.

물론 세군도는 권위 있는 신학은 억압받는 자들 편에서 정치적 선택을 하는 것으로부터 실천된다고 주장한다. 변화를 일으키는 해방을 위한 참여, 즉 '모든 이원론'을 제거하기 위한 참여는 해석학적 순환을 추진하는 생명력 있는 힘을 제공한다. 세군도는 일단 한 사람이 가난과 씨름하는 사람들과 함께 일하기 시작한다면 그 사람은 공통 신념과 실천들에 관한 심오한 질문들을 일으킬 만한 경험들을 갖게 될 것이라고 본다. 그 사람은 '이런 신념과 실천들은 현실에 대한 반성적 사고인가 혹은 사회를 혼란스럽지 않게 내버려둠으로써 유익이 되는 사람들의 관심에 대한 반성사고인가?'라는 의심을 하기 시작한다. 이 질문을 하는 순간, 이데올로기적 의심이 생성된다. 우리는 두 번째 순환 단계로 들어가게 되는 것이다.

이데올로기적 의심의 핵심은 '옳지 않은 것들이 있다'는 의식, 자신의 이전 경험들은 기득권의 혜택에 따라 조정받아 왔다는 의식이다. 이 의심은 현실의 상태를 영속시키는 역동성을 이해하는 사회과학을 사용함으로써 날카로워지고 분명해진다.

---

54) Ibid., Chapter Three.
55) Ibid., 94.

이데올로기적 의심을 전개함으로써 면밀한 조사가 필요한 신념과 실천들이란 현실에 대한 신학적 해석이다. 라틴 아메리카에서 예를 들면, 이데올로기적 의심은 현실을 성(聖)과 속(俗)이라는 신학적 분리에 대한 의문으로 끌어들였다. 이같이 광범위한 주장에 의한 신념에 따라 하나님은 일상적 삶의 세속적인 영역으로부터 구별된 종교적 영역에 관심을 갖게 된다. 하나님은 예배와 기도 속에 관심을 두지만 물질적 풍요와 정치적 조직에는 관심을 두지 않는다. 그러나 이데올로기적 의심은 "두 영역으로 나누어진 현실의 분열은 하나님의 계획에 대한 현실적인 표현인가 혹은 권력 있는 자들에게 유익하기 때문에 하나님의 계획으로 위장된 개념인가?"라는 질문을 일으킨다. 우리는 후자를 의심하기 시작한다. 성과 속의 이원론은 역경에 처한 자신들의 상황에 대해 아무런 문제의식 없이 계속 머물도록 가난한 사람들을 자극시켜 왔는데, 그 이유는 하나님이 하늘에서 그들에게 보상해 줄 것이라고 믿도록 만들거나 혹은 정의를 위한 세속적인 투쟁에 참여하는 것은 비기독교인의 모습이라고 믿도록 만들기 때문이다.

이데올로기적 의심은 세군도에 의해 '주석적인 의심' 이라는 주제로 자연스럽게 옮겨 간다. 주석은 특별히 성서적 텍스트를 다루는 일종의 해석학이다. 결과적으로 주석적 의심은 사람이나 단체가 성서를 해석하고 설명하는 보편적인 방법에 대해 질문하도록 한다. 예를 들어, 주석적 의심은 라틴 아메리카에 있는 사람들이 성과 속으로 구별되는 현실이 정말로 성서에서 말하는 진실인가에 대해 의심하도록 유도했다. 하나의 새로운 해석학은 공동체가 전에는 무시당했고 왜곡되었던 신앙의 유산에 대한 차원들을 발견하기 시작하면서 형태를 가지게 된다. 그러므로 해방신학은 성서는 성과 속 사이의 이원론을 저지하며 오히려 하나님은 가난한 사람의 편에 서서 그들의 해방을 추구하고 계신다는 점을 발견한다.

세군도의 해석학적 순환은 왜곡함이 없이 억압된 집단의 종교적 경험이 신학적 표현이 될 수 있도록 하는 수단을 제공하는 것을 목적으로 한다. 그 방법 아래 놓인 전제는 모든 사람들의 경험이 역사적으로 제한되어 있다는 것이다. 신학들은 계층과 인종, 성 그리고 문화를 특별한 기반으로 하여 신학자의 위치를 반영시킨다. 과거 많은 신학자들은 '보편적' 인간 경험이 되도록 했던 것들로부터 글을 쓰려고 노력해 왔다.[56] 그 같은 노력은 처음부터 실패할 징조를 보였다. 보편적 인간성은 존재하지 않았다. 신학적 왜곡은 신학자들이 자신들의 개념들에 대한 그들의 문화와 현실의 영향을 무시하거나 부정함으로써 시작된다. 신학자들이 자신들의 인간적 특유성에 의해 부과된 한계성을 인정하지 못할 때 그들은 불가피하게 계급적 이원론을 지지하게 된다. 그들의 신학이 조직적으로 자신들의 경험, 즉 의심할 바 없는 다양한 경험들과 어떻게 연결이 되었는지 인정하지 못함으로써, 그들은 자신들의 관심들과 조화를 이룬 일련의 신념들이 마치 모든 사람들의 경험과 관심을 반영하기라도 하는 것처럼 이를 널리 보급한다.

이러한 신학적 왜곡의 결과는 북미 백인들과 유럽 남성들의

---

56) 한 예로서, 신학적 방법의 논의는 존 맥쿼리(John Macquarrie)의 책 *Principles of Christian Theology* (New York: Charles Scribner's Sons, 1977)에 있다. 거기에는 신학자의 사회적 지위에 대해 노출된 언급이 없다. 모든 신학의 상황적 근거에 대해서는 로버트 브라운(Robert McAffe Brown)의 글, "Context Affects Content: The Rootedness of All Theology," *Christianity and Crisis*, Vol. 37, No. 2 (July 18, 1977), 170~174 참조.

관심들을 반영해 주는 신학으로 발전되어 왔다.[57] 한 실례로 '초월성'이라는 신학적 개념을 생각해 보자. 하나님의 초월성은 때로 인간과 자연세계로부터 독립된 하나님, 전지전능한 하나님, '전적 타자'인 하나님과 같이 가장 고결하고 거룩한 개념들로 제시되고 또 이해되었다. 매일 맥 빠진 힘없는 경험에 기초한 관념적 의구심은 우리를 하나님에 대한 이런 식의 이해로 이끌었다. 어쩌면 이 하나님의 능력은 사람들의 경험에서 관념화된 사실들을 투사하는 것보다도 약한 것일지도 모른다. 의식적이든 무의식적이든 간에 그들 스스로 능력 있고 지적인 자라고 생각하는 사람들은 자신들과 같은 모습으로 하나님을 꾸며 왔다. 더욱이 그와 같은 하나님은 초월성의 개념이 외적으로 하나님을 매일의 일상생활의 사소한 관심들로부터 떼어 놓곤 하기 때문에 능력 있는 사람들의 관심사를 위해 일한다.

이 관념적 의구심은 탐구자들을 주석적 의구심으로 끌어들인다. 이런 초월성의 이미지들을 지지하는 성서 해석들은 단지 성서적 전통에 대한 편파적인 묘사를 보여 준다. 성서에서 하나님은 종종 약한 자에게 힘을 주고 미련한 자에게 지혜를 주는 자로 나타난다. 그리고 이스라엘의 하나님은 피조물 위에 높게 세워둔 것이 아니라 자유를 위한 노예들의 투쟁 속으로 들어갔다.

더욱이 왜 신학이 종종 사회적 엘리트들의 관점들을 반영해 왔는지 이해하기란 쉬운 일이다. 사회집단은 교육적이고 문화적 기회들에 대해 동등한 평가를 하지 않는다.[58] 신학은 전통적으

---

57) 이 관점은 수많은 제3세계와 여성신학자들에 의해 이룩되었다. 최근의 설명들 중 하나는 벨러리 세이빙(Valerie Saiving)의 "인간의 상황: 여성적 관점"이라는 글을 보면 알 수 있다. "The Human Situation: A Feminine View," *The Journal of Religion* (April, 1960).

로 더 높은 교육의 전문화된 훈련을 해왔기 때문에 신학자들은 당연히 많은 사회적 혜택을 누리는 자들 가운데 하나로 여겨 왔다. 신학은 전 세계적으로 부유층들의 특혜가 되어 왔다. 그래서 그러한 신학은 부유층 남성들의 단체 내부에 속한 사람들 모임 가운데 게임을 즐기는 한 부류가 되어 왔다.

세군도의 해석학적 순환은 새로운 질문들을 진술할 수 있도록 하는 하나의 수단으로 이루어진다. 그것은 조직신학의 발전을 위한 규범적 틀을 제공하는 해석의 기술적 장치가 아니라, 오히려 라틴 아메리카에서 왕성하게 성장한 작은 종교 공동체에서 나타난 신학적 인식에 대한 실제적 여과 과정으로서의 설명이다. 세군도의 해석학적 순환은 공동체적 인식으로서 가장 잘 수행된다. 기술적이 아닌 반면에 그것은 통찰과 용기와 참여를 이끌어 내는 필수 과정이다. 또한 신학적 상황, 즉 교회에 관한 몇 가지 중요한 함축성들을 지니고 있다.

## 교회

세군도가 그의 해석학적 순환의 특별한 단계들을 제시할 때 그 순환이 시작하는 경험 혹은 헌신적 참여의 성격에 대한 특별한 용어는 없다. 이런 일반적인 측면은 다양한 경험과 헌신적 참

---

58) 구티에레즈는 성서학자들은(Exegetes) … 독점적이고 비싼 클럽의 단체라고 주장한다. 이 단체 회원이 되려면 서양의 문화, 실제로 독인과 영국 앵글로섹슨 문화에 동화되어야만 한다. 왜냐하면 오늘날 기독교 교회에서 성서 해석이란 서양문화와 매우 긴밀하게 밀착되어 있기 때문이다. *The Power of the Poor in History*, 4. 여성신학자의 관점과 동일한 지적은 Jo Freeman, *Women: A Feminist perspective*, 2nd edition (Palo Alto, Cal.: Mayfield Publishing Co., 1979), 3, 4장 참조.

여를 해온 자들에게 신학적 방법을 이용하도록 해준다. 그러나 세군도가 그의 방법이 모든 사람들에게 적합할 것이라고 보는 관점은 옳지 않다. 우리가 이미 주시한 바와 같이, 가난한 사람들을 위한 선택은 정당한 신학적 작업의 전제조건이 된다. 세군도에게 있어서 그와 같은 선택은 가난과 씨름하는 가난한 사람들이라고 밝혀진 공동체와 함께하는 동맹을 통해 표현된다. 신학은 개인적으로 실천되지 않는다. 그것은 공동체의 산물이다.59) 세군도의 방법을 이해하기 위해 우리는 그의 교회적 상황의 이해 속에서 그것을 확인할 수 있다.

세군도의 교회론은 사회과학 분야로부터 영향을 받는다. 그의 초기 업적에서 세군도는 많은 인간적 삶의 결정적인 요소로서 '에너지의 보존' 원리에 관심을 두었다. 우리 각자는 에너지를 우리가 기대하는 대상들을 성취하는 데에 한정시켜 왔다. 에너지는 한정되어 있기 때문에 대부분의 삶은 '최소한의 노력법칙'에 의해 지배되는 경향이 있다. 즉, 우리는 유사하고 틀에 박히며 단순한 것들을 반복하는 경향이 있다. 그러나 경우에 따라서는 더욱 정교하고 복잡한 삶의 환경에 응답하는 방법을 추구해 나간다. 창조성은 대부분 삶 속에서 가능하지 않다. 왜냐하면 그것은 시간과 에너지에 대한 대단한 헌신적 참여를 요구하기 때문이다. 집중된 노력은 단지 어느 정도 선택된 영역들 속에서 연장될 수 있다. 이런 원리들은 개인은 물론 집단들을 유지시킨다. 최소한의 행동법칙은 사회학적으로 설명하는 바와 같이 어떤 주어진 상황에서 다수 사람들은 최소한의 저항의 길을 따를 것이지만, 그러나 더 복잡한 행위들을 찾고 헌신적 참여를 하게 될

---

59) Segundo, *The Community Called Church*, 1973.

적은 소수자들이 있음을 인정하는 것이다.[60]

　이런 분석은 다음과 같이 설립에 관한 질문들을 하게 한다. 참석자들이 최소한의 노력법칙을 따를 수 있도록 하기 위해 단순하고 틀에 박힌 행위들에 의존하도록 조직되어야만 하는가? 혹은 헌신된 사람들의 창조적인 에너지를 요구하는 조직이 되어야만 하는가? 그 첫째 선택은 높은 소비의 에너지가 필요하지 않기 때문에, 제도를 더 많은 사람들에게 개방하게 된다. 후자의 선택은 더 창조적인 노력을 할 수 있도록 상대적으로 작은 공동체를 강요한다.

　우리가 직접적으로 교회의 목적에 대해 묻기 전에, 교회의 성격과 관계된 주제를 살펴보자. 세군도는 교회는 그 존재에 관해 두 가지 중요한 사실들에 직면한다고 주장[61]하는데 첫째, 교회는 항상 소수자들을 위한 공동체가 되어 왔고 또 그렇게 될 것이며 둘째, 교회는 과거로부터 보편적이었고 현재도 보편적이며 앞으로도 보편적이게 될 것이다. 이 입장에 따르면 교회란 역설적으로 구원에 관한 신약성서에 나란히 두 개의 평행으로 존재한다. 몇 군데에서 구원이란 독특하고 특별한 수단으로 보고 있지만 그 외에 다른 한편으로 보편적 성격으로 이해된다. 전형적으로 교회는 기독교인들만 구원받았다고 신앙고백을 하면서 첫번째 사상의 입장을 강조해 왔다. 그 결과 교회는 가능한 한 많은 사람들을 가입시키기 위해 입회원에 대한 엄격한 요구들을 최소화해 왔다.

　만일 교회가 구원을 필요로 한다면 구원이 그 자체의 목적이 된다. 그러나 세군도는 근본적으로 보편적 구원론의 입장을 취

---

60) Segundo, *The Liberation of Theology*, 208~237.
61) Segundo, *The Community Called Church*, Chapter One.

한다. 교회는 구원을 이루도록 요구받지 않는다. 그렇다 해서 교회가 하나님의 계획을 수행하는 역할을 하지 않는다는 뜻은 아니다. 세군도는 교회란 구원의 과정에 있어서 매우 중대한 반면에 편파적인 기능을 가진다는 견해를 갖고 있다. 즉, 하나님의 구원에 대한 수단으로서 교회는 사랑을 선포하고 역사 속에서 하나님의 해방적 활동을 상징화한다. 가능한 한 많은 사람들을 불러오는 것으로부터 자유하기 때문에 교회는 모든 인간에 대해 효과적인 행동을 이끌어 내는 그 자체의 노력에 집중할 수 있다. 이 역할은 창조성을 요구하며 따라서 교회는 소수자들을 위한 공동체가 될 가능성이 많다.

세군도의 입장에서 교회는 하나의 특별한 공동체로서 각 사람의 마음속에 예수 그리스도의 현존에 대한 의식적이고 가시적인 증표, 즉 보편적인 교회가 된다. 그 교회는 '증인 공동체'(a sign-community)이다.[62] 그것은 보편적인 은혜에 대한 증거를 담고 있으며, 교회라고 부른다. 이 말 속에는 교회 밖에 있는 사람들을 위해서도 교회가 존재한다는 의미가 담겨 있다. 교회는 세상의 소금이지만, 소금은 소금으로 모든 것을 변하게 하기 위해 존재하는 것은 아니다. 그것은 본질적인 역할 뿐 아니라 한계적인 역할을 가지고 있다. 교회는 하나님의 보이지 않는 손길을 보이도록 만들기 위해 존재한다. 교회는 모든 사람에게 하나님의 의도가 드러나게 하기 위해 정의와 사회적 변화를 위한 사역을 한다. 디모데전서 4장 10절에 있는 바와 같이 "이를 위하여 우리가 수고하고 진력하는 것은 우리 소망을 살아 계신 하나님께 둠이니 곧 모든 사람 특히 믿는 자들의 구주시라."

---

62) Ibid., 78~86.

교회는 '시대의 징조들'(signs of the times)을 읽고 하나님의 해방에 대한 계획에 비추어 그것들을 해석하는 데 참여하는 소수자들의 모임이다. 교회는 세상 속에서 전적으로 독특한 위치를 차지하는 것이 아니다. 은혜는 보편적이다. 열광주의자들의 뿌리는 단지 믿는 자들만 하나님의 은혜를 공유하는 신앙에 있다. 그러나 하나님은 전 세계를 통해 활동하신다. 보이는 교회의 경계선을 훨씬 넘어서 있다. 교회는 이 보편적 활동이 의식을 일으키고 증표로 나타나는 공동체가 되는 데 있어 유일한 역할을 소유한다. 따라서 집중된 노력이 필요하다.

교회란 '복음의 창조자들'의 소수자들을 위한 공동체가 되는 것이지, '복음의 소비자들'을 위한 무리가 아니다. 교회에서 큰 무리들은 단순히 다소 주의 깊게 복음을 들을 수 있다. 그 공동체는 복음을 함께 논의할 수 있고, 복음을 재고하며, 복음을 현실적 삶과 비교하고, 복음에 따라 행동할 수 있다. 복음을 창조하는 공동체 속에서만 해석학적 순환은 완성될 수 있다.

요약하면 교회란 구원 과정에 대해 의식적으로 노력하는 기관이다. 단기간에 다수의 문제를 해결하려고 노력함으로써 교회는 인간화를 이끌기 위한 창조적인 해결을 위해 참여한 소수 집단에게 힘을 주는 자원의 역할을 한다. 교회는 성령의 인도 아래 성서 말씀을 동시대적으로 만들어 내는 공동체다. 내적 조직과 외적 활동을 통해 교회는 세상 속에서 일하시는 구속의 은혜에 대한 상징적 추구를 한다. 가난한 자들과 억압받는 자들의 정체를 밝히는 일을 시작함으로써 가난과 불의에 대한 창조적이고 책임적인 해결을 추구한다.

해석학적 순환을 통한 운동은 사람들의 특별한 경험들을 신학적 공식으로 해석함으로써 공동체를 돕는다. 그러나 항상 여기에는 위험이 따른다. 즉, 과정은 인식을 확장시키는 계속적인 순환보다도 오히려 궁극적 진리를 향하는 사다리로 간주될지도 모르는 위험이 있다. 세군도에게 있어 신앙과 이데올로기 사이의 세밀한 구별은 이런 도그마(교리)주의에 빠지는 위험으로부터 보호하는 데 도움을 줄 수 있다.

## 신앙과 이데올로기

세군도는 신앙(faith)이라는 단어를 다양한 방법들로 사용한다. 그러나 만일 우리가 신앙이 필수적으로 종교적 신념과 연결되어 있다고 가정한다면 우리는 그의 주장을 잘못 이해하는 것이다. 세군도의 견해에 따르면 무신론자들도 신앙을 가질 수 있다. 그래서 신앙이란 인간학적 불변성(constant), 즉 모든 사람은 신앙을 가지고 있다는 것이다.

세군도가 이해하는 신앙은 각 사람의 삶에 방향과 목적을 주는 일련의 의미와 가치들로 이해할 수 있다. 모든 사람들은 틀림없이 삶의 의미성에 대한 의식이 있기 때문에 신앙을 가지게 된다는 것이다. 신앙은 우리를 살 수 있게 해주고, 매우 복잡하지만 다소 일관성 있는 방법으로 행동하게 해준다.[63] 세군도가 특별히 종교적 신앙과 구별하기 위해 '인간학적 신앙'(anthropological faith)라고 지명하는 이런 종류의 신앙적 원천은 이런 가치들을 두고 살았던 삶이 무엇과 같은지에 대한 모델과 증언을 제공하는 한 사람 혹은 많은 사람들을 신뢰하는 믿음에 있다.

심지어 매우 어린 아이들도 기초적인 신앙을 가지고 있다. 더

---

63) Cf. Segundo, *Faith and Ideologies*, 특히 1장 참조.

욱이 부모들은 종종 아이들의 첫 모델이 된다. 그 아이는 그 부모의 삶이 정말 어떻게 살아야 할지에 대한 좋은 삶의 본이 된다는 사실을 확실히 알지는 못하지만 아이들은 부모의 증언을 믿고 기본적인 신앙을 발달시킨다. 청소년기에 이르러 구체적인 증언의 선택이 폭넓어지지만 아직 하나의 특별한 모델(혹은 많은 모델)로 신앙을 보여 줄 필요가 있다. 신앙이란 항상 특별한 관점을 확인하려는 것보다 오히려 하나의 증거로 믿는 신앙에 기초한다. 만일 어떤 한 사람의 삶의 많은 방식들이 다른 사람들의 것보다 더 풍부한 의미가 있다면 우리는 삶의 목적을 알기 위해 결코 미래로 앞서나갈 수 없다. 우리는 비록 확실성이 부족하더라도 가능한 한 이용할 수 있는 하나의 방식에 신뢰성을 두어야만 한다.[64)]

어떤 특별한 하나의 모델에 대한 신뢰성에 기초를 둔 사람들의 인간학적 신앙은 현실 속에서 아주 특별하게 실현된 가치들을 인식하도록 이끈다. 그 결과 이데올로기가 발달한다. 이제 어떻게 신앙이 이데올로기로 작용하는지 알아보자. 만일 한 십대 청소년이 교장 선생님에게서 나온 증언들을 신뢰한다고 가정하면 그의 신앙은 교장 선생님이 제시한 가치가 내면화되어 반영된다. 그러나 곧 그에게 현실은 완전히 그러한 가치들을 받아들이지 못하고 있음을 깨닫게 해주고, 그는 그 실재를 변화시키려는 기대를 갖게 된다. 그러나 현실을 변화시키려는 노력들은 저항하려는 세력을 만나게 되고 이런 상황과 직면하게 되면서 그는 이데올로기를 정교하게 만들게 된다. 세군도는 "나는 이데올로기라는 용어를 모든 의미들의 체계들로 사용하며, 그것들은

---

64) Ibid., 3~10.

어떤 목적이나 목표를 얻는 데 사용할 수 있으며 자연적이거나 혹은 인위적이다."[65]라고 주장한다. 이데올로기는 여기서 부정적인 의미를 함축하고 있지 않다. 모든 사람은 신앙과 이데올로기를 소유하게 된다.

이데올로기들은 우리에게 온전한 충성을 요구하지 않는다. 그것들은 단지 우리에게 유용할 정도만큼만 타당하다. 대조적으로 신앙은 절대적 충성을 요구한다. 신앙과 이데올로기의 또 다른 구별은 신앙은 목적에 더 강한 관계성을 수반하는 반면, 이데올로기는 목적을 성취하는 수단에 중점을 둔다. 그러나 이런 구별은 단지 성숙한 사람들을 위해 필요하다. 미성숙한 사람들에게 신앙과 이데올로기는 종종 혼동되기도 하고 또 그 둘은 절대화되기도 한다. 예를 들어 한 젊은 혁명가가 칼 마르크스의 증언을 신뢰해 왔다고 가정해 보자. 이때 성숙한 신앙은 그 기본적인 마르크스주의자들의 가치나 통찰력들이 어떻게 공산주의 국가를 초래하게 되는가에 관한 마르크스 사상에 모두 결합된 것은 아님을 인정할 것이다. 그러나 미성숙한 사람들은 목적이나 전략 모두를 절대화한다.[66]

세군도에 따르면 그 어떤 해석학도 이미 존재하는 인간학적 신앙과 함께 시작한다는 필연성을 피할 수 없다. 그러므로 기독교인들이 성서를 읽을 때 '열린 마음'(open mind)으로 그렇게 할 수 없다. 읽는 사람의 인간학적 신앙을 구성한 가치관들과 관점들은 그 사람이 어떤 성서적 내용에 대한 확실한 관점을 강조하고 발견하게 만든다. 따라서 때로 우리는 선입견과 편견을 가지

---

65) Ibid., 16.
66) Segundo, *The Liberation of Theology*, 107. 또한 Segundo, *Faith and Ideologies*, 10~15 참조.

고 성서에 다가간다.

그러나 더 정확히 표현해서 인간학적 신앙과 종교적 신앙 사이에서 차이점은 무엇인가? 일반적으로 우리는 한 사람이 종교적일 때, 신앙은 종교적 참여와 상응한다고 생각한다. 하지만 인간학적 신앙은 항상 종교적 신앙보다 선행한다. 왜냐하면 어린이들은 그들이 하나님을 신뢰하는 것이 무엇을 의미하지 이해할 수 있기 훨씬 전에 구체적인 사람들의 증언들을 신뢰하기 때문이다. 그 결과 한 사람의 인간학적 신앙은 종교를 인식하는 길을 제시하는 윤곽을 그려 준다. 종교적 계시는 이미 존재하는 개인의 인간학적 신앙을 세워 준다.[67] 종교적 신앙은 인간학적 신앙 발달에 도움을 주는 이미지와 상징들을 제공한다. 이것은 예수가 자주 반복해서 들려주는 "들을 귀 있는 사람들……."이라는 말의 의미일 것이다. '들을 귀'가 있는 사람들이란 그 사람들의 인간학적 신앙을 복된 소식으로 받아들이는 경향성을 갖춘 사람들이다. 우리가 언급한 바와 같이, 어떤 사람에게 복된 소식을 듣도록 해주는 것은 학문적인 훈련이 아니다. 그렇다고 비밀스러운 일도 아니다. 그것은 단순히 억압받는 자들과 함께하고 정의에 참여하는 일이다. 이런 요소들이 자신의 인간학적 신앙 속에 현존한다면 그 사람은 기독교 계시로 들어가기 쉽다.

기독교인들이 정확하게 해석학적 순환으로 들어가기 위해 이미 세군도는 억압자들과 함께 연대하는 일에 참여해야만 한다고 주장한다. 함께하는 마음은 신학보다 선행하며 계시는 참여를 이끈다. 인간적 신앙이 가난한 자들에 대한 행동으로 인도된 후에만 성서적 종교는 계시적이 되고 우리의 인간학적 신앙이 깊

---

67) Segundo, *Faith and Ideologies*, 70~78.

어지고 넓어진다.

세군도가 신앙과 이데올로기 사이를 구별한 것은 그 자체 해석학적 순환의 결과다. 그것은 불확실한 경험에 대해 반성적 사고를 불러일으킨다. 많은 라틴 아메리카의 기독교인들은 초기 해방신학에서 발견했듯이, 교회는 빈번히 가난한 자들의 친구라기보다 오히려 적이 되어 왔다. 많은 신학자들과 교회 지도자들은 기독교인들이 정치적으로 중립 입장에 있어야만 하며 단지 성서에 기록된 것, 즉 신적 계시의 책에 의해 인도되어야만 한다고 가르쳐 왔다. 그 결과 많은 기독교인들은 그들의 신앙이 인간의 존엄성과 자유를 위한 투쟁에 공헌할 가치가 있는 것인지 의심을 가지게 되었다.[68]

이런 경험들은 몇몇 소수 신학자들에게 이데올로기적 의심을 일으키도록 해주었다. 신학을 '자연적 기초' 혹은 과거의 '신적 계시'로부터 시작하려는 시도는 정말로 현상을 유지시키기 위한 가면인가? 결국 이데올로기적 의심은 주석적인 의심으로 옮겨졌다. 성서는 그 자체 하나님을 이전 계시들에 대한 자연스러운 반영을 통해 근원적으로 알려진 신성으로 나타내고 있는가? 그 대답은 "아니오."라고 해야 할 것이다. 세군도는 예를 들어, "구약성서에서 하나님의 계시에 관해 알고 있었던 사람들은 예수를 지나쳤으며 그 속에 있는 새롭고 뚜렷한 신적 계시를 보는 데 실패했다."고 주장한다.[69] 결국 그들은 열려진 예수의 해방적 활동을 깨닫지 못했던 신학적 문맹인들이었다.

이것은 사회적 변화에 대한 기독교적 공헌에 대해 무슨 말을 해야만 하는가? 기독교는 제공해야 할 독특한 것을 가지고 있는

---

68) Segundo, *The Liberation of Theology*, Chapters Three and Four.
69) Segundo, *The Liberation of Theology*, 82.

가? 휴고 애스만(Hugo Assmann)은 기독교란 '신적 계시'로부터 유래한 어떤 선험적 원리가 아닌 혁명적 투쟁이라고 주장하면서 "아니오."라고 대답했다.[70] 애스만의 추론에 따르면 고대 역사적 사건들로부터 유래한 원리들에 의해 사회적 변화의 활동을 안내하기 위한 그 어떤 시도들이라 해도 이것은 미래의 창조성을 빼앗아 가는 결과로 불가피하게 퇴보하게 할 것이다. 또한 더 나아가 우리가 기독교에 대해 많이 알려고 하기보다 해방적 투쟁에 헌신하는 일에 더욱 열중할 때 점점 더 진실하고 온전한 참여가 이루어질 수 있다고 주장한다. 이것은 다만 우리가 스스로 혁명적인 투쟁에 참여한 후에야 우리는 진정한 기독교인이 될 수 있다는 의미다.

그러나 세군도가 바라본 혁명적 참여와 신앙 사이의 관계는 애스만이 상상하는 것과 같이 단순하지 않다. 무엇보다도 "많은 집단들과 운동, 정당들은 실제 혁명의 문을 여는 하나의 열쇠를 소유해야 할 것"이라고 주장한다.[71] 그러므로 사회적 변화에 참여하는 일은 서로 다른 이데올로기들 사이에서 필요한 선택이다. 그 같은 선택은 가장 좋은 경험의 내용에 의해 정보를 얻지만 사회과학은 하나의 이데올로기를 선택하는 데 결정적인 기준을 제공할 수는 없다. 그와 같은 선택은 필연적으로 자신의 신앙에 의해 결정된다. 기독교 신앙이란 억압받는 사람들에게 성도들을 편견 없이 인도함으로써 정의를 위해 당연히 투쟁하는 일

---

70) 세군도는 여기서 애스만의 서두를 다음 책에 이용한다. Habla Fidel Castro Sobre Lose *Cristianos Revolucionarios* (Montevideo: Tierra Nueva, 1972). 그러나 비록 기독교의 공헌을 근본적으로 '상부 구조'에 제한된 것으로 간주한다 치더라도, 기독교는 혁명적인 과정으로 이끌 수 있는 긍정적 공헌들을 많이 했다고 주장한다. Assmann, *Theology for a Nomad Church*, 139~146 참조.

71) Segundo, *The Liberation of Theology*, 101.

에 참여할 수 있도록 이끌 수 있다.

그러나 신앙에 기초하며 해방적 투쟁으로 이끄는 기독교적 공헌에 있어 이러한 반응은 본질적으로 보수적인 특성의 문제를 해결하지 못했다. 과거의 계시적 차원에 뿌리를 둔 기독교가 필연적으로 그것을 따르는 추종자들을 과거로부터 유래한 규범을 미래에 순응시키는 시도를 하도록 이끌고 있지는 않은가? 세군도는 이데올로기와 그 자체를 통해 구별할 수 있는 성숙한 신앙과 그렇지 못한 신앙 사이에는 결정적인 차이가 있다고 주장함으로써 자세한 대답을 제시한다. 본질적으로 이것은 성서에서 서로 다른 두 접근을 반영한다.

대부분 성인들은 물론 어린이들과 청소년들에게도 신앙과 이데올로기를 구별하는 것은 쉽지 않다. 따라서 성서적 이데올로기들은 절대화되고 항상 타당하도록 만든다. 예를 들어, 어떤 사람은 정치적 변화에 대한 예수의 접근이 비폭력적이었기에 우리 또한 비폭력적이어야만 한다고 주장한다. 또한 어떤 사람은 성서 속에 있는 많은 이데올로기들을 모든 상황들에 맞는 규범으로 평가하기도 한다. 이스라엘 사람들은 유다서에서 비폭력적이었는가? 이 사람에게 신앙이란 현실 문제를 과거 이데올로기로부터 유래한 규범에 순응하려고 시도하기 때문에 아무리 심한 말을 한다고 할지라도 그의 말은 항상 시대에 뒤진 과거에 의지하게 된다.

이데올로기로부터 구별되는 성숙한 신앙을 위한 성서적 자료는 문화와 관계있으며, 거의 역설적으로 궁극적인 규범이 된다. 성서는 시대와 환경 속에서 다양한 공동체가 살아계신 하나님을 믿는 사람들의 신앙을 구체적으로 형성하면서 만들어 냈던 이데올로기들의 기록이다. 동시대적 기독교인들은 이런 성서적 이데올로기들을 통해 사람들이 어떻게 성령에로 열려진 새로운 이데올로기들을 만들 것인지를 묻는다. 세군도에 따르면 신앙이 특별한 이데올로기로 성육화된다는 것을 확실히 인정할 때 해석학적 순환은 개방적이고 응답적인 요소가 된다. 그러나 신앙은 결코 어떤 이데올로기와도 동일시할 수 없다. 세군도의 경우에도 그리스도를 믿는 신앙은 그의 구체적인 가르침들을 절대화하는 것을 의미하지 않는다. 오히려 그것은 배우기 위한 배움의 과정에 복종하는 것을 의미하며, 교육자가 성서의 이데올로기들 속에 반영된 숨겨진 하나님을 신뢰하는 것을 의미한다. 결국 그 문제에 대한 중요한 내용을 충분히 인용하자면 다음과 같다.

> 그렇다면 신앙은 구체적으로 무엇이라고 말할 수 있는가? 신앙의 참된 내용은 무엇인가? 만일 내가 논리적으로 위의 원리들로부터 일관성 있게 결론들을 이끌어 내려면 내가 할 수 있는 일이란 아무것도 없다는 대답뿐이다. 다른 방편으로 만일 어떤 사람이 나에게 타당한 질문, 곧 나의 삶에 구체적인 방향을 제시하는 선명하고 절대적인 진리의 영감을 받은 신앙적 만남(경험)이란 무엇인가에 대해 묻는다면, 나의 정직한 대답이란 할 말이 아무것도 없다는 것뿐이다.
>
> 그러나 우리는 신앙의 형성을 절대적 진리의 객관적 근원과의 만남으로 말할 때 비이성적 극단에 처하게 된다. 만일 그것이 사실적인 만남의 문제라고 한다면 그 문제에 대한 해결점은 없다. 절대적 진리란 전체적으로 역사적 만남 속에서 나타난 이데올로기 형성의 장애가 될 뿐이다.
>
> 이 역설적 표현은 우리가 성서의 (역사적) 함축성의 결정적 중요성을 재발견하도록 해준다. 20세기 전반에 걸쳐 서로 다른 신앙의 영적 만남들은 인간과 절대적 진리의 객관적 근원 사이에서 발생했다. … 이런 만남들로 알려진 것은 각각의 이데올로기지만 그것은 배워서 이루어진 것이

아니다. 그 과정을 통해 어떻게 이데올로기들의 도움으로 사람들이 배우게 되는가를 깨닫게 된다. 이러한 신명기적 배움의 과정은 그 자체 적합한 내용을 지니며 예수가 두 본성들, 즉 인성과 신성을 지닌다고 말하는 경우 역시 이런 배움의 과정이 어떤 내용에 관한 것인지 언급한다. 그러나 우리는 이런 내용적 요소들을 하나 혹은 또 다른 특별한 이데올로기로 해석할 수 없다. 왜냐하면 그것들은 간접적인 단계 혹은 배움의 단계에 있으며 본질적으로 방법론적인 상징이다. 한편으로 그것들은 직접적인 이데올로기적 해석을 가지지 못하는 반면, 다른 한편으로 이데올로기적으로 해석될 수 있다는 것 외에 다른 기능이 없다.[72]

살아 있는 신앙이란 말로 표현할 수 없다. 성서가 담고 있는 것은 하나님으로부터 영감을 얻고 인도된 한 사람에 의해 구조화된 이데올로기들의 긴 전집들이다. 오늘날 우리에게 위험한 것은 우리가 특별한 이데올로기를 읽고 그것을 마치 하나님의 영원한 의도인 것처럼 절대화한다는 점이다. 그 필연적 결과 우리를 과거에 묶어 놓고 새로운 성령의 역사를 닫아 버리는 보수적인 신앙이 된다.

그러나 어떻게 오늘날 우리가 하나님에 대한 것이 무엇이며 또 무엇이 하나님에 대한 것이 아닌지를 구별할 수 있는가에 대해 우리는 질문하게 된다. 성숙된 신앙을 위해 성서는 간접적인 방법으로만 규범적이 된다. 즉, 우리가 성서를 볼 때 그것은 그 자체가 아니라 '시대적 징조'로 지적해야 한다는 뜻이다. 단지 현재적 해방의 활동에 참여하게 될 때만 성서는 신앙을 비추게 되고 오늘의 하나님 말씀을 반영하는 새로운 이데올로기들의 구

---

72) Ibid., 108~109.

조화를 위한 방향을 제시할 수 있을 것이다. 우리의 현재적 상황에 대한 '역사적 감수성'은 '해석학적 순환'을 움직이도록 해주는 의문을 가지게 한다. 본질적으로 우리는 희생자들과 정의에 참여하기 위한 연대감으로 돌아가게 된다. 세군도의 말에 따르면 우리는 퇴행적인 감각을 위해 '이데올로기'를 사용하기 때문에 "억압받는 자들에 대한 실제적이고 효과적인 선택으로 말미암아 우리는 우리의 정신을 탈 이데올로기화할 수 있고, 우리의 생각을 복음의 메시지로 자유하게 할 수 있다."[73]

## 듀이에 관한 재조명

세군도의 신학적 방법론에 대한 재고는 종교적 사안과 문제점들에 관해 생각하는 방법을 제공한다. 그것은 하나님과 인간, 그리고 세계 사이의 관계성들을 탐구하도록 해주는 접근이다. 여기서 우리는 간단히 이런 통찰들이 존 듀이의 탐구와 사상적으로 어떻게 관련성이 있는지 알아보려고 한다.

### 참여와 탐구

듀이는 탐구하는 데 도움이 될 만한 제안들을 많이 제공한다. 그러나 그는 스스로 종교에 관해 부족한 언급을 함으로써 상대적으로 신학적 방법이 부족하다. 그의 책 「일상적 신앙」(*Common Faith*)에서, 듀이는 모든 한정된 종교적 신조와 제도, 실천들을

---

73) Ibid., 87.

거부하는 반면 '종교적' 태도는 받아들인다. 듀이의 견해에 따르면 "종교란 지금 역사적 장애물의 하중 때문에 의식에 이르도록 하는 풍부한 종교적 경험의 길을 가로막고 있다."[74] 듀이는 특별한 종교적 전통에 대한 참여는 현재적 경험, 특히 경험의 종교적 차원으로 향하는 개방성을 방해한다고 본다. 그는 종교적이 되는 특성을 "포괄적인 이상적 목적, 즉 상상력이 우리에게 나타나고, 인간이 자신의 희망과 선택을 조정하는 가치로서 응답하도록 하는 신뢰를 통해 자아의 통합을 믿는 신앙"으로 연관시켜 설명한다.[75]

듀이의 종교에 대한 조심스러운 언급은 사람들의 선험적인 경험을 주장하는 어떤 전통에 대한 충성으로부터 오는 일반적 태도의 한 예에 불과하다. 도날드 피아트(Donald Piatt)의 간결한 주장과 같이 "실용주의란 모든 철학자들이 우선적으로 참여해야 할 최소한의 영역이다."[76] 경험은 이전 경험에서 얻은 의미들을 고양시킴으로써 생각되는 반면, 모든 의미는 예비적이고 근본적이며 투사적이다. 그것은 미래에 대해 의존적이다. 교리와 이원론들을 피하려는 필연성으로 듀이는 경험적 연구조사를 하지 않는 모든 참여자들을 의심하게 되었다.[77]

---

74) John Dewey, *A Common Faith* (New Heaven: Yale University Press, 1934).

75) Ibid., 33.

76) Donald A. Piatt, "Dewey's Logical Theory," in Paul A. Schilpp (ed.), *The Philosophy of John Dewey* (Evanston, Ⅲ: Northwestern University, 1939), 106.

77) 가치란 경험적 타당성에 영향을 받는다는 듀이의 주장은 성립될 수 없다(2장, 주 143 참조). 이 문제는 특별히 우리가 "어떤 생각들이 우리 삶에 가치 있는 참여인가?"라는 질문을 할 때 정확해진다. 세군도는 알버트 카뮈의 연극 '칼리구라'(Caligula)를 분석함으로써 난국을 설명한다(*The Liberation of Theology*, 103~104 and *Faith and Ideologies*, 3~10 참조). 로마의 황제 칼리구라는 행복에 관한 문제에 몰두한다. 그는 우연히 대부분 사람들이 여러 방심과 애착으로 말미암아 그

종교적 신앙 혹은 최소한 기독교 신앙은 흔히 이해되는 바와 같이 신과 의사소통을 하려고 믿어 왔던 전통에 참여하기를 요구한다. 전통에 대한 충성은 절대적 역할을 한다. 그 같은 참여는 듀이의 경험과 탐구에 대한 이해와 양립되는가라는 질문을 던지게 한다. 그것은 또한 필연적으로 '초자연주의적' 이원론들로 이끄는 문제인가라는 질문이기도 하다. 그러나 나는 그렇지 않다고 생각한다. 세군도의 신앙과 이데올로기의 구별은 비교리적이고 미래에 의존적인 신학적 구조를 위한 패러다임을 제시한다.

　　세군도의 이데올로기 발달에 대한 이해는 듀이의 가설에 대한 발달이해와 아주 가까울 정도로 평행선을 이룬다. 듀이는 모든 탐구는 '문제가 발생한 상황'에 대한 인식으로부터 시작한다고 주장한다. 예를 들면, "생각을 하는 데 있어 모든 것들의 두 가지

---

　　들의 목적을 딴 방향으로 돌리기 때문에 행복을 성취하지 못한다는 결론에 이른다. 칼리구라는 가장 가까운 친구와 사랑하는 자들을 죽음에 이르게 하면서 모든 가능성 있는 방심을 제거할 것을 선택했다. 그러나 종국에 칼리구라는 무관심하게 죽는다.

　　세군도에 따르면 그 연극에 바탕을 둔 논제란 대부분 사람들은 기꺼이 자신들이 세워 놓은 이상을 얻지 못하기 때문에 결코 삶에 만족하지 못한다는 내용이다(*The Liberation of Theology*, 103). 세군도는 이에 대해 더 자세히 설명하는데, "비유란 명확하다. 어떤 사람도 삶이란 애쓴 보람이 있고 또 어떤 면에서 시간을 들일 만한 보람이 있는 삶인지를 앞서서 경험할 수 있는 사람이 없다"(103). "우리의 삶에 참여하는 가치란 실험적으로 획득할 수 없다. 참된 인간의 삶이란 만족하게 될 것이라는 어떤 이상(ideal)에 대한 비경험적 선택을 전제한다. 그것은 이상, 즉 비경험적 기준에 의해 앞서서 선택한 이상(ideal)으로서 이를 성취하는 데 사용했던 의미와 목적을 조직하고 방향을 잡아 주는 이상이다"(104).

　　경험에로의 참여는 목적과 의미에 대한 특별한 분석을 선행한다. 세군도는 여기서 참여란 그것이 신학적 혹은 철학적으로 조성되었든 간에 신앙적 참여(faith-commitment)라고 명확히 설명한다. 신앙적 참여의 상대적 장점들을 냉정하게 평가하는 데 가치중립적 입장이 없는 반면에, 기독교 신앙이란 역사적 깊이와 다문화적 폭을 지닌 공동체 속에 우리를 놓이게 한다. 이것은 신앙적 입장에 대한 '경험적 타당성'을 제공하지는 않으나 이해할 만한 증거를 제공한다. 본질적으로 이것은 듀이가 그의 과학적 승인 절차에 기초를 둔 하나의 경험적 근본과 같은 종류다.

한계성은 시작은 복잡하고 어렵거나 혼동된 상황이고 마지막은
명확하며 통일성을 이루고 해결된 상황이다."[78] 그러나 문제 상
황의 인식 속에는 무엇이 포함되어 있는가?

　　듀이의 사회적 실존이란 반성적 사고를 일으키는 많은 문제적
환경들을 위한 상황을 인식한다.[79] 그것은 세군도가 근본적으로
관심을 둔 삶의 차원이다. 그러나 듀이는 어떻게 특별한 사회적
상황들이 문제들로 인식되고 경험되는지에 대해 적합하게 설명
하지 못했다.[80] 세군도의 인간학적 신앙에 대한 논쟁은 문제라
고 보는 상황으로서의 인식 속에 포함된 역동성을 구체화시킨
다. 문제는 단지 문제가 되지 않는 것으로 보는 관점으로부터만
문제들로 경험할 수 있다. 로즈머리 류터는 악의 인식에 대해 같
은 시사점을 보여 준다. 즉, "악에 대한 의식은 사실상 그 자체
회심의 과정 속에서 유래한다."[81] 특별한 비전에 현실적 참여를
일으키게 하는 것은 현실 상황을 문제적으로 볼 때만 가능하다.

## 세군도의 견해

　　세군도의 견해로부터 인간학적 신앙이란 구체적인 하나의 모
델 혹은 모델들이 증언한 하나의 의미-구조를 포함한다. 그것은

---

78) John Dewey, *How We Think* (Boston: D. C. Heath and Company, 1933),
　　106.

79) John Dewey, *Logic: The Theory of Inquiry* (New York: Henry Holt and
　　Company, 1938), 42.

80) 이 주제에 대한 듀이의 주장은 개인적 경험들, 즉 욕구를 탐구하는 것을 우선으로
　　한다(Dewey, *Logic: The Theory of Inquiry*, 27). 욕구에 대한 그의 이해는 조직
　　체가 환경과 불균형을 이룬다는 것이다.

81) Rosemary Radford Ruther, *Sexism and God-Talk: Toward a Feminist
　　Theology* (Boston: Beacon Press, 1983), 159.

상대적인 증언에 기초를 두지만 신앙은 그 자체 절대적이다. 삶의 의미성은 항상 실존론적 상황을 초월한 종말론적 견해로부터 판단할 수 있기 때문에 그것은 경험적으로 긍정될 수도 부정될 수도 없다. 인간학적 신앙, 즉 특별한 종교적 전통들 속에서 표현되고 구현된 신앙은 인간학적 신앙에 대해 단지 하나만의 형태지만 그것은 교인들에게 궁극적 의미의 물음들에 접근하는 것을 통해 다소 일괄된 상징체계를 제공한다.

탐구에 대한 듀이의 방법들은 의미에 대한 존재론적 물음에 의해 문제적 상황을 공식화한다는 점에서 부적당하다. 나는 무엇을 신뢰해야만 하는가? 삶은 죽음보다 더 나은가? 나는 이웃에게 무슨 빚을 지고 있는가? 어떻게 나는 삶의 목적을 찾을 수 있는가? 그 질문에 대한 대답들을 우리는 경험적으로 제시할 수 없다. 그러므로 가설을 검증하는 일은 제안이 가능한 많은 선택들 중 어떤 하나를 그 이상의 생명력을 가지고 살아남도록 하는 시도다. 사람들이 어떻게 그 같은 질문들을 현실적으로 해결해야 하는가에 대한 연구조사를 근거로 제시하는 세군도의 주장에 따르면 우리는 모두 신앙에 근거한 가설들로부터 시작해야만 한다.

일단 신앙적 입장을 보일 때 그것은 특별한 상황이 문제와 관련되어 있다는 전제를 말해 준다. 특별한 이데올로기들은 진화를 하는데, 그것은 어떻게 상황과 문제가 연결되었는지에 관한 존 듀이의 가설과 같다. 만일 한 이데올로기가 불만족스럽다면 새로운 이데올로기가 생성될 수 있다는 전제다.

존 듀이와 마찬가지로 세군도에게 있어서 탐구란 일상적 경험에서 시작하고 일상적 경험으로 끝난다.[82] 해석학적 순환 또한 현실적 경험으로부터 시작해서 현실에 대한 새로운 경험으로 끝난다. 그 순환 속에서 생각하는 일에 일관성과 통일성을 주는 것은 특별한 사상적인 면을 강조하는 참여이다. 듀이가 말하는 '생각하기'란 통일된 특성을 부여하는 미학적 차원으로 들어가는 일이다. 다시 말해 "생각은 개념들의 연결고리(연결체인 혹은 사슬)로 진행되지만 그 개념들은 단지 분석심리학에서 소위 개념들이라고 부르는 것보다 훨씬 그 이상의 것으로 연결된 하나의 체인과 같다. 그것들은 발달적 중요한 특성을 지니며 감정적이고 실제적으로 구별이 된다."[83] 세군도의 주장에서 중요한 특징은 해석학적 순환을 보편적 참여의 성격과 밀접하게 결합하는 것이다. 세군도에 따르면 가난한 자들과 함께하는 일은 기독교 전통을 계시적이 되도록 허용하는 관점이다. 그러나 그것이 교리적 전통은 아니다. 오히려 그것은 피억압자들의 생생한 경험에 대한 반응 속에서 그 자체가 변형된다.

헌신적인 참여 문제와 관련된 것은 종교적 탐구의 성격에 관한 질문이다. 종교적으로 반성적 사고를 하기 위해 필요한 절차들은 무엇인가? 기독교 전통에로의 헌신적 참여를 인간해방에로의 참여로 연결시킬 때 신학을 한다는 것은 어떤 형태를 가지는가? 나는 인간 조건을 '보편적' 모습으로 보는 잘못된 신학적 이해가 계급적 이원론의 하나의 원천이 되어 왔다고 본다. 따라서 세군도는 신학적 방법에 있어서 왜곡이 없는 신학하기를 위한 모델을 제시한다.

---

82) 세군도는 교인들의 '일상적 경험'에 대해 깊은 신뢰성을 가지고 있다. 예를 들면, "우리는 기독교의 일반적 상식을 교회에서 어떤 애매모호한 것들로 적용해 온 것으로서 평가절하하지 말아야 한다." *The Liberation of Theology*, 40. 세군도의 순환은 심오한 질문들을 일으키는 경험에 대한 일반상식적인 해석에 기초를 둔다. 이런 질문들은 순환을 통한 작용 속에서 수행되고 더욱 형식적으로 분석된다.

83) John Dewey, *Art as Experience* (New York: Minton, Balch & Company, 1934), 37.

# 신학적 왜곡 제거

세군도는 보편적이라고 주장하지만 현실에 있어서 특권을 누리는 자들에 대한 이익과 관심들을 반영하는 신학에 도전한다. 신학적 왜곡은 인간 경험에서 어떤 면들을 선택하고 절대화하는데서 발생한다. 결국 특별한 관점을 절대화하는 것은 단지 동시에 다른 관점들을 부정할 때만 이원론이 가능하다는 결과를 가져온다.

한 신학자가 "하나님은 모든 사람들을 동등하게 사랑하기 때문에 인간의 갈등들 속에서 어느 한쪽을 편들지 않는다."고 주장한다고 가정해 보자. 그 같은 진술은 하나님의 은혜에 대한 신학자의 경험을 정확히 반영한다. 그러나 다른 사람들의 경험은 다른 결론에 이르게 한다. 매일 계속해서 부당하게 고통받는 사람에게 신학자의 하나님은 사랑하는 하나님이 아니다. 만일 우리의 가장 깊은 욕구가 주인의 식탁으로부터 먹다 남은 부스러기 음식을 찾는 일이라고 한다면, 우리는 편들지 않은 하나님으로부터 사랑을 경험하기 어려운 것이다. 하나님은 부당성에 대해 무관심한가? 하나님이 모든 사람들을 동등하게 사랑한다는 말은 사건적으로 불변성과 역사 혹은 성(聖)과 속(俗) 사이의 이원론으로 이끌어 낸다. 지금 여기 현재적 삶의 실재들로부터 단절된 하나님은 단지 '그 위에 모든 것'을 대신할 수 있으며 한쪽 편을 취할 수 없다. 물론 그 같은 이원론들은 하나님이 사건의 변화에 관심이 없다는 데에 친숙함으로써 현상유지를 돕는다.

보편적 신학의 제한된 관점의 변형은 듀이가 주장하는 '사악하고 그릇된 추상화'의 과정과 평형을 이룬다. 2장에서 언급한 바와 같이 사악하고 그릇된 추상화는 선택뿐만 아니라 거부를 의미한다. 신학에서 거부란 신학적 작업을 하는 단체의 경험에 대한 관점들을 억압하는 일뿐만 아니라 신학적 개념들은 정치적 그리고 사회경제적 구조들과 관계없다고 주장하는 빈번한 진술들에 의해 증명되어 왔다.

행동실천 신학의 전통적 형태와는 대조적으로 세군도의 신학적 방법론 연구에 대한 신뢰성은 세 가지 관점으로 요약할 수 있다. 첫째, 신학은 억압자들을 해방시키기 위해 먼저 인간의 참여에서 시작한다. 이런 참여는 그 자체 종교적 전통을 포함해서 다양한 자원들을 가지고 있다. 참여는 '문화적 신념들, 실천들, 태도들, 제도들의 이데올로기적 의심'을 일으킨다.

둘째, 이데올로기적 의심은 해석학적 순환을 통해 일련의 변증법적 방법이 된다. 그러므로 이데올로기적 의심은 수용한 종교적 전통과의 상호교류에서 신학적 의심으로 이끈다. 신학적 의심은 성취한 주석적 자료들과 교류하면서 주석적 의심으로 이끈다. 주석적 의심은 해석학에 대한 현재적 이해와 교류함으로써 새로운 해석으로 이끈다. 새로운 해석에 자신의 행동을 근거로 하는 것은 순환을 새롭게 하는 새로운 경험들을 창조한다. 그 순환은 계속적으로 지배 문화적 이데올로기들이 현상유지를 영속화시키는 기능을 한다는 의심을 해명하는 사회과학의 사용에 의해 자극받는다.

셋째, 전 과정은 성숙한 신앙에 의존한다. 성숙한 신앙은 단지 이데올로기의 구현 속에 그리고 그것을 통해서만 존재한다는 것을 인정하는 반면에, 이데올로기로부터 신앙을 분리할 수 있다.

세군도의 연구는 결정된 신앙, 즉 억압받는 자들을 위한 참여로 시작해서 그 참여에 의해 모든 가치를 구성하는 방법으로 진행한다. 문화적 계급을 전복시키고 해방을 위한 참여를 유일한 역사로 발전시켜 온 신학을 이해하기 위해 세군도는 계급적 이원론을 극복하기 위한 작업으로서 신학을 참여로부터 시작하는 신학적 방법을 전개해 왔다.

 **토의를 위한 질문**

1. 당신은 하나님이 가난한 자들을 더 편애한다고 주장하는 해방신학자들에 대해 어떻게 생각하며, 어떤 느낌이 드는가?
2. 당신은 이번 장에서 어느 부분이 가장 불편하게 느껴지는가? 왜 그러한가?
3. 본인의 말로 '실천행동'의 의미를 설명해 보라. 당신은 언제 실천행동을 해본 적이 있는가?
4. 최후 만찬의 의미를 생각하기 위해 세군도의 '해석학적 순환'을 사용해 보라. 이때 편견의 희생에 관한 경험으로 시작하라.
5. 편견적인 신념은 한 사람의 신앙인가 혹은 이데올로기인가? 답해 보자.

**더 읽어야 할 책들**

Brown, Robert McAfee. *Theology in a New Key: Responding to Liberation Themes.* Philadelphia: The Westminster Press, 1978.

Gutierrez, Gustavo. *A Theology of Liberation.* Maryknoll, N. Y.: Orbis Books, 1973.

Segundo, Juan Luis. *Faith and Ideologies. Vol. 1 of Jesus of Nazareth Yesterday and Today.* Maryknoll, N. Y.: Orbis Books, 1984.

Segundo, Juan Luis. *The Liberation of Theology.* Maryknoll, N. Y.: Orbis Books, 1976.

# The Nature of Prejudice
# and The Structure of Change

# 편견의 본질과
## 변화의 구조

제5장

# 편견의 본질과
## 변화의 구조

편견 극복을 위한 신앙교육

지금까지 살펴 본 각 장들은 편견의 문제를 조사하는 데 포괄적인 관점을 제공해 왔다. 교육철학과 도덕 심리학, 신학적 방법의 렌즈를 통해 계급적 이원론의 역동성을 조사함으로써 독자들이 편견에 대한 복잡하고 애매한 관점들을 전개하도록 해주었다. 여기서 기본 전제는 어떤 유일한 한 분야의 분석만으로는 적합하지 않다는 점이다. 편견이란 단순히 남성에 의한 성적 억압이나 미성숙한 도덕성, 혹은 권위적인 신학들의 부산물만이 아니다. 고든 알포트(Gordon Allport)의 주장에 따르면, "편견을 어떤 유일한 하나의 뿌리로만 설명하는 것은 심각한 잘못이다."[1] 편견의 원인들은 다면적이고 사회경제적 구조와 성, 문화적 이데올로기와 자아 정체성 등으로 확장할 수 있다. 편견은 두려움과 탈취하려는 욕망, 자존심의 욕구 외에도 다른 많은 요소들에 의해 동기화된다. 편견을 말하면서 발견할 수 있는 이런 다양한

---

1) Gordon W. Allport, *The Nature of Prejudice* (Reading, Mass.: Addison-Wesley Publishing Co., 1954, 1958, 1979?, x ⅷ).

원인들과 방법들에도 불구하고 나는 이 책에서 계급주의적 이원론이 모든 편견의 공통 형식이라고 주장해 왔다.

여기 5장은 이 책을 진행하는 데 있어서 간주곡과 같은데 간단히 살펴본 후 다른 주제로 옮길 생각이다. 앞 장의 각 부분은 각 학문 분야에서 개념과 범주들의 궤도 속에서 움직였기에 각각 자기의 언어로 표현했고 분석하는 형식을 더 선호했다. 그러나 여기서는 종합적으로 살펴보려고 한다. 즉, 공통 언어로 각각의 관점에 의해 제공된 통찰력을 확고하게 정리할 생각이다. 그 다음으로 나는 편견을 극복하기 위한 교육을 하는 데 필요한 실제적인 안내를 제공하기 위한 통찰력들을 내세우고자 한다.

이 장은 두 개의 주요 부분들로 나눌 수 있다. 첫째, 편견의 본질에 대해 열두 가지로 요약했다. 나는 그 같은 내용들이 지식의 체계를 촉진시킬 뿐 아니라 독자들이 자기인식을 하는 데 기여하기를 바란다. 둘째, 어떻게 듀이와 하안, 세군도의 이론들이 우리의 이해에 도움이 될 수 있을지를 설명하면서 다시 경험과 민주주의 그리고 탐구의 핵심 개념으로 돌아갔다. 이 주제들은 편견으로부터 다원화의 개념으로 옮기도록 계획한 교육적 결과의 핵심이다.

## 재고할 사항

우리 가운데 그 어떤 사람도 거룩한 땅에 서 있지 못하며 개인적이고 사회적인 역사 왜곡으로부터 자유로운 사회적 세계를 내다보지 못한다. 그 어떤 사람도 편견이 없을 수는 없다. 심지어 현재 연구를 수행하고 있는 편견분석은 저자인 내 편에 있어서도 많은 편견의 부분들, 즉 글을 쓰는 동안에도 알려지지 않고 도전받지 못한 편견들이 있음을 인정할 수밖에 없다. 편견적 태도와 가치, 신념과 행동들은 우리 각자에게 깊이 뿌리를 두고 있다. 그러나 그것은 우리가 여러 가지 모습의 편견에 직면하고 다시 방향을 잡기 위한 노력 속에서 우리 삶을 재고할 필요가 있다. 나는 이 책이 편견의 다양한 형태들을 일으키고 영속시켜 온 역사적·사회적·심리적 조건들을 독자들이 연구하도록 도와주는 하나의 방법이 되기를 바란다. 또한 계급적 이원론의 개념이 자신의 편견들을 확인하도록 독자들을 도와주기를 바란다.

　다음 장에서 나는 편견의 문제를 해명하기 위한 모델 하나를 제시할 것이다. 그러나 교육적 과제를 다루기 전에 먼저 우리에게는 주제를 통합하는 일이 중요하다. 통합적으로 반 편견 프로그램을 계획하기 위해 우리는 먼저 개인적 편견들에 도전하기 위한 노력을 해야 한다. 그러므로 지금 나는 독자들을 자기조사 과정에 참여하도록 초대하려고 한다.

　아래 목록은 앞 장에서 간학문 간에 분석한 내용으로부터 편견의 본성을 열두 가지로 요약해 놓은 진술이다. 독자들이 각 진술들을 재고하기를 기대하면서 그 진술이 자신들의 경험에 맞도록 하는 구체적인 방법들을 설명하려고 한다. 열두 가지 진술은 아래와 같다.

　　1. 편견이란 계급적이고 이원론적 경험 방식에 근거를 둔다.
　　2. 편견은 삶의 불확실성들을 조정하고 싶은 바람으로 나타난다.
　　3. 편견은 편견을 가진 사람의 자존심을 유지시킨다.
　　4. 편견은 사회적 권력의 분배를 초래하고 재강화시킨다.
　　5. 성차별은 다른 여러 가지 편견 형태들의 근본이 된다.

6. 다양한 편견의 형태들은 서로 관계된다.

7. 순응하도록 돕는 고정관념은 편견을 지지한다.

8. 편견은 도덕적 논증에서 미성숙한 형태들의 결과를 초래한다.

9. 편견은 비이성적 정신역학을 통해 안정을 성취하려 한다.

10. 궁극적인 판단기준을 마련하여 적용함으로써 편견을 정당화시킨다.

11. 편견은 '억압자'와 '피억압자' 모두에게 심리적으로 부정적인 결과를 낳는다.

12. 편견은 물리적 결과들로 표출된다.

이 요약된 진술들은 하나하나 각기 우리 자신의 경험 속에서 비춰질 수 있다. 각각의 주제들을 좀 더 구체적으로 아래와 같이 살펴보고자 한다.

### 1. 편견이란 계급적이고 이원론적 경험 방식에 근거를 둔다

계급적 이원론의 주제는 이 책의 다양한 분석들을 함께 결합하여 만든 통일된 디딤돌로 여겨 왔다. 편견이 계급적이고 이원론적인 경험 패턴의 기초가 된다는 것은 편견이 가치와 인식적 차원들을 함께 가지고 있다는 의미다. 계급은 가치를 지니며 이원론들은 인식적으로 경험을 조직한다. 기본적인 편견은 선과 악, 참과 거짓, 강함과 약함에 대한 근본적인 가치의 계급들이다. 편견을 가진 사람들은 자신들의 집단이 참되고 선하며 강한 반면, 다른 집단들은 기본적으로 잘못되고 악하며 약하다고 믿는다.

우리 모두는 이원론적으로 생각하는 경향이 있다. 자신의 세계를 단순한 가치의 계급들로 축소하고 싶어 한다. 우리는 미국이 좋다고 생각하고 이라크는 나쁘다고 생각하는가? 남성들은 강하고 여성들은 약하다고 생각하는가? 이 가운데 그 어떤 것도 우리의 생각에 대한 특징들이 아니라면 우리는 무슨 계급적인 이원론들에 빠져 있는 것인가?

## 2. 편견은 삶의 불확실성들을 조정하고 싶은 바람으로 나타난다

삶은 불확실성에 의해 특징지어진다. 그래서 가치 있는 경험들과 사물들이 지속되리라는 보장을 기대할 수 없다. 삶의 불안성은 행운을 좌우하는 동요를 지배하고픈 열망을 만들어 낸다. 이 열망은 실제적이고 관찰할 수 있는 세계에 대해 맞서는 상상적 확실성에 대한 신념을 자극함으로써 이원론들을 증진시킨다.

이 '확실성을 위한 탐구'는 많은 단계들로 작용한다. 철학적 단계에서 확실성의 적은 우연한 일이며 이와 상응하여 실재는 고정된 법으로 축소된다. 사회적 단계에서는 변화를 적대관계로 인식하고 안전성을 확고한 제도들과 강한 지도력을 통해 추구한다. 고든 알포트가 예견했듯이, "편견의 사람은 사회 속에서 계급을 추구한다. 권력의 서열은 제한적이며 그가 의지할 수 있는 어떤 것이다. … 미국이 필요로 하는 것은 강한 지도자, 즉 말의 등에 올라탄 사람이다!"[2] 개인적 단계에서 애매함은 위협으로 인식되며 분명하게 한정된 관계와 역할을 바라는 욕망으로 이끌리게 될 것이다.

물론 우리 모두는 무의미성 혹은 위험한 동요보다 안전성을 더 선호한다. 문제는 우리가 삶의 불가피한 불확실성들에 대해 어떻게 반응할 것인가에 달려 있다. 우리는 그 '확실성을 위한 탐구'를 어떻게 우리의 삶 속에서 분명하게 제시할 것인가? 이

---

2) Ibid., 406~407.

대답을 찾기 위해 우리 자신의 깊은 두려움들을 확인해 보는 것은 도움이 된다. 종종 우리는 이런 것들을 인식하지 못하지만, 몇몇 사람들은 아마 이것들을 인식할 것이다. 죽음·사회적 변동·재정 파탄·핵 파괴·우리의 두려움이 무엇이든 우리는 그것들을 축소시키기 위한 심리학적 수단들로서 발전시켜 왔던 것 같다. 그 같은 하나의 기술 혹은 방어 과정은 무엇이 더 편한가에 따라 더 큰 진리의 가치를 반영하고 그것에 대한 반증(counter evidence)은 부정하거나 무시한다. 우리는 이 같은 방법들을 지적해 낼 수 있는가?

예를 들면, 우리는 핵전쟁에 대해 심한 두려움을 가질 수 있다. 우리 가운데 많은 사람들은 이 같은 두려움을 다음과 같은 희망을 통해 해결하려 한다. 즉, "우리 정부의 핵 억제정책은 우리를 전쟁으로부터 보호해 줄 것이기 때문에 만일 우리가 국방력을 강화시키면 우리는 안전할 것이다."는 희망을 갖는다. 그러나 그 같은 생각은 그릇된 '확실성을 위한 탐구'로 보인다. 왜냐하면 그것은, 예를 들면 역사 속에서 설치된 모든 무기들은 전쟁으로 종식되어 왔다는 다른 상대적 진리로부터 분리된 진리를 파악함으로써 두려움을 해결하려는 시도를 반영하기 때문이다. 오히려 군사적 경쟁경주를 종식시키기 위한 적극적이지만 희박한 행동들로 우리의 두려움을 해결하기보다 우리는 선택적인 신념들을 통해 긴장을 해결하려 한다.

### 3. 편견은 편견을 가진 사람의 자존심을 유지시킨다

편견들은 애매모호함을 축소하도록 할 뿐 아니라 편견을 가진 사람들의 자존심을 지탱시킨다. 사람들이 그 밖의 다른 사람들보다 더 좋다고 느낄 때 그들은 종종 그들 스스로에 대해 좋다고 느끼는 것은 현실적 인간 실존의 불행한 실재들 중 하나다. 편견들은 이런 종류의 자아 지탱을 위해 예비한 수단을 제공한다. 자존심과 편견 사이의 관계성은 다른 사람들에 대한 한 사람의 견해가 그 사람의 자아상과 밀접하게 결합되어 있음을 말해 준다. 그들 자신의 이미지가 약한 사람들은 다른 사람들의 부정적 이미지들을 발전시키는 것 같다. 편견은 사람들이 스스로에게 "최소한 나는 OOO(한 소수 집단에 던진 경멸적인 말로 기록된 상대)보다 덜 치사하다."라고 말할 수 있어서 사람들의 부족한 자아상을 지탱해 준다.[3]

내가 낮은 사람이라고 느낄 때 나는 일반적으로 나 자신을 다른 사람과 비교해서 그 비교가 나에게 더 호의적이 되도록 하려고 어떤 수단들을 찾고 있는가? 나는 심지어 이런 목적들을 이루려고 어느 특정한 집단을 생각하고 있지는 않는가? 나 자신의 자아상에 관해 잠시 생각해 보는 것은 중요하다. 무엇이 나를 자신에 관해 좋다고 느끼도록 해주는가? 한번 목록을 작성해 보자. 그 목록에 있는 항목들 가운데 어떤 것들이 그 밖의 다른 사람보다 더 낫다는 것과 본능적으로 결합되어 있는가?

왜곡되었지만 자신에게 위로가 되는 '비교하기'를 허용하는 것 외에 편견들은 다른 방법, 즉 자기 자신의 결점들을 다루는 것을 기피하도록 함으로써 자존심을 지탱한다. 이것은 잘 알려진 희생양이라는 과정으로 작용한다. 자신의 실패를 대면하기보다 오히려 나는 그들에 대한 인식을 막고 나의 내적 근심들을 자신의 편견에 의한 희생자들에게 투사한다. 예를 들면, 지적 무능

---

3) 편견과 자존심의 관계에 대한 포괄적인 논의는 C. Bagley, G. Verma, K. Mallick, and L. Young, *Personality, Self-Esteem and Prejudice* (Westmead, England: Sax-on House, 1979)에서 알 수 있다.

력함에 대한 자존심의 감정들은 흑인들이 백인보다 IQ가 더 낮다는 신념으로 변하여 감정을 가라앉힌다. 나 자신의 억압된 친밀성에 대한 두려움은 여성들의 성(性)에 대한 과장된 강조를 함으로써 바꿀 수 있다.

독자들이 이 과정이 자신의 삶 속에서 어떻게 작용하는지에 대해 다시 생각하는 기회를 갖기 바란다. 나는 어떤 불안전성들을 오히려 직면하고 있지는 않은가? 나는 일반적으로 어떤 종류의 사람들과 관계할 때 어떤 어려움이 있는가? 그와 같은 질문에 대한 대답들은 우리의 잠재적 편견들에 대한 실마리를 찾는데 도움을 줄 것이다.

### 4. 편견은 사회적 권력의 분배를 초래하고 재강화시킨다

자존심을 유지하기 위해 편견을 이용하는 것은 왜 편견을 계속 지속시켜야 하는가에 대한 이유다. 또 다른 이유는 현 사회적 권력분배를 영속시키는 데에 있다. 그래서 어떤 사람들은 차별과 편견의 패턴으로 많은 혜택을 누린다.

사회적 현실을 제한시키는 가장 큰 권력을 가진 집단들은 그것을 자신의 이익으로 한정시킨다. 제도적 그리고 상호 인간적 권력을 통해 이익집단은 '엄격한 도덕적 불균형성'들을 나타내는 차별적인 서열을 만들고 더욱 강요할 수 있다. 제도적 구조와 실천들은 현상 유지를 강화시키는 구조다.

차별적인 실행과 제도들의 발달에 관한 이러한 설명은 음모의 소리로 들릴지도 모른다. 때때로 그렇기도 하다. 더 흔한 차별은 의심 없는 가설과 가치들의 산물이다. 예를 들면, 대부분 중산층 미국인들에게 대학입학은 입시시험이 기본이 된다는 사실은 확실히 당연한 일이다. 대부분의 사람들은 (다른 요소들 가운데) 교육에 있어서 이전의 불평등은 능력과 관계없이 소수의 사람들이 종종 좋은 시험 점수를 얻는 데 열악한 환경조건에서 오는 결과라는 사실을 깨닫지 못했다. 그것은 마치 두 사람, 즉 A와 B가 성적으로 경쟁하는 경우지만 A는 B의 책을 몰래 훔친 것과 같다.

우리는 지금까지 편견은 불확실성을 제거하고 자존심을 지탱시키며 사회적 불평등을 영속시킨다고 주장해 왔다. 근심을 줄이고 자기 존중심을 높이는 기능 때문에 편견으로부터 혜택을 누리는 사람들에게 확실한 차별적인 행위는 약간의 부가적 이득을 제공한다. 그러나 사회적 권력에 의한 혜택을 누리는 사람들은 차별을 더욱 활발하게 증폭시키는 것 같다. 레빈과 레빈(Levin and Levin)이란 사회학자들은 사회의 차별적인 분파들은 다른 방법들로 획득하는 것 같다고 다음과 같이 주장한다.

> 우리는 인격적인 수준에서 차별과 편견으로부터 오는 혜택을 누리는 다수 집단의 하류계층에 있는 사람들을 위하는 강한 경향이 있다고 믿는다. 편견은 그들의 어려움들에 관해 더욱 기분 좋게 해준다. 그것은 그들이 공격으로 전이시키고, 자존심을 보존시키며, 불확실성을 제거시키도록 허용한다. 대조적으로 그 다수 집단의 상류계층은 훨씬 더 사회구조의 수준에서 혜택을 누리는 것 같다. 그들은 생산가격을 조정하고, 그들의 이익이 되는 권력의 지위를 보호하며 땅을 획득하는 등 더 낮은 임금을 지불하는 형식으로 경제적 이익을 거둬들인다.[4]

사회의 상류계층은 차별적인 실천으로부터 대부분 많은 것을 획득하지만 우리 모두는 사회적 권력을 함께 나누고 현상유지로

---

4) Jack Levin and William Levin, *The Function of Discrimination and Prejudice* (New York: Harper & Row, 1982), 130~131.

부터 어느 정도를 얻는다. 만일 내가 하류계층의 소수 집단에 속하고 비기독교인이며 레즈비언이 아니라면 나는 아마 부분적으로 현 사회적 질서에 의해 영향을 받아 왔으리라고 생각한다. 그래서 구체적인 권력의 경험들을 반성적으로 사고해 보는 일은 중요하다.

권력이란 악한 것이 아니다. 그러나 권력남용은 주로 인간의 비열함의 근원이다. 출생권으로부터 얻는 권한들, 즉 우리가 남성 혹은 백인 혹은 북미 출신이란 이유는 특별히 권력남용을 대신할 수 있는 요소다. 우리는 그것을 의식적으로 생각하지 않기 때문에 종종 이런 권력의 종류가 본능적으로 남성이나 백인 혹은 북미 사람이 아닌 다른 사람들에게 권력을 행사한다는 사실을 깨닫지 못한다. 우리가 출생환경에 의해 특혜를 누리지 않는다고 말하는 것은 망상이다. 이와 유사하게 권한이 부여된 것에 대한 적합한 반응은 이를 반박하는 것이 아니라 그리고 현상을 계속 지지하기보다는 완전히 다른 측면에서 더욱 정당한 사회적 질서의 구조를 촉진하도록 사용할 수 있어야 한다.

어떤 방법으로 우리는 부당한 인간관계로부터 수익자가 되는가? 백인이며 중산계층의 남자로서 나는 그와 관련한 특권의 수혜자가 되어 왔던 것에 대해 나열하기란 어려운 일이 아니다. 몇 가지 예를 들어 보면, 나는 좋은 환경에 양질의 교육을 받아 왔고, 보통 수준의 집을 가지고 있으며, 건강한 영양을 섭취하고, 당혹스럽게 하는 상황들로부터 소수자의 이름으로 상대적인 자유를 누려 왔다. 이것들은 나의 상대적 낙관론, 즉 더 나은 세계를 만드는 데 약간의 작은 방법으로 공헌할 수 있을 것이라는 신념 그리고 스스로 고용자격을 갖추었다는 나의 확신 속에서 반영된다. 나의 태도들은 완전히 자아에 의해 만들어진 것이 아니라 오히려 사회적 지위의 상태를 반영한다. 우리는 자신의 인격적 차원들을 현 사회적 질서에 의해 받아들인 특혜로 찾아낼 수 있는가?

## 5. 성차별은 다른 여러 가지 편견 형태들의 근본이 된다

모든 인간집단에는 여성과 남성이 있다. 성별 사이에 있는 친밀한 관계는 계급적 이원론들을 안전하고 지속적으로 유지시키는 역할을 해왔다. 남성과 여성의 관계는 사회적 존재와 사회적 질서를 위한 기초가 되기 때문에 엘리트 남성들과 다른 인간집단들 사이의 관계 또한 성별관계로 만들어지게 된다는 사실은 놀랄 만한 일이 아니다. 그러므로 여성의 억압은 다른 인간집단의 억압의 기초가 되었던 역사적 모델이 되어 왔다.

개인의 성장발달 과정은 역사적 과정과 평행을 이루며 발달해 왔다. 성적 정체성은 어린아이들이 배우는 초기 집단의 정체성이다. 성적 문화 속에서 개인의 성장은 남성과 여성의 관계들이 계급적 이원론의 구조로 노출되어 있는 것을 배운다. 이 초기 배움은 다른 인간집단들 사이의 관계들 속에서 어린아이들의 기대와 바람들로 윤곽을 드러낸다. 어린아이들이 또 다른 여러 집단의 정체성들을 배우면서 계급적 이원론의 구조에 적용하도록 영향을 준다. 그러므로 성(性)에 대한 편견은 또 다른 편견들을 일으키는 길을 마련한다.

비록 성차별은 편견의 다른 형태들의 기초가 된다 하더라도 물론 모든 편견이 성차별로 환원된다고 말하는 것은 아니다. 모든 편견의 형태는 그 자체 독특한 역사적 발달과 심리적 역동성을 가진다. 그래서 각각은 주의 깊게 그 자체의 특징들을 연구해야만 한다. 만일 우리가 성차별을 놀라울 정도로 제거할 수 있다

편견 극복을 위한 신앙교육

해도 우리는 편견 문제를 종식시킬 수 없다. 그러나 성차별이 독특한 역할을 하는 것은 분명하다. 남자와 여자의 관계는 비록 이 구조가 여러 다양한 방법들로 명시될 수 있다 해도 계급적 이원론의 심리적 구조를 이루는 근원이 되어 왔고 앞으로도 계속 그렇게 작용할 것이다. 그러므로 이 가장 친밀한 사이의 관계성들을 가지고 성차별 관계를 재고하는 일은 중요하다.

어떻게 나는 나와 다른 성을 가진 사람과 관계 맺고 있는가? 나는 남자 아기에게는 푸른색 옷을, 여자 아기에게 분홍색 옷을 입히기를 원하는가? 나는 남자 아이는 권총이나 공을 가지고 놀기를 더 좋아하고 여자 아이는 인형이나 앞치마를 가지고 놀기를 더 좋아한다고 생각하는가? 나는 교회에서 여성들이 식탁을 차리기를 기대하고 남성들은 새로운 다른 일을 하기를 기대하는가? 나는 나와 다른 성보다 자신의 성이 그 이상으로 영적 혹은 정치적 지도력을 가지고 있다고 기대하는가? 나는 결혼할 때 자신의 이름을 포기하여 남편의 성을 따르기를 원하는가? 만일 결혼을 했다면 전통에 의해 구별되기보다는 관심과 능력에 따라서 직업과 가사 일을 함께 나누고 있는가? 부모가 함께 직장생활을 하기 때문에 집을 나간 한 어린이에 관한 이야기를 듣는다면, 나는 일하는 아빠가 가정에 대해 소홀히 한다고 비난하기 전에 일하는 엄마에게 더 책임이 있다고 비난할 것인가? 이 질문들 가운데 내가 어떤 질문에 긍정적으로 '예' 라고 대답한다면 성에 대한 편견을 가지고 있다고 볼 수 있다. 물론 이 밖에 더 많은 항목들이 있을 수 있다. 어떤 다른 비슷한 질문에 나는 '예' 라고 대답할 수 있는가?

## 6. 다양한 편견의 형태들은 서로 관계된다

편견을 가진 사람은 일반적으로 단지 한 집단에 대한 편견만을 가진 것이 아니다. 성과 인종, 계층과 기타 이데올로기들은 지배 집단(예를 들면 백인 남자들)의 이익을 강화시키는 방법으로 서로 얽혀 있으며, 반면에 종종 다른 종속적 집단들 혹은 희생자들을 통합하지 못하도록 하는 분파들을 분리시킨다.

사회적 불의로 인한 희생자들이 서로 단합하기 어렵다는 사실은 비극적이다. 정치적 다툼의 열기 속에서 자신의 억압된 상황들이 다른 사람의 것과 함께 연결되어 있다는 인식은 종종 희미해진다. 그러므로 흑인과 유대인, 여성들과 노동자들은 그들 스스로 서로 낯선 자라고 알게 된다.

편견 연구가들은 편견의 희생자들은 일반적으로 두 가지 방법 중 하나를 따른다고 주장한다.[5] 그들은 사회의 평균수보다 더 많이 편견적이 되거나 혹은 열정적인 평등 옹호자가 된다. 만일 첫 번째 경우라면 희생자는 그들 자신의 심리학으로 사회에 현존하는 편견들을 상승시킨다. 이는 자기 자신의 집단의 다른 구성원들에게 대항하는 편견을 의미한다. 다른 한편으로 편견의 경험은 그것을 어디서 발견하든 이런 악의 뿌리를 근절하기 위한 헌신으로 이끌 수 있다.

우리들 자신의 잘못된 화(anger)를 인식하기 위한 시도로 희생자의 개인적 경험들을 돌아보는 일은 중요하다. 서로 함께 이야기를 나눔으로써 서로가 적이 아니라 오히려 많은 집단들을 열등한 처지로 만든 부당한 조직이 적이라는 사실을 확실히 인식할 수 있다.

---

5) Allport, op cit., 153~157.

나의 형편과 같은 처지에 있는 다른 독자들은 희생당한 경험들을 이야기하는 데 더 많은 어려움이 있다. 왜냐하면 권력의 피라미드에서 최고 정점에 아주 가까이 있기 때문에 나의 특별한 희생의 경험을 설명하기가 어렵다. 그러나 그것을 설명하는 것이 가능하다! 나는 인위적 요구들을 꾸미고 조정하도록 계획한 기업광고에 의해 희생되어 왔다. 또한 나는 더 많은 통지된 결정들을 내리도록 해주었던 정확하고 왜곡되지 않은 정보를 거부해 왔다. 내 노동의 산물들은 나의 동의나 승인 없이 은밀히 라틴 아메리카 전쟁에 지불하기 위해 미국 국세청을 통해 조달되었다.

나 자신을 이용할 수 있는 고정관념화된 이미지들은 역설적으로 광범위하고 심지어 완고하기까지 하다. 나는 많은 대중들의 길을 따라가도록 내버려 두면서 낮은 임금을 주고 봉사하는 직장으로 방향을 돌리지 못했다. 나는 권력과 자유 그리고 존엄성으로 결합된 자아의 이미지를 자유롭게 주장해 왔다. 그러나 자연히 불어난 특권은 그 나름대로 가치를 지니고 있지만 내 처지와 다르다고 줄곧 말해 왔던 다른 사람들에게 손해를 끼치는 결과에 이른다. 그러므로 예를 들어, 여성을 하위인종으로 비하하는 주장이 밝혀지지 않도록 하기 위해 나는 '사내답지 못한' 행동을 하는 것에 저항하는 엄격한 고정관념들이 있다. 나는 강한 자이지만 흑인 남자와 동일시하지 않기 위해 '난폭한 억지'를 부리지 않는다. 예를 들면, '재치 있는 머리'가 필요한 미식축구의 쿼터백은 의례히 백인이지만, '근육'이 필요한 권투선수는 흑인이라고 일치시킨다. 일본인과 유대인이 일치하지 않도록 하기 위해 나는 근면하지만 그렇게 열정적이지 않다. 다른 한편으로 제3세계에 거주하는 '게으른 사람'과 일치하지 않도록 하기 위해 나는 여유롭지만 너무 한가하지는 않다.

우리 가운데 특권을 가진 사회적으로 높은 지위에 있는 사람들의 경우 자기 자신의 희생적 경험을 주의 깊게 다시 돌아보는 것은 중요하다. 그것은 단지 개인의 억압적 경험들의 샘으로부터 나오는 깊은 샘물을 들이마심으로써 우리는 기본적으로 희생자로서 삶의 경험을 가진 사람들임을 확인하기 시작한다. 죄책감은 사회적 정의를 위해 활동하는 데 좋은 동기가 될 수 없다. 단지 공감한 경험들의 소리를 들을 수 있을 때만이 참된 공동체를 세울 수 있다.

편견은 고립된 현상이 아니며 덩어리로 함께 연결되어 있다. 비록 상대적인 소수 사람들의 이익을 약탈하려는 치밀한 조직이라 해도 편견은 자신이 누리는 특권을 조직적으로 유지하도록 돕는다. 우리가 약탈의 경험들을 고려해볼 때 개인적·상호적·사회적·국제적 차원들의 억압조직을 살펴본다면 우리는 하나의 편견이 다른 편견과 연결되어 있는 공통의 것으로 보이기 시작할 것이다. 정신으로 엮어진 전체 그물망은 억압된 사람들과 서로 연합된 연결체계를 형성하도록 도와줄 것이다.

### 7. 순응하도록 돕는 고정관념은 편견을 지지한다

나는 고정관념이 편견을 형성하고 영속시키는 데 중심 역할을 하는 것에 대해 설명할 수 있는 경험들을 많이 가지고 있다. 고정된 사고는 편견과 동등한 것이 아니다. 그러나 중요한 차원이다. 고정관념은 편견을 형성시키는 요인을 담고 있는 감정적 반감과 연결된 인지적 내용이다.

고정관념들은 인지발달 과정에 그 뿌리를 둔다. 매 순간 우리는 우리의 감각을 통해 두뇌로 들어가는 수많은 자극들을 사용하여 분별해 내며, 그것들은 약간의 의미가 담긴 이미지들로 서서히 드러난다. 우리는 자극적 의미가 담긴 패턴들을 인식하는 일을 단순화시키는 범주를 형성한다. 우리의 경험을 범주화시키는 과정은 주의를 집중하는 곳에서 필수적으로 무의식적 선택을 한다. 그 결과 우리는 유일한 범주를 포함한 대상들 사이의 유사성들을 지나치게 과대평가하는 경향이 있는 데다 다른 범주들 안에 속한 대상들 사이의 유사성들을 과소평가하는 경향이 있다. 이 같은 과정이 인간 집단에 적용될 때도 고정관념은 종종 같은 결과로 발생한다.

고정관념들은 자체 모순적이지만 그렇다고 항상 편견적이지는 않다. 고정관념들이 한 집단에 대한 부정적 태도들을 강화하는 기능을 할 때 편견적이다. 계급적 이원론의 기본적인 긍정적 그리고 부정적 양극에 이미 관계하고 있을 수 있어서 고정관념들은 효과적으로 부정적 태도들을 갖도록 도와준다. 그러므로 어떤 집단들은 더럽고 다른 집단은 깨끗하다는 고정관념은 선과 악에 대한, 이미 존재하고 있는 판단을 강화하고 반영한다.

고정관념은 아주 융통성이 있다. 만일 충분한 증거가 쌓여서 특별한 집단의 부정적 고정관념을 포기해야 하더라도 편견은 제거되지 않는다. 또 다른 고정관념이 아주 빠르게 같은 역할을 달성하도록 발달할 수 있다. 그것은 류터가 여성들을 특성화시키기 위해 사용된 고정관념의 근본적인 변화를 어떻게 증명했는지 상기시켜 줄 테지만 아직 여성들에 대해 반대하는 편견이 상처받지 않은 채 남아 있다.

우리의 생각 속에는 어떤 고정관념들이 작용하는가? 레즈비언과 정치가, 권투선수와 통신원, 라틴 아메리카의 농부 같은 단어들을 들을 때 어떤 이미지들이 마음속에 떠오르는가? 사람들은 타고난 특성 때문에, 예를 들면 국적이나 인종, 성 혹은 기능들이나 직업들 때문에 고정관념화될 수 있다. 고정관념의 근원은 고정관념화를 위한 의미성들만큼 중요하지 않다. 고정관념은 사람들을 제한된 이미지들로 축소한다. 고정관념들을 투사하는 가면(위장)으로부터 벗어나 사람들과 만나 이야기할 수 있도록 하기 위해 우리의 생각 속에 있는 고정관념들에 대해 민감하게 반응하는 것은 중요하다.

## 8. 편견은 도덕적 논증에서 미성숙한 형태들의 결과를 초래한다

엘리트 집단들의 구성원들과 종속 집단들의 구성원들 사이에 오고가는 대화는 정보와 감정들, 관점들과 가치들에 대해 동등한 입장으로 표현되지 않는다. 다소 교활한 방법으로 더 큰 사회적 힘을 가진 집단의 구성원들이 대화를 지배한다. 이러한 지배가 비록 정당해 보이는 '가부장적' 결과들에 의해 채택된다 해도 도덕적으로 불균형의 결론과 행동을 도출한다.

도덕적 대화는 두 가지 근본적인 단계에서 발생한다. 즉, 개인들과 집단들 사이에서 발생한다. 상호 간 대화에 있어서, 비공식적인 관습들은 기득권을 가진 구성원들이 더욱 빈번하게 개입하고, 마지막 말을 하며, 더 강압적으로 말하고, 아주 다른 많은 교활한 사회적 교환을 위한 조정자들이 되는 것을 허용한다. 한 시대를 거쳐 그리고 많은 상황들 속에서 그와 같은 교환적 패턴들이 축적된 결과 지배정권의 관심과 가치에 우선권이 주어져 왔다.

집단 사이에서 도덕적 대화는 종종 더 공식적인 방법 속에서도 발생한다. 대표제의 민주주의에서 필연적으로 도덕적 대화의 형식을 띤 정치적 대화는 종종 자신의 대표자를 통해 수행된다. 만일 한 사람이 비대표자 혹은 하위 대표자라고 한다면 이것은 심각한 문제를 일으킨다. 예를 들어, 우세한 남성 상의원들의 대화로 탄생한 '평등권 개정'(the Equal Rights Amendment)의 운명을 결정하는 것은 정당한가? 여성들의 안수문제는 모든 남성 부족들 앞에서도 있을 수 있는가? 가난한 사람들은 유권자들이 복지에 대해 주장할 때 적합한 대표가 되는가?

나는 의사소통의 왜곡된 형태에 참여하는 방법들을 확인할 수 있는가? 나의 일터에서 월급의 정도가 가장 밑바닥 끝에 있는 사람들의 견해와 관점들이 최고 끝에 있는 사람들에게도 똑같은 주의를 끌 수 있는가? 뉴스와 정보로 바뀐 나의 입장들은 다양한 견해들로 알려진 관점들을 제공하는가? 예를 들어, 사회주의 해석들은 자본주의 해석만큼이나 기꺼이 이용 가능한가? 만일 그렇지 않다면 누가 당신을 위해 무엇이 진실인지에 대해 결정을 할 것인가?

### 9. 편견은 비이성적 정신역학을 통해 안정을 성취하려 한다

편견들은 비이성적 차원, 즉 인간의 경험을 왜곡시키는 차원을 내포한다. 듀이는 '숨겨진 가치 선택'에 대해 말한다. 하얀과 류터는 방어 심리학적 과정의 관점에서 말한다. 세군도는 '상식'으로 통했던 비이성적 선입관들을 의미하면서 경멸적인 느낌에서 '이데올로기'를 언급한다. 이들은 모두 다 편견을 의례히 수반하는 비이성적 요소를 언급하고 있다.

우리 자신의 생각을 비이성적 차원으로 인정하기란 어려운 일이다. 본질적으로 비이성성은 이성적인 것으로 제기할 수 있다. 나는 얼마나 비논리적인 꿈들인지, 그때 일인 것처럼 아직도 얼마나 믿어지는지에 대해 생각해 본 적이 있는가? 태도와 신념 그리고 편견의 행동들은 종종 비이성적인 것과 같고 그 같은 것을 인정하기란 또한 동일하게 어려운 일이다.

우리 각자는 자신들의 편견에 직면함으로써 우리 스스로를 방어하는 방법들을 찾는 것은 당연한 일이다. 우리 자신의 자기가치와 자기정체성의 의식은 부분적으로 어떤 '다른' 이미지들에 반하는 자기 이미지를 유지하려는 곳에서 이원론적으로 존재한다. 우리는 자신의 편견들을 인정하는 일을 피하는 데 사용하는 정신적 속임수들을 밝혀내는 방법을 배워야 한다. 문맹으로부터 도피하는 것은 종종 두 가지 관문(door)들 중 하나를 통해 발견할 수 있다.

그 첫 번째 관문은 정치와 경제 그리고 주요 사회적 제도들의 거대 세계를 향해 밖으로 열려져 있다. 이 관문을 택한 사람들은 편견의 문제를 심리적 영역으로 제한시킨다. 이들은 사고와 행동의 편견적 패턴들이 심오하게 자신들의 인격과 다른 사람들과의 관계에 영향을 미쳐 온 방법에 대해 날카롭게 인식한다. 또한 고정관념화된 이미지와 왜곡된 인간관계의 친밀성들에 대해 주의 깊게 조사한다. 정신적 깊이에 관심을 집중해야 한다고 주장하는 사람들은 우리 시대의 주된 제도들 속에 명시되어 있는 문제들에 똑같은 열정으로 관심을 두는 데 실패할 것이다. 예를 들어, 그들은 거실에서 편안하게 앉아 성적 고정관념에 대해 생각하면서 제3세계 국가들을 약탈하는 조직체계 속에 뿌리를 둔 계층이 기득권들을 요구한다는 사실을 발견하는 데 실패할 것이다. 심리학적 상상 속에 나타난 편견의 미묘한 차이가 있는 순환들을 끊임없이 고안해 내는 일은 필연적으로 멀리 떨어진 땅에서 기아에 허덕이는 어린이들이나 핵이 주는 위협들 혹은 남아프리카에서 은행 저축식 교육 실천들에 대한 이미지들과 관련 있는 연결점들을 밝혀 내지 못한다.

두 번째 관문은 인간 상호관계의 미시세계를 향해 안으로 열려져 있다. 이 관문을 선택한 사람들은 뚜렷한 정의감과 많은 사회집단들의 억압 속에 사용된 사회정치적 체계의 예민한 인식을 한다. 그들이 보지 못한 것은 편견에 대한 일상적인 인격적 형태들이다. 정치적인 것에 지나치게 집중함으로써 사회경제적 약탈과 언어 습관의 결합성을 놓치게 된다.

이 집단은 특별히 소위 **교묘한 것에 의한 파멸**이라는 말에 쉽게 상처를 입는다. 대부분 파괴적인 억압들은 이제 미국이나 다른 '현대 민주주의 사회'에서 잔인한 권력의 힘으로 유지될 수 없다. 많은 사람들은 편견이 사회조직으로 스며든 정도를 인식하지 못한다. 왜냐하면 편견이란 단지 법적 분리 차별이나 고문 혹은 기한 없는 감금과 같은 인권에 대한 총체적 침해로 구성할 때 억압과 같은 어떤 것으로 명명하기 때문이다. 대부분 오늘날 사회적 이권을 유지시키기 위한 권력 수단은 매우 조용히 이루어진다. 시민권 운동과 여성운동의 승리는 권력과 편견을 유지시키는 세련된 수단들로 말미암아 그 효력을 상실해 왔다. 그래서 예를 들어, 여성들은 페미니스트로 풍자하여 묘사한 대중매체의 이미지들에 의해 억압받고 가난한 흑인들은 권력에 의해 그들의 언어를 잃고 긍정적인 행동 프로그램을 '역차별'이라는 이름으로 부당하게 빼앗겼다.

각기 유일한 억압기제는 심각하지 않은 모습이다. 이는 사소한 일처럼 보이는데, 여성들은 남성의 '생식적' 언어로 말미암아 언어적 익명성으로 축소된다. 그것은 단순히 편리한 문제로 보이지만 이름을 붙이는 관습에서 여성들은 자신의 이름을 포기하고 결혼식에서 'OOO의 부인'(Mrs. OOO)이 되라는 요구를 받는다. 그것은 종종 많은 사회적 예의범절들이 여성의 이미지를 힘이 없고 돌봄을 받는 사람으로 반영하는 순수 문화적 올가미와 같다. 그와 같은 입장을 반대하는 소리를 내는 여성들은 종종 과격한 페미니스트로 낙인찍히기도 한다. 그러나 전체적으로 정교한 조직들은 만연한 아내 폭행(wife-beating)이나 가난에 의한 기근이 있는 곳에서나 개인이나 국가든 간에 다른 사람들이 복종하게 될 때 남성의 이미지가 향상하여 나타나는 문화에서 그 절정을 이룬다.

## 10. 궁극적인 판단기준을 마련하여 적용함으로써 편견을 정당화시킨다

사람들은 자신들이 존재하는 집단의 차이성들을 설명할 때 다양한 방법들을 가지고 있다.[6] 불가피하게 편견은 자신의 부정적 태도와 신념이 아니라 외집단의 '실패들'에 대한 어떤 궁극적인 원인에 의해 설명된다. 어떤 사람들은 그들의 궁극적 원인으로서 본성을 주장할 것이며 외집단의 열등한 상태를 생리적 특성에 기인한다고 간주할 것이다. 다른 사람들은 외집단의 열등한 상태를 궁극적 인간의 결정체로 믿고 있는 환경적 혹은 문화적 요소의 탓으로 돌릴 것이다. 현재 연구의 가장 큰 관심은 그들의 편견을 종교적 신념에 접근함으로써 정당화하는 사람들이다.

연구가들은 빈번히 종교성과 편견 사이에 연결성이 있다는 주장에 대해 종종 혼동에 빠지게 만든다.[7] 일반적으로 교회에 나가

---

6) Richard Apostle, Charles Glock, Thomas Piazza, and Marijean Suelzle, *The Anatomy of Racial Attitudes* (Berkeley, CA.: University of California Press, 1983) 참조. 이 저자들은 사람들이 인식할 만한 인종적 차이성들을 설명하기 위해 사용하는 다섯 가지의 '순수하게' 해명하는 모델을 보여 준다. 그 차이성들을 놓고 발생학자들은 열등한 인종적 유전자에, 초자연주의자들은 하나님에, 개인주의자들은 인간의지의 작용에, 급진주의자들은 백인의 다수에 의해 흑인에게 고의적으로 부과된 하위상태에, 환경론자들은 사회적 환경에 각각 기인한다고 주장한다. 사도들과 다른 저자들은 한 개인이 인종 다툼으로 받아들이는 처방의 종류가 무엇인가에 따라 관계를 맺는 경향성이 있다는 해설 모델의 형태를 발견했다.

는 사람들은 종교를 가지지 않은 사람보다 더 편견적이다. 비록 이런 주장들의 의미성과 타당성에 대한 논쟁이 계속된다 해도 종교성이 편견을 자극시킨다는 사실에 대해 놀라지 않는다면 이는 상당한 경종을 주는 근거다. 종교교육자들이 극복해야 할 주된 장애물은 하나님이 어떤 집단들에게 불이익을 줄 수밖에 없다는 신념이다.

여기서 우리는 우리 자신의 하나님 형상에 대해 다시 생각하게 된다. 그 형상은 어떤 방법으로 편견을 지지하는가? 하나님은 '아버지'인가? 하나님은 '구원받은 자'와 '저주받은 자'로 구별하는가? 하나님은 어떤 사람을 가난한 사람이 되도록 만들었는가? 하나님은 권능의 통치자인가? 인간의 사소한 다툼을 주관하는 '위에'(above) 계신 분으로서 하나님의 형상이나 혹은 모

---

7) 종교와 편견과의 관계성은 전적으로 명확하지 않다. 로케치(Milton Rokeach)의 고전적 연구에 따르면 예를 들어, 더 강한 종교적 헌신적 참여는 더 큰 편견과 관련이 있다. 또한 대부분 교회 멤버들이 보통 비멤버들보다 더 편견적인 반면에, 매우 헌신된 멤버들, 즉 특별히 궁극적 질문들을 추구하는 개방적 과정으로 종교를 바라보는 멤버들은 보통 사람들보다 덜 편견적이라는 논쟁을 지지하는 문헌들도 있다. Milton Rokeach, *Beliefs, Attitudes, and Values* (San Francisco: Jossey-Bass, 1968), and "Religious values and social compassion," *Review of Religious Research*, Vol. 11, 1969, 3~23 참조. 이러한 문제에 대한 연구 자료는 Richard Gorsuch and Daniel Aleshire, "Christian Faith and Ethnic Prejudice: A Review and Interpretation of Research," *Journal for the Scientific Study of Religion*, Vol. 13 (1974), 281~307 참조. Gorsuch and Aleshire의 발견들은 여러 사람들에게 비판받고 있다. 특히 아래 논문들, Thomas Cygnar, Donald Noel, and Cardell Jacobson, "Religiosity and Prejudice: An Interdimensional Analysis," Journal for the Scientific Study of Religion, Vol. 16 (1977), 183~191; Daniel Batson, Stephen Naifeh, and Suzanne Pate, "Social Desirability, Religious Orientation, and Racial Prejudice," *Journal for the Scientific Study of Religion*, Vol. 17 (1978), 31~41; 그리고 H. Paul Chalfant and Charles Peek, "Religious Affiliation, Religiosity and Racial Prejudice: A New Look at Old Relationships." *Review of Religious Research*, Vol. 25 (1983), 155~161 등을 참조.

든 사람을 동등하게 사랑하므로 '어느 한쪽 편'(take sides)을 들 수 없는 하나님의 형상은 하나님에 대한 편견적 사고의 틀을 실제적으로 도전하여 적용하기에 어려운 심리학적 역할을 하는 형편이다.

### 11. 편견은 '억압자' 와 '피억압자' 모두에게 심리적으로 부정적인 결과를 낳는다

'억압자' 와 '피억압자' 의 범주로 사람들과 집단들을 이분법적으로 구별하는 것은 한 집단이 또 다른 집단의 선택과 조건에 영향을 미치는 더 큰 권력을 행사할 수 있는 상황으로 만들기에 유용하다. 그러나 두 집단들은 심리학적으로 이 상황으로부터 고통을 받는다. 즉, 억압자들은 피억압자들을 억압함으로써 그들 자신은 비인간화되고, 피억압자들은 억압자들의 관점을 내면화시킴으로써 그들 자신을 억압하는 일에 참여하게 된다.

가장 비인간화시키는 억압자들에게 있어 편견적 생각의 결과들 중 하나는 인간 고통에 대해 무감각해져 가는 경향이다. 이런 경우는 종종 문제들에 대해 지나치게 이성주의적 접근을 하는 데서 나타난다. 예를 들어, 남아프리카에서 인종차별에 반대하는 저항에 대한 언급을 했을 때 나는 한 정부의 공식적인 입장을 들었다. 즉, "저항은 좋지만 이성적이어야만 한다." 다시 말해 "감정적이지 말라."는 언급이다. 왜곡된 생각과 감정은 미묘하게 같은 성질로 작용한다. 정말로 감정은 왜곡된 생각으로 이끌 수도 있으나 이와 동시에 구조적 행동으로 인도할 수 있다. 이성적 생각, 즉 감정적 개입으로부터 떨어진 이성적 생각은 종종 그릇된 관념적인 해결로 인도할 수 있다.

억압의 희생자들은 이중적 위험에 처하게 된다. 넓은 의미에서 그들은 지배집단이 그들을 제한시킨 부정적으로 정형화된 모습을 내면화시킨다. 그러므로 예를 들어, 대부분 남성들은 여성들이 정상적으로 행하는 일을 (하고 싶어 하지는 않더라도) 자신들도 할 수 있다고 느끼는 반면 많은 여성들은 남자들이 정상적으로 행하는 일을 자신들은 할 수 없다고 느낀다. 부정적인 자아상을 내면화시킬 뿐 아니라 억압받는 사람들은 또한 지배집단의 가치들을 내면화시킨다. 그러므로 많은 불이익을 당하는 사람들이 출세하기 위한 유일한 길은 지배적 관리계층의 의무적이고 이성적이며 소모적 스타일을 흉내 내는 일이다.

억압받는 사람들은 종종 억압의 희생자들로서 그들 스스로를 밝히기를 꺼린다. 이런 점은 지배집단의 관점들에 대해 피억압자들 자신이 부분적으로 내면화되었음을 말해 준다. 억압자들을 비난하기보다 자신들의 곤욕에 대해 스스로 비난하여 결국 그들 자신을 비하하거나 저하시키는 자아상에 사로잡힌다. 피억압자들이 자신의 억압적인 상황을 파악하지 못하는 또 다른 이유는 그와 같은 인식이 그들 자신에게 허용된 가치와 보호에 대해 의문을 불러들이는 일로 제한된 의식 때문일지도 모른다. 예를 들어, 여성들은 남성과의 관계에서 가치와 보호를 느끼도록 가르침을 받아 왔다. 그들은 자매와 아내 그리고 어머니로서 가치를 부여받았다. 만일 한 여성이 가부장적 문화에 저항하여 폭동을 일으킨다면 그녀에게 의미를 부여해 주는 그녀의 주요 출처인 바로 그 단체로부터 위협받게 된다. 그 가부장적 문화가 의미 있는 삶에 대해 매우 엄격한 이미지들을 제공할 때 이런 엄격한 이미지들의 희생자들은 강하게 그 이미지에 매달리기 쉽다. 이것은 백인이나 중산층 여성들의 경우에 특히 그렇다. 즉, 그들은 엘리트 문화에 통합되어 있기 때문에 지배 남성들의 특권을 공유하는 자들이다.

## 12. 편견은 물리적 결과들로 표출된다

우리는 편견이 억압자와 피억압자 모두에게 심리적으로 부정적인 결과를 낳는다고 주장해 왔다. 편견들은 또한 육체적 결과를 초래한다. 그러나 심리적인 것과 같지 않게 억압자들은 긍정적인 육체적 결과들을 즐기는 반면에 피억압자들은 부정적인 육체적 결과들로부터 고통받는다. 먼저 가장 확실한 부정적 결과들을 살펴보면 어린이들은 기아에 허덕이며, 가난한 사람들은 집이 없고 여성들은 강탈당하며, 게이들은 매를 맞는다. 메리 헌트(Mary Hunt)가 한때 말한 바와 같이, 이렇듯 불이익을 당하는 사람들은 항상 "그들의 육체로 그것을 느낀다."

억압받는 자들을 곤욕에 빠뜨리는 육체적 결과들은 상품과 서비스들에 대해 공정한 평가를 하지 못하도록 하는 제도적 서열에 있어서든 혹은 육체적 결과들에 반대하여 나타나는 폭력적 행동에 있어서든 육체적 결과들의 모습들이 나타난다. 1년 동안 세상 모든 사람들에게 적당한 음식과 물, 교육과 건강 그리고 거주하는 데 필요한 용돈은 또한 2주 동안 무기에다 현금으로 많은 돈을 소모하는 것과 같다는 보고가 있다.[8] 그렇게 많은 돈을 소수 기득권자들을 보호하기 위해 허비했을 때, 그것은 타락한 사회구조들과 비인간화시키는 제도적 서열들이라고 부를 만하다.

많은 외집단들 특히 인종적 소수 집단들과 여성들, 게이들은 또한 빈번하게 육체적으로 공격당하는 희생자들이다. 온화한 편견을 가진 사람들은 확실히 심한 폭력적 행동들을 하지 않는다.

편견 극복을 위한 신앙교육

8) Matthew Fox, *Original Blessing* (Santa Fe, N.M.: Bear and Co., 1983).

사실상 개인적 편견을 은폐하는 데 사용하는 가장 흔한 기술은 가장 극단적인 사람들에게 비난의 손가락으로 지적하는 일이며, "나는 그렇지 않기 때문에 나는 편견적이지 않다."라고 말하는 일이다. 대부분 백인들이 KKK의 공격에 동조하지 않을 것이라는 말은 사실이지만, 반면에 KKK 단체들이 행한 잔혹한 공격에 대해서는 대신 책임지지 않는다. 다수 집단은 불순한 언어를 통해 오히려 한 특별한 집단을 격멸할 때 한 소수 집단은 육체적 폭력행동으로 그 차별을 수행한다.

다수 집단의 편견과 하나의 작은 요소로 일어나는 폭력적 행동 사이의 관계성은 피라미드의 원리로 설명할 수 있다. 즉, 많은 사람들의 잠재적인 반감들은 소수의 외적인 행동들에서 증폭된다. 대부분 사람들은 부정적인 고정관념으로 형성된 작은 모욕적인 언급이나 웃음거리를 단순히 해가 없는 말로 받아들이지만 그 표적이 된 집단에 대해 반대하는 불법적인 차별에 대해서는 묵인하지 않을 것이다. 그러나 그와 같은 말이 만연될 때 일부 다수권력집단은 편견을 언어적 차원을 넘어서 다수집권자들이 비난하는 공공연한 폭력적 행동들로 옮기게 된다. 폭력의 피라미드로 세운 각 단계는 맨 아래에 있는 더 폭넓은 단계들에 의해 지지받는다.

편견에 대한 다양한 설명들 사이의 관계는 여성들의 경우에서 볼 수 있다. 오늘날 사회에서 대부분 사람들은 여성들이 충분한 도덕적 가치가 없이 본래 열등한 존재라고 여기지 않는다. 그러나 사람들은 여전히 가부장적인 시기에 진화한 언어구조를 강하게 믿고 있다. 모든 사람들에게 '유전적으로' 물려준 배타적인 남성적 대명사들은 여성들을 언어적 형태가 없는 모습으로 축소해 버렸다. 반드시 비인간화된 성차별자로만 '남성 그룹'(the family of man)으로 보는 것은 부적합하다. 그러나 그와 같은 언어를 사용하는 사람들은 피라미드와 같이 더 심화된 단계로 상승한다. 여성들이 정형화된 농담과 야유와 깔봄의 대상 혹은 보호해야 할 훈계의 대상들이 될 때 다소 많은 사람들은 여성들을 역할과 틀에 박힌 관습으로 처리하고, 실제로 직장에서 여성들을 차별하며, 포르노잡지에서 여성들을 비하시키며 국한시킨다. 마지막으로 소수의 사람들은 여성들을 강탈하고 아내를 구타하며 짐승처럼 다룬다. 강도의 수준이 상당히 다양한 반면에, 이런 행동들은 서로서로 연관이 있다. 유순하게 편견을 가진 사람들의 기반이 더 넓으면 넓을수록 약자에 대한 폭행 비율이 더 높다. 피라미드의 기초를 이루는 사람들의 보다 약한 정도의 격렬한 행동들이기 때문에 다수자들이 소수자들의 행위들을 비난하는 일은 유익하지 않다.

편견으로 희생된 자들의 육체적 고통과 대조적으로 편견과 차별로 혜택을 받는 자들은 종종 다른 육체적 결과들을 즐긴다. 부자들은 더 큰 집들과 헬스클럽, 수영장 등을 소유한다. 그러므로 "모든 사람들은 억압받고 있다."는 말은 진실임과 동시에 진부한 표현이다. 상류층 사람들은 매주 분석가들을 만나는 반면에 육체적 억압의 결과들에 대해 누가 억압을 받고 있으며 누가 억압하고 있는지에 대해 분명하게 분석한다. 우리는 심리적 적응을 하는 것보다 육체적 박탈감의 고통을 더 심한 상태로 받아들이는 아브람 머슬로우(Abraham Maslow)의 주장을 따르는 추종자가 되지 말아야 한다.

# 일상적 언어를 지향하며

이제 우리는 처음에 듀이가 보여 준 경험과 민주주의, 탐구라는 주제들을 다시 살펴봄으로써 편견을 줄이기 위한 계획으로서 긍정적 개념으로서의 교육적 모델에 관심을 돌리려고 한다. 이런 용어들의 의미를 확장시키기 위해 우리는 하안과 세군도가 제시한 통찰들을 이용할 수 있다. 다음 장에서 우리는 이런 핵심 개념들 위에 세운 교육적 모델을 제안할 것이다.

## 경험

존 듀이의 경험철학에서, 그는 유행하는 사회학적이고 철학적인 이원론에 도전한다. 존 듀이에게 경험이란 행함과 이해함 사이, 즉 환경에 대응하는 행동들 사이의 균형으로 특징지을 수 있다. 듀이 철학에서 우리가 종종 분리되고 반대된다고 간주하는 사물들 혹은 개념들은 서로 분리될 수 없고 서로 관계된다. 그러므로 인간과 자연, 이론과 실제, 정신과 몸, 실재와 가치, 개인과 공동체 같은 구별들은 사실 현실에서는 근본적으로 다른 종류들로 언급할 수 없다. 예를 들어, 실재와 가치의 특징은 한 목표를 성취할 성향을 띤 활동과 관계있는 것으로 생각하면 경험과 연관 있는 차원들로 언급할 수 있다. 현실은 우리의 행동을 적응시키는데, 즉 가치의 정점으로 점차 향하도록 하는 행동이 되도록 한다.

하안에게 경험이란 듀이와 같이 '행함과 이해함'이다. 사회적 환경에 집중하면서, 하안은 사람들이 주고받는 것 사이에 도덕적 균형을 이루도록 시도한다고 주장한다. 성숙한 경험에는 도덕적 균형이 존재한다. 그러나 도덕적 상호교환이 충분히 성숙하지 못했을 때 주고받는 일에서 균형을 이루지 못한다. 초기 발달에서는 우리가 주는 것보다 부적당하게 더 많은 것을 받으려는 욕망이 우리 안에 있다. 그러나 성숙한 사람들은 그들의 통전성과 일관성의 의식에 위협을 받을 때 추론의 미성숙한 수준들에 머물 수 있다.

하안의 도덕적 경험에 대한 설명은 어떻게 도덕성이 편견으로 왜곡될 수 있는가를 분석하기 위한 수단을 제시한다. 매일의 삶 속에서 우리의 도덕적 인식은 다른 사람의 느낌들과 욕구들에 대해 민감하다. 그러나 우리가 우리 주변의 어떤 것 혹은 어떤 사람으로부터 위협을 받을 때 방어적인 심리 과정으로 그 민감성은 축소된다. 이것은 종종 편견과 함께 발생되는 것이 무엇인지를 말해 준다. 우월한 집단의 한 구성원으로서 스스로 자존심 있는 그들에게 편견은 자신들의 생각과 견해에 사로잡히게 한다. 외집단의 구성원들과 직면할 때 그와 같은 사람은 타자를 유일한 인간으로 대하는 것이 아니라 정형화된 것들이 반영된 경험자로 이해한다. 이것은 사실 듀이가 말한 소위 '사악한 추상주의'의 특별한 예다.

고정관념이란 하나의 가치선택으로 숨겨진 추상성이다. 세군도는 경험 철학이 '일반적' 경험을 다룬다는 생각은 부적절하다고 우리에게 가르친다. 그는 인간 경험이란 계층 그리고 인종과 성을 비롯하여 기타 분리의 영향 아래 진화되어 왔으며 듀이의 주장처럼 한쪽으로 치우쳐 있을 뿐 아니라 갈등적이라는 사실을 분명히 한다. 세군도는 착취로부터 발생한 의미와 가치에 대한 질문들을 반영할 때 기독교의 종교적 경험이 가장 권위적이라는 사실을 제시한다. 세군도의 성서 이야기는 가난과 싸우는 자들의 관심들이 충분한 의미로 다가오는 규범적 이야기다. 그러므로 가난과 싸우는 자들의 경험만이 하나님과 인간, 영원성과 역사, 구원받은 자와 저주받은 자와 같은 종교적 이원주의를 해결하는 데 필요한 최고로 유리한 점을 제시한다.

## 민주주의

사회생활에 관한 존 듀이의 비전은 명확히 미국인들의 경험에 뿌리를 두고 있으나 그의 민주주의의 의미를 미국 혹은 어떤 다른 나라의 정치적 조직체계와 동일하게 보는 것은 잘못이다. 존 듀이에게 민주주의는 사회적 상호작용의 한 형태다. 사회란 공동의 관심을 가지고 사회적 과정에 참여하는 모든 시민들 사이에 동등한 기회가 존재하는 곳이다.

듀이는 민주주의를 사회조직의 형태, 즉 해결할 수 없는 성과 인종, 그리고 계급의 영역들에 기반을 둔 경험들을 인위적으로 제한시킨 사람들을 보호하는 사회적 조직의 한 형태로 본다. 사회적 영역들이 상대적으로 엄격할 때 다른 집단들은 다른 형태의 경험들을 하게 된다. 사건적으로 이런 차이가 있는 경험들은 이원론을 반영한다. 그러므로 예를 들면, 노동자들은 대학교수들과 다른 계층적 삶의 경험을 한다. 개인과 노동자들을 분명히 구별할 때 이론은 실천으로부터 분리되고 정신과 몸, 생각과 행동, 지성과 감정 등과 같은 이원론들이 형성된다.

하안의 '진실을 밝히는 대화'(a truth-identifying dialogue) 이론이란 상호 인간관계 속에서의 민주주의에 대한 설명이다. 즉, 성숙한 도덕적 교환은 모든 단체들의 기대와 요구들을 동등하게 고려할 대상으로 취급한다는 의미에서 민주적이다. 그러나 하안은 존 듀이의 한계성을 넘어선다. 그는 아이들이 민주화가 이루어지는 절차들을 이해하고 적응하는 방법에 대한 발달론적 분석을 제시한다. 본질적으로 하안은 민주주의적 사고의 발달을 위한 모델을 보여 준다.

세군도의 연구는 민주주의에 대한 이념을 반영하지만 가난한 사람들의 우세한 관점으로부터 이 목적을 획득하기 위한 수단을 주장한다. 세군도는 정의를 성취하기 위해 '편들기'(Taking-sides)의 변증법을 요구하면서 모순된 현실의 모습을 보여 준다. 이것은 교회에 대한 그의 견해에서 중요한 의미를 찾을 수 있다. '소수' 교회(minority church)에 대한 세군도의 규정은 처음에는 민주주의의 주제와 어긋나 보일지도 모른다. 그러나 이것은 오해다. 세군도에게 '대중'(mass)과 '소수'의 문제는 우리 각자에게 속한 부분이며 이 같은 그의 견해는 분명히 사고 습관과 관련한 존 듀이의 견해와 같다. 사고란 새로운 도전들을 직면하기 위한 목적으로 하나의 특성화된 것이며 '소수'에 대한 습관적 형태다. 단지 변화하지 않는 것이 아니라 사고를 증진시킴으로써 변화의 이념을 가진[9] 그와 같은 사회는 필연적으로 대중과 소수의 성향에 대한 기능적 분리와 상호협력을 허용할 것이다.

## 탐구

탐구는 마지막 개념이다. 그것은 다음 장에서 제시하는 교육

9) John Dewey, *Democracy and Education: An Introduction to the Philosophy of Education* (New York: Macmillan Publishing Co., The Free Press, 1916, 1944), 81.

모델에 도움을 주는 배경이 된다. 이 탐구 과정은 경험과 연결되는 체계적 생각을 뜻한다. 탐구 목적이란 한 개인을 무비판적·비인지적(non-cognitive)·모방적인 사회적 세계와의 관계로부터 비판적·의도적·재구성적·사회적 세계로 옮기는 데 있다. 현재 연구의 목적은 계급적이고 이원론적인 사고방식으로부터 평등적 다원주의를 포용하는 것으로 옮기는 일이다.

이 모델을 위한 탐구의 의미는 듀이와 하안, 세군도가 설명해 온 것과 같이 편견에서부터 다원적 차원으로 옮기는 함축 과정을 도형으로 나타낼 수 있다. 이들 이론가들은 그들의 강조점들을 통해 멋지게 서로를 완성시킨다. 변화과정에 대한 존 듀이의 분석은 개인과 그들 자신의 지성에 강조를 두면서 심리적 관점에 머무른다. 하안은 또한 사회 심리적 분석을 발전시키지만, 사회적이고 도덕적인 관계성에 더 큰 강조를 둔다. 세군도는 실천운동에 대한 신학적 분석을 수행한다. 이 이론가들은 함께 계급적인 이원론으로부터 평등적 다원화로 옮기는 실천운동에 대한 짜임새 있고 의미를 담은 설명을 제시한다. 그 도형은 아래에서 볼 수 있는데, 각 이론가들은 그들을 이해함으로 변화의 국면들을 평행으로 나열한다.

|         | 듀이        | 하안          | 세군도         |
|---------|-------------|---------------|----------------|
| 국면 A  | 버릇        | 불균형        | 미숙한 신앙    |
| 국면 B  | 비결정적 상황 | 상호 인격적 방해 | 억압된 자들의 참여 |
| 국면 C1 | 반성적 사고 | 도덕적 대화   | 이데올로기적 의심 |
| 국면 C2 | 재구성된 경험 | 새로운 균형   | 새로운 해석    |

이 이론가들은 각자 교육적 계획을 위해 비판적 문제들에 관한 사고를 하도록 틀을 제공한다. 국면 A에서 각 이론가들은 편

견 문제를 일으키는 인간본성의 근본적인 측면을 분리시킴으로써 인간학적 상황 속에서 계급적 이원론의 문제에 관심을 둔다. 국면 B에서 각 이론가들은 변화와 성장의 가능성을 허용하는 전제조건을 분리시킨다. 각 이론가들은 변화가 국면 C에서 발생하는 과정들을 해명한다. 그리고 국면 C2에서 변화 과정은 계급적 이원론과 대조를 이루는 인간의 잠재적 이미지와 연결되어 있다. 국면 C2는 목적과 수단의 관계로서 국면 C1과 관계있다. 그래서 두 관계의 연속성은 그들을 'C'와 함께 지적함으로써 이루어진다.

### 1. 국면 A : 인간학적 입장

도표에서 국면 A는 편견을 허용하는 인간적 상황의 차원에 대한 각 이론가들의 견해를 반영한다. 듀이가 이해하는 사람은 심오한 습관의 유기체다. 습관은 의지를 구성함으로써 그들의 성격이 무엇인지를 말해 준다. 습관, 즉 유사한 방식으로 유사한 자극에 반응하는 비인지적(non-cognitive)인 경향성들은 과거 행동들에 대한 믿음을 현재 행동들로 보존시키고 영속시키는 일이다.

습관은 문제와 인간의 잠재성을 나타낸다. 한편으로는, 해로움을 주는 성향들을 유지보존하고 일반화시키기도 하며, 다른 한편으로는 강압적인 '확실성 탐구'에 반응하여 안정성에 대한 잘못된 의식을 증진시키기도 한다. 이런 관점으로부터 편견은 습관화된 반응의 집합체로 볼 수 있다. 그러나 습관은 또한 희망의 자원이기도 하다. 만일 편견이 우리 습관의 일부가 된다면 더 나은 것을 향한 그 어떤 변화도 안정되게 기대할 수 없다.

하안에게 인간존재의 근본적인 사실은 우리가 서로서로 의존적 균형 속에서 살고 있다는 것이다. 그러나 인간 삶을 구조화하는 상호기대들은 항상 도덕적으로 합법적이지는 않다. 모든 인간은 그들 스스로 도덕적 수단(terms)들로 간주하는 강압적인 욕구들을 가지는 반면, 우리가 관계하는 도덕적 관계성들은 근본적으로 왜곡될 수도 있다. 하안은 이런 것을 도덕적 불균형이라고 말한다. 듀이와 하안의 견해들을 나란히 비교해 보면 우리는 편견이란 도덕적 불균형으로 설명할 수 있는 습관화된 사회적 과정들 속에 존재하는 상호적 기대들로 구성된다는 사실을 알 수 있다.

세군도는 신앙과 이데올로기라는 두 개의 인간학적 내용들에 의한 물음으로부터 구조를 세운다. 일관성 있고 의미 있는 것으로 삶을 경험하기 위해 세군도는 각 사람들이 이데올로기를 구조화한다고 본다. 이 이데올로기는 의미 있는 실존에 대해 특별한 확신을 가지고 참여함으로써 형성된다. 신앙이 성숙할 때 그것은 이데올로기적 참여를 상대화할 수 있다. 그러나 문제는 신앙을 이데올로기와 구별할 수 없을 때 일어난다. 이데올로기는 그래서 절대적 가치로 주어진다. 여기서 편견은 이데올로기다. 그래서 그것은 최소한 부분적으로 의미 있는 삶에 대한 어떤 확신 속에서 그들의 출처인 신조와 가치를 반영한다. 이데올로기로서 편견은 경험으로부터 교정하도록 개방되어야만 한다. 그러나 이데올로기적 특성에 의한 편견은 교정하는 데 개방적이지 않기 때문에 이데올로기와 구별되지 않았던 미숙한 신앙에 영향을 미친다. 세군도에게 있어서 계급적 이원론은 이데올로기가 계시와 혼돈되어 있는 미숙한 신앙을 반영한다. 미숙한 신앙은 무비판적으로 현실적 삶의 현장에서 그들을 실험하는 일 없이 전통으로부터 내려오는 신조와 가치들을 그대로 수용한다.

## 2. 국면 B : 변화를 위한 조건

듀이에 따르면 습관은 환경의 자극에 의해 요구되는 행동들이 분명할 때 효과적으로 작용한다. 그러나 유기체와 환경 사이의 조화로운 상호교환은 유기체와 그것의 환경 사이에서 균형과 불균형의 계속적인 변화를 일으키면서 빈번한 간섭이 이루어진다. 불균형이 발생할 때 습관은 비효과적으로 제공되고 환경에 대한 적합한 반응은 불확실하게 된다. 듀이는 비결정적인 상황이 부드러운 습관의 기능화를 방해할 때 새로운 것이 발생할 가능성이 만들어진다고 본다. 도표에서 국면 B는 부조화, 즉 비결정적인 상황이 존재할 때 바로 그 순간을 보여 준다. 이런 점에서 충동은 해방되고 습관을 재조직하기 위한 길을 발견하도록 하는 상상과 반성적 사고를 위한 심리 역동적 영향을 제공한다.

사회적 차원에 초점을 두면서 하안은 변화를 위한 조건으로서 상호 인격적 방해요소를 세밀하게 분석한다. 도덕적 균형은 복잡하고 자신들과 다른 사람들에 관한 불완전한 정보와 서로 연결된 우리 상황의 성격에 기초를 둔 비공식적 규범을 반영한다. 결과적으로 상호 인격적인 방해들은 빈번히 일어나고 또 예상할 수 있다. 그러므로 변화의 가능성은 종종 현재적이다. 그럼에도 어떤 도덕적 불균형은 그들이 문화적으로 사실이라고 받아들인 잘못된 정보에 기초하기 때문에 오랜 동안 알아채지 못한다. 많은 차별의 형태들은 이런 형태의 도덕적 불균형이다. 그와 같은 도덕적 이해들은 어떤 사람이 그 균형이 비공식화된 의견일치에 기초를 두지 않았다는 사실을 인식할 때까지 사회적 변화를 계속해서 구조화한다. 이러한 정열된 인식은 불균형, 즉 변화를 위한 잠재성을 만들면서 상호 인격적 조화의 방해를 구성한다.

세군도에게 국면 A의 이데올로기와 신앙적 특성의 융합은 억압된 사람들의 참여로 국면 B에서 방해를 받는다. 이런 참여는 예를 들어, '가난은 기능적으로 부와 관계있다.' 와 같이 사회적 환경들의 관계적 특성을 구별하는 것과 불이익을 당한 사람들의 환경을 변화시키기 위한 참여를 포함한다. 억압받는 자들의 참여는 사회적 상황의 도덕적 불균형을 노출시키고 현상 유지와 결합한 이데올로기들의 상대화를 가능하게 한다.

### 3. 국면 C1: 변화의 과정

듀이는 지성을 믿는다. 비록 그가 비인지적인 것에서 탐구의 근원을 인정한다 해도 그는 탐구의 이성적 국면에 신뢰를 둔다. 지성의 작용은 경험을 변화시키거나 재구성하는 힘을 가지고 있다. 재구성은 근원적으로 추상적이고 일반화될 수 있는, 논리적으로 관계된 상징들의 과정을 통해 발생한다. 듀이는 결과적으로 이원론의 논리적인 어려움과 경험의 다원적 철학을 정교하게 설명하는 데 상당한 에너지를 쏟는다.

존 듀이의 견해에 대해 말해야 할 것들이 많다. 그는 탐구 과정에 대해 일관성 있게 설명하고 지성을 비인지적 기능들로부터 분리하는 이원론적 과오에 빠지지 않는다. 편견에 도전하기 위해 계획한 어떤 프로그램이 만일 영구적으로 유익을 끼치려면 인지적 중요성에 대한 문제를 드러내야 한다. 그러나 듀이는 경험의 변화에 있어 비인지적 과정들의 장점을 과소평가해 왔다.

하안은 비록 논리적 분석이 인간 기능화에 꼭 필요한 역할을 한다는 것을 인정한다 해도 비인지적 요소들의 중요성 또한 강조한다. 도덕적 추론은 공식적이고 연역적 감각의 추론보다 더 많은 것을 포함한다. 도덕적 관계는 일반화할 수 없는 정보에 친밀한 관심을 담고 있다. 계급적 이원론의 경험은 순수하게 이성적 분석을 통해 재구성할 수 없다. 그것은 편견에 의해 영향을 받거나 행동해 온 사람들이 새로운 도덕적 균형을 만드는 데 목적을 두고 진지하게 진리 추구의 대화들을 하는 데 참여할 것을 요구한다.

이데올로기적 의심은 세군도의 분석에서 변화를 위한 근본적인 수단이다. 그것은 억압받는 사람들과 함께 참여하는 데 근원을 두고, 현상 유지를 위한 이데올로기 아래에 놓인 관심들과 동기들을 노출시키는 과정을 통해 앞으로 나아간다. 듀이와 같은 입장에서 세군도는 사회과학적 분석의 형태 속에서 반성적 사고를 의심으로 발달시키도록 하는 수단으로 삼는다. 그러나 세군도는 지성에 관한 듀이의 낙관론에 동의하지 않는다. 이데올로기적 의심은 모든 탐구들이 부분적이고 편협적이라는 사실을 밝힌다. 세군도의 입장으로부터 오는 과제는 특별한 참여 속에서부터 시작하고 그 입장으로부터 세계를 이해하는 지성의 자원들을 사용한다. 특히 세군도는 기독교의 과제는 조직적으로 억압받는 자들을 위한 편애 속에서부터 일어나는 의문을 통해 일하는 것이라고 주장한다.

### 4. 국면 C2 : 인간의 잠재성

듀이에 따르면 탐구 목적은 환경 속에 현존하는 관계성들이 더 명확해지도록 경험을 재구성하는 것이다. 이전에 인식되지 않은 관계성들을 분명하게 만들 때 이원론의 붕괴를 가져온다. 의미 있는 경험의 확장이란 듀이가 성장을 의미하는 것으로 인간의 잠재성에 관해 가장 빈번하게 말하던 단어다. 듀이는 계급적 이원론으로부터 탈피하는 성장이란 경험의 다원주의를 인정하는 경험을 재구성하도록 하는 데 있다고 본다.

하안에 따르면 인간의 잠재성은 '진실을 밝히는 대화'에 의해 특징지을 수 있다. 평등주의 구조의 과정에 기초한 그 같은 대화는 상황을 허용하는 일은 물론 모든 사람들의 욕구와 관심들을 특성화시키고 만족시키는 도덕적 균형을 만든다.

세군도는 재구성한 경험을 포함한 해석적 요소를 강조하고 수용한 전통의 연속성과 함께 분리를 지적한다. 그는 이데올로기적 의심을 지적하려는 목적으로 '새로운 해석학'을 언급한다. 새로운 해석학이란 말에서 '새로운'이란 새로운 것을 적용하려는 내용이 아니다. 오히려 그것은 이전에는 설명할 수 없었던, 수용한 전통 속에 있는 새롭게 인식한 관계성들의 종합이다. 이전 이데올로기는 편협하고 선택적인 해석으로 노출된다. 그 새로운 해석은 사람들의 초월적 정당성을 단절시킴으로써 사회적 계급들을 유지하지 못하게 한다. 종교적 전통 이야기들과 상징들은 부당한 조직체계, 즉 초기 해석학으로 지탱 유지해 왔던 조직체계가 만들어 낸 것으로 깊게 사고하며 재해석할 수 있다.

요약하면, 경험과 민주주의와 탐구의 개념들은 편견으로 생성된 문제들을 이해하는 데 핵심 개념들이다. 더욱이 그것은 해방교육의 목적을 지향하도록 도와준다. 우리는 탐구로 세련되게 가꾸어 온 민주주의적 조건 아래 다원화된 경험을 확장하는 교육을 추구한다. 다음 장에서 나는 이런 통찰들 위에 세운 교육적 실천을 위한 모델을 제안할 것이다.

**토의를 위한 질문**

1. 당신은 어떤 정형화의 모습들을 빈번히 사용하는가?
2. 당신은 그 밖의 어떤 사람들보다 더 나은 어떤 것이 자신에게 있음을 알게 될 때, 자신을 더 훌륭하다고 느끼는가?
3. 다른 사람들을 난처한 상황에 처하게 하는 일 없이 어떻게 당신은 자존심을 긍정할 수 있나?
4. 당신은 "사회적 실재를 설명하는 데 있어 가장 큰 권력을 지닌 집단이 그 자체 이익을 취하기 위한 방법으로 이를 설명할 것이다."라는 진술에 동의하는가? 자신의 대답을 설명해 보라.
5. 당신은 어디에서 '음흉한 자에 의해 전복'되는 사건이 발생하는 모습을 보는가?
6. 당신은 어떤 방법으로 한 억압자가 되고, 또 어떤 방법으로 억압받아 왔는가?

 **더 읽어야 할 책들**

Allport, Gordon. *The Nature of Prejudice*. Reading, Mass.: Addison-Wesley Publications, 1954/1979.

Bagley, Christopher, Gajendra Verma, et al. *Personality, Self-Esteem and Prejudice*. Westmead, England: Saxon House, 1979.

Jones, James. *Prejudice and Racism*. Reading, Mass.: Addision-Wesley Publications, 1972.

Levin, Jack and Levin, William. *The Function of Discrimination and Prejudice*, 2nd ed. New York: Harper & Row, 1982.

Pettigrew, Thomas, George Fredrickson, et al. *Prejudice*. Cambridge. Mass.: Harvard University Press, 1982.

Shields, David L. "The Psychology of Prejudice." *PACE / Professional Approaches for Christian Educators* 16, 1986.

편견 극복을 위한 신앙교육

Chapter **6**
# Reducing and Preventing Prejudice

# 편견 극복과 예방

교육방식

# 편견 극복과 예방

## 교육방식

편견 극복을 위한 신앙교육

　　마지막 장에서 나는 듀이와 하안, 세군도가 묘사한 변화의 과
정들을 서술했다. 이런 변화의 과정들은 편견에 도전하도록 하
는 교육적 모델을 서술하는 데 필요한 기초를 제공한다. 변화의
역동성들은 추상적으로 설명했으며 몇몇 독자들은 그 일반화한
설명과 이론적 성격에 실망했을지도 모른다. 그러나 확실히 아
무리 많은 이론들이 있다 해도 이론 그 자체로는 변화를 초래하
지 못하는 경우들이 많이 있다. 그러나 변화 그 자체가 목적은
아니다. 오히려 그 목적은 구조적 변화, 즉 참여자들이 더욱 충
분하고 광범위하며 복잡한 경험을 하도록 문을 열어 놓는 그런
변화에 있다. 이 변화는 단순히 교육적 행동주의를 통해 가져올
수 있는 것만이 아니다. 따라서 이론과 행동은 함께 연결되어야
만 한다.

　　개방된 태도들을 갖도록 하기 위한 단순한 처방은 없다. 이를
테면 이것은 백인이라는 하나의 컵을 택해서 한 스푼의 라틴 사
람들을 첨가하듯 대화를 섞어서 다원화로 만드는 일이 아니다.

이 장에서 함께 나눌 절차들과 추천할 내용들을 만일 기계적으로 다루려 한다면 별 효과를 얻지 못할 것이다. 민감한 교사라면 제시한 다양한 자원들을 재고하며, 그것들을 구체적인 상황으로부터 일어나는 특별한 욕구에 적용시키면서 창조적으로 전개시켜 나가야 할 것이다.

그러나 이렇게 주장하면서도 나는 교육적 실천의 기본 구조, 즉 편견을 극복하는 데 공헌할 교육적 실천의 기본 구조를 특성화하고자 한다. 그래서 그와 같은 교육적 모델을 네 단계로 나누어 설명했다.[1]

---

1) 내가 제안한 모델은 토마스 그룸의 유사한 연구 덕택으로 득을 봤다. Thomas Groome, *Christian Religious Education: Sharing Our Story and Vision* (San Francisco: Harper & Row, 1980). 그러나 우리의 접근과 차이점들은 유사성들만큼 중대한 의미가 있다. 본질적으로 명확히 대조되는 두 가지 주제가 있다. 첫 번째, 내가 제시한 모델은 갈등적 현실에 대한 해방신학적 견해를 수용한다. '편들기' (taking sides)의 필요성은 모델의 부분으로서 인정하고 세운다. 다른 한편으로 그룸은 라틴 아메리카의 사상에 대한 설명에 거의 관심을 두지 않는다. 우리의 접근들과 분리되는 두 번째는 실천에 대한 이해와 관련 있다. 그룸은 넓은 의미에서 행동을 주장함으로써 환경적 변화의 함축성을 상실했다. 예를 들어, 그룸의 주장에 따르면 "현재적 행동은 여기서 명백한 현재적 순간의 생산적인 활동보다 훨씬 더 많은 것을 의미한다. 그것은 세상 속에서 인간의 전적인 참여를 말한다. 즉, 어떤 의도성이나 신중함을 지닌 우리의 모든 행동을 의미한다. 현재적 행동이란 우리가 자기 자신에게 어떤 방식으로든 표현하도록 해주는 것이다. 그것은 우리가 개인적·상호 관계적·사회적으로 살아감으로 육체적·감정적·지적·영적으로 행하는 것을 의미한다"(184). 행동에 대한 이런 광범위한 이해를 함으로써, '새로운 인식에 대한 설명'은 실천적 반응이 된다(221). 그룸은 실천에 대한 이해를 하버마스(Jurgen Habermas)의 주장 가운데 상당히 많은 부분에 의존하여 설명한다. 하버마스는 모든 지식은 '지식의 구성적 관심'의 경향성을 지닌다고 주장한다. Jurgen Habermas, *Knowledge and Human Interest* (Boston: Beacon Press, 1973) 참조. 하버마스에게 '관심'이란 경험조직을 추진하도록 하는 한 방법이다. 관심은 지식의 대상과 형태들로 설명하도록 형식을 구성하고 결정하기 때문에, 즉 지식적 주장들을 발견하고 보장하는 절차는 물론 지식이 되도록 우리가 무엇을 취할 것인가와 관련된 범주들을 결정하기 때문에 '유사 초월적'(quasi-transcendental)이며 '형식적 폭'(species-wide)이다. 관심이란 이론과 실천을 결합하는 앎의 과정으로 가져오는 것이다. 실천

1. 교사로서 편견 경험을 노출시키기(일상적 경험)
2. 불이익을 당한 사람들의 눈을 통해 사회적 상황을 바라보도록 참여자들을 인도하기(편애와 참여로 전개)
3. 참여자들에게 편견과 차별적인 행동에서 구체화된 것을 분석할 수 있는 비판적 사고의 능력들을 키워 주기(이데올로기적 의심의 적용)
4. 자신의 전통에 대한 규범적인 근원들에 직면하고 평가하기 위한 기회를 제공하기(전통과의 변증적 상호교환)

이 네 단계들은 이미 개발된 탐구 방법을 따른다. 네 단계로 들어가는 과정을 구별하는 데에는 어떤 주술적인 것이 확실히 필요 없다. 사실 듀이는 지나치게 틀에 박힌 과정의 해석을 하지 못하도록 탐구 단계들의 순번을 다양한 다른 곳에 두었다. 그러나 나의 네 단계들은 특별한 교육적 절차들을 개발하는 데 유익한 자료가 되기를 바라는 마음으로 여기에 제시하고자 한다.

각 단계들을 자세히 설명하기 전에 나는 약간의 기본적인 강조점을 두면서 서열 순서를 표시했다. 모든 사람들이 편견에 의해 동등하게 흡수되지는 않는다. 사람들의 편견적 태도들은 비인간화하는 고정관념에 사로잡히는 고집과는 차이가 있다. 그러므로 편견이란 자기 이미지에 집중하고 자존심을 유지하는 정도가 어떠하냐에 따라 다양하게 나타난다. 어떤 사람은 이미 편견

에 대한 견해는 '유사 초월적' 역동성의 작용 정도가 되도록 이론과 실천의 변증법을 허용하는 것에 대한 이상적 신뢰를 지니고 있다. 해방신학은 환경을 변화시키는 행동으로써 지식을 이해하는 실천적 정의를 주장한다. 이 점에서, 해방신학자(그리고 나)는 그룹보다 더 듀이에 가깝다. '자아'는 이미 기성화된 '지식 구성'의 관심을 가진 현실로 이루어지지 않는다. 그러나 오히려 자아는 대상의 창조 가운데 만들어진다. John Dewey, *Art as Experience* (New York: Minton, Balch & Co., 1934), 282.

을 실행하고 있으며 다른 사람들은 그렇지 않은 경우도 있다. 그리고 편견의 대상은 희생 정도에 따라 그 심한 정도는 차이가 있다. 이런 다양성 때문에 어떤 유일한 교육적 노력을 기울였다 할지라도 모든 사람들에게 똑같이 효과적이지는 못하다. 어떤 사람은 이미 편견 극복을 위한 노력의 반응들을 보일 것이며, 다른 사람은 그렇지 않을 수도 있다.

인종적·성적·윤리적 혹은 다른 반감들에 대해 감정적 표출을 하는 사람들에게 있어서 직접적으로 그들의 신념과 태도들에 도전하는 일은 비효과적이다. 교육적 목적들을 무시하며 직접적으로 고집에 저항하는 때가 있는 반면, 그와 같은 위협들은 고집스러운 태도들을 바꾸는 일 이상의 것을 이루려는 목적들을 가지고 있다. 백인 인종차별주의자에게, "무식한 벌레 같은 자야! 너는 이성을 잃은 미친 사람과 같고 도덕성이라고는 찾을 수 없는 폭군과 같다."라고 저항하는 것은 좋지 못하다. 어느 정도 사리분별을 갖추고 간접적으로 접근하는 것이 필요할지도 모른다. 가장 효과적인 편견 극복하기 프로그램은 편견에 관한 것이 아니다. 내가 설명하려는 교육적 차원은 다른 근본적 목적들을 가지고 있는 교육적 프로그램들을 응용함으로써 구체화시킬 수 있는 것들이다.

편견은 가장 효과적으로 간접적인 접근들을 통해 점차 약화시킬 수 있지만, 교육은 거기서 멈춰서는 안 된다. 다시 말해 간접으로부터 직접으로 옮겨져야만 한다. 원래 암시적인 일들은 사건화 될 때 분명해진다. 단지 한 사람이 의식적이고 조직적으로 편견의 본질과 그 근원 그리고 결과들에 대해 반성적 재고를 할 때만, 그 사람은 새로운 도전들에 직면한 상태에서 안정적으로 머물도록 함으로써 분명하게 다양한 실천들을 이룰 수 있는 틀을 만들기 시작한다.

마음속에 이런 사항을 생각하며 편견을 극복하도록 계획한 교육적 모델의 차원들을 살펴보면 다음과 같다.

### 1. 일상적 경험

교사의 첫 번째 과제는 편견의 일상적 경험을 일으키는 일이다. 그러나 그 어떤 경험도 충분하지는 않다. 그 목적은 단지 편견을 문제로 간주할 수 있는 경험을 일으키는 일이다. 파울로 프레어리가 제시하는 언어의 목적은 상황을 문제화하는 것이다.[2] 이것은 여러 방법들 가운데 가장 어려운 차원이다. 상대적으로 계급적이고 이원론적인 패턴을 이끌어 내는 일은 쉬운 반면, 편견이 문제가 되고 있음을 느끼도록 경험으로 인도하는 것은 아주 어려울 수 있다.

공식적으로 그와 같은 경험에 필요한 요소들을 설명하는 것은 단순하다. 편견을 문제화하기 위해 필수적으로 해야 할 두 가지가 있다. 첫째, 계급적 이원론을 반영하는 습관화된 반응들을 이끌어 내야 하며 둘째, 반성적 사고 없이는 습관적인 반응이 더이상 기능을 할 수 없다는 상황 속에서 환경을 재조직하는 일이다. 이 사실들을 더 구체적으로 설명하면 다음과 같다.

### 습관 노출시키기

첫 번째 교사가 해야 할 일은 편견을 반영하는 습관적 반응을

---

2) Paulo Freire, *Education for Critical Consciousness* (New York: The Seabury Press, 1973) and *The Politics of Education* (South Hadley, Mass.: Bergin & Garvey, 1985) 참조.

이끌어 내는 방법을 제시하는 것이다. 이것은 신속하게 이뤄지지 않는다. 왜냐하면 사고와 행동의 패턴을 찾아야 하기 때문이다. 습관은 비슷한 자극에 비슷한 방법으로 반응하는 경향이 있다. 그래서 그것은 단지 시간이 지나서야 증명된다. 습관은 즉각적으로 증명할 수 없기 때문에 교사는 상호 학습자로 서로 알게 될 때까지 얼마간 시간을 함께 보내야 한다. 교사가 학생들의 세계관을 더 잘 이해하려고 하면 할수록 교사는 학생에게서 어떤 편견이 일어날지 예측할 수 있는 더 좋은 기회를 갖게 된다.

상호 학습자에 대한 인식은 아마 더 효과적으로 학생들이 '그들 스스로가 되려고'(be themselves) 할 때, 그리고 교실 밖에서 일어나는 비공식적 이야기의 나눔을 통해 얻을 수 있다. 그와 같은 입장에서 편견에 대해 간접적으로 도울 수 있는 여러 가지 일들이 있다. 웃음거리는 항상 한 집단의 특별한 편견들에 대한 좋은 실마리를 제공한다. 특별히 남을 놀리는 종류의 웃음이 그러하다. 더 열등한 처지에 있는 동료학생을 계집애라고 놀리는 4학년 남자 아이는 남성과 여성의 정형화의 문제로 싸움을 일으킨다. 어떤 집단과 사람에 대한 우호적인 판단 또한 편견적 태도에 간접적인 실마리를 제공한다. 예를 들어, 레이건 대통령이 위대하다고 생각하는 메리(Mary)라는 학생이 있다. 그 학생이 왜 그런 판단을 했을까? 알고 보니 레이건 대통령이 공산주의를 싫어했다는 단순한 이유에서였다. 이처럼 종종 우리는 자신이 경멸하는 대상에 대해 강인함을 보여 주는 사람들을 이상화한다. 그것은 어떤 집단에서 작용하는 편견에 대해 인식하기 시작하는 데 있어 상당히 많은 들음의 기회를 놓치게 한다.

불행히도 많은 교사들은 교실 밖에서 일어나는 비공식적인 나눔이 어렵거나 불가능하다는 사실을 깨닫는다. 그와 같은 나눔은 도움이 되는 반면에 목적에 이르는 유일한 길이다. 한 고등학교 수업에서 나는 두 번에 걸쳐 했던 '언게임'(The Ungame)이라는 놀이, 즉 참여자들에게 질문을 주고 그들 스스로 그 질문에 답하도록 하는 게임을 통해 교사의 목적을 달성했다. 가벼운 마음으로 풀 수 있도록 게임에서 내놓은 문제들을 사용함으로써 학생들은 빠르게 그들의 가치와 개념, 두려움과 편견들에 관한 많은 것을 노출하기 시작했다.

교과과정에 쓸 자료들을 선택하는 것은 중요하다. 교과과정의 자료들을 평가할 때 교사는 마음속에 다른 원리를 간직해야만 한다. 바로 편견 극복을 위해 다른 삶의 경험을 하도록 다양한 다른 집단의 사람들이 살아가는 모습들을 제시해야만 한다. 교사는 다양한 민족과 인종적 집단, 양성(兩性), 그리고 다른 국가의 집단(특히 비유럽 사람들)을 포함하는 다양한 자료들을 사용해야 한다. 커리큘럼의 초점을 편견 혹은 고정관념에 반드시 둘 필요는 없다. 사실 모델의 첫 단계에서 편견 극복하기라는 목적이 밖으로 드러나지 않는 편이 어쩌면 더 효과적일 수 있다.

고정관념들을 피하고 인간 경험의 다양성을 제시하는 커리큘럼을 선택하는 데에는 여러 이유들이 있다. 확실히 그와 같은 자료들은 학생들을 규범적 인간의 모델로써 '그들의' 집단에 대해 생각하도록 도움을 준다. 그러나 교육적 모델로써 이런 단계에서 그와 같은 자료는 다른 중요한 기능으로 도움을 줄 수 있다. 교사는 어떤 면에서 로르 샤흐 잉크블롯 검사(Rorschach inkblot: 스위스 정신과 의사 로르 샤흐가 1921년 개발한 성격검사 방법으로 형태가 뚜렷하지 않은 카드 그림을 보여 주고 무엇처럼 보이고 무슨 생각이 나는지 등을 말하게 하여 성격을 판단한다 - 역자 주)와 유사하게 이 책에서 생생하게 소개하는 인간의 다양한 모습을 사용할 수 있어야 한다. 교사는 학생들이 그 이미지들을 가지고 자신을 해석할 수 있도록 허용해 줌으로써 편견의 패턴들을 이끌어 낼 수 있다. 예를 들면, 나는 3학년 학생 반에서 교과서에 그려진 한 흑인 소년에 관해 간단히 말해 보라고 질문한 적이 있다. 그때 아이들은 슬럼가에 살고 있는 사람, 아버지가 없는 가족, 게으른 사람, 어리석은 사람 등등 자유롭게 대답했다. 우리는 그 그림과 일치하는 것을 공부한 적이 없기 때문에 그 이야기들은 흑인의 삶에 대한 아이들의 느낌으로 만들어졌음을 쉽게 알 수 있다.

　반응을 유도해 내는 다음의 세 가지 중요한 사항은 적합한 경험을 이끌어 내도록 도움을 준다. 첫째, 반드시 '학생의 성향에 맞추는' 경우가 있다. 교사는 학생들에게 편견 경험에 대해 강의할 수 없다. 만일 교사가 학생들에게 그들 자신의 편견을 표현하도록 하려면 학생들로부터 '자연스럽게 흘러나오는 것'이 무엇인지 관심을 집중해야만 한다. 편견을 표현할 때 평가하기 위해 미리 서두를 필요는 없다. 관심을 가지고 평가 없이 경청해 주는 것은 경험 발달을 촉진시킨다. 교사는 심지어 더 큰 사회적 권력과 혜택을 누리는 참석자들에게 논쟁을 억제하도록 해야 할 필요도 있다. 이러한 지침은 그 자체 계급적 이원론을 부드러운 경험으로 보여 주는 기회를 마련해 준다.

　둘째, 경험과 관계있는 습관적인 행동을 찾는 길이 있다. 가장 큰 효과를 얻기 위해 편견을 제시하고 수업에 참석한 학생들에게 이를 제공해야 한다. 내집단은 물론 외집단 구성원들까지도 참여해야만 한다. 이는 항상 가능한 일은 아니다. 예를 들어, 때로는 한 반이 모두 백인 학생들로 구성된 상태에서 인종차별에 대해 조사할 수도 있다. 그러나 가장 심오한 교육적 효과는 차별하는 집단과 차별받는 집단 구성원들이 함께 참여할 때 일어난다. 그러므로 교육적 대상은 그 자체 서로 다른 여러 집단들로 구성하는 것이 바람직하다. 다시 말해 다름(차이)의 원리가 중요한데, 교육자는 삶의 경험들이 결정적 순간에 쉽게 분리되는 사람들을 관계성으로 연결시키는 일을 추구해야만 한다.

그렇다고 교육자들이 다름의 원리를 더욱 보충하기 위해 일부러 학생들의 창의성을 강요할 필요는 없다. 가장 심오한 인간의 차이성들 가운데 하나는 성(性)에 관한 것이다. 다행히도 거의 모든 교육적 입장은 남성과 여성의 차이점들을 함께 다룬다. 또한 성을 넘어서 다양성의 범주로 이해하는 것도 유익하다. 상황과 다른 교육적 목적들을 고려하면서 많은 다양한 차이점들 예를 들면, 인종이나 민족의 배경, 성적 성향이나 종교적 신념들을 함께 다룰 수 있다. 심지어 다른 학문 분야들이나 친구 모임들 혹은 사람들의 다양한 학문적 성향으로부터 중요하고 충분한 차이성들을 얻을 수도 있다.

셋째, 경험이란 학생들의 신앙과 이데올로기와 연결되어 있다는 점에 주목해야 한다. 해석과 행동의 습관적 패턴은 초월적이거나 혹은 궁극적인 가치에 대한 접근을 통해 자신의 생각을 말하는 학생들의 경향성을 반영해야만 한다. 종교 교육적 상황에 있어서 공통성은 한 사람의 종교적 유산과 그 출처 자료들에 대한 접근이다. "여성들은 하나님이 그들에게 엄마가 되라고 명령하셨기 때문에 집에 머물러야만 한다." 이러한 교육적 경험은 현재적 시각에서 이해하도록 그리고 현재적 행동에 미치는 영향으로 그들의 바른 신앙적 실천을 함께 나눌 수 있도록 학생들에게 기회를 마련해 주어야만 한다.

## 환경 변화시키기

첫 번째 단계의 두 번째 부분은 환경을 조정함으로써 습관적 작용을 간섭하는 것이다. 여기서 우리는 근본적으로 사회적 환경에 관심을 둔다. 습관적 경험 속에 대개 알려지지 않았던 사회적 삶의 단면들은 도덕적 불균형을 인식하는 방법과 같은 것으로 자각할 필요가 있다.

환경을 변화시키는 효과적인 한 가지 방법은 단순히 관심의 초점을 변화시키는 일이다. 이 단계에 이르러 교실에서 우리는 아마 이 교육과정을 좋아하는 학생들을 주위에서 볼 수 있을 것이다. 더욱 외향적인 학생들은 종종 자신들이 상호 교환적이지 못하다는 것을 깨닫지 못한다. 물론 외향적이라는 것이 어떤 잘못이 있다는 뜻은 아니다. 그리고 그 어떤 시도를 할 경우에도 이런 학생들에게 죄책감을 느끼지 않도록 해야 한다. 그러나 그것은 더 많은 소리를 내고 목소리가 더 크고 높은 학생들에 의해서가 아니라 편견을 서로 공유하거나 공유하지 못하는 내향적인 (소리가 작고 큰 소리를 잘 내지 못하는) 구성원들로부터 나올 수 있도록 충분한 시간을 주어야 할 것이다. 이 단계는 드러나지 않은 편견들로 말미암아 작게나마 희생이 되어 온 학생들에게 특히 효과적이다. 그러나 이것은 흔한 일은 아니다.

교사는 소극적으로 작은 소리를 내며 말하는 학생들에게 그들 스스로 표현할 수 있도록 도와 줄 다양한 기술들을 사용해야 한다. 말하기 싫어하는 사람에게 말하도록 강요하는 것은 확실히 부적절하다. 어떤 학생은 단순히 규모가 큰 집단으로 말미암아 위협받을 수도 있기 때문에 소그룹으로 모이는 편이 좋을 수 있다. 또한 간접적 방법들을 사용하여 전개할 필요가 있다. 예를 들면, 학생들이 그림을 그릴 수 있게 하거나 의미 있는 주제들을 가지고 콜라주를 만들게 하고, 교사는 그들의 그룹 활동에서 제시된 몇몇 주제들에 관해 토론하는 데 중점을 둘 수 있다.

성공적으로 편견의 습관적 형태들을 방해하도록 전개시켜 온 또 다른 방법은 소위 '반대 태도적 주장'(counter-attitudinal advocacy)[3]이다. 이런 기술은 한 학생이 실제로 그가 처한 입장과는 정반대 입장을 지지하는 데에 근거를 둔다. 그러므로 이것은 65세에 강제 퇴임은 적합하다고 믿는 사람에 대해 학생들이 강제 퇴임 연령 반대를 주장하는 데서 이루어진다.

반대 태도적인 주장은 참여자가 반대 입장을 취할 때 강요받는 느낌이 없을 때 가장 효과적이다. 교사는 "여러분, 여러분은 흑인들이 여러분의 이웃들과 함께 살아야만 한다고 생각하고 있습니다. 그렇다면, 나는 여러분이 공평한 집세를 주장하는 글을 쓰기를 원합니다."라고 일러 주는 것은 잘못된 충고다. 반대자의 관점을 강요하지 않고 학생들이 깨닫게 하는 데에는 여러 가지 방법들이 있다. 역할극과 모사게임(simulation game)과 같은 것은 효과적 방법들이다. 역사적 인물의 관점을 선택하여 설명하는 것도 유용한 방법일 수 있다. 자극적인 논쟁이나 해명서 같은 토의자료, 그룹 프로젝트나 많은 다른 기술적 방법들은 한 사람이 의도적으로 반대 입장을 채택하도록 조정할 수 있는 방법들이다. 비록 그 사람이 역할극을 하거나 혹은 '재미로' 다른 관점을 취한다는 느낌이 들더라도 반대 태도적인 지지는 효과적으로

편견 극복을 위한 신앙교육

---

3) 프란시스 쿨버트슨은 이 접근을 처음으로 추천했다. Frances Culbertson in "Modification of an Emotionally Held Attitude Through Roleplaying," *Journal of Abnormal and Social Psychology*, 1957, 230~233. 최근에는 필립 콘스탄스가 주장하고 있다. H. Philip Constans, Jr., "To Tip the Scale against Prejudice: The Use of the Theory of Cognitive Dissonance in the Reduction of Racial Prejudice," *Focus on Learning* (1983), 18~24.

습관적 진행을 막을 수 있다.

　서로 관련 있는 편견들과 그 배후에 놓인 심리학적 구조는 기본적으로 같기 때문에 교사는 뚜렷하고 심한 편견들에 대해 즉각적으로 몰두할 필요는 없다. 직접적인 접근을 시도하는 것은 도움이 안 되는 경우도 있다. 예를 들면, 직접적으로 비만인 사람에 대한 편견 문제를 다루는 일은 그 수업의 몇몇 구성원들 사이에서 상당한 고민거리가 될 것이다. 오히려 다른 학교 출신 아이들에게 저항하는 편견 혹은 더 저학년들에게 저항하는 편견으로 시작하거나 고민거리를 덜 일으키는 어떤 다른 편견을 가지고 시작하는 편이 더 나을 수 있다. 그 후에 학생들은 동일한 선상에서 다른 편견을 생각해 볼 수 있을 것이다.

## 2. 편애와 참여로 전개

　두 번째 단계는 좀 더 구체적인 관점, 즉 인간해방을 위한 특별한 투쟁에 의해 조건화된 과정에 근간을 두려고 한다. 이 단계는 자연적으로 이전 단계로부터 발전한 것이다. 습관의 파괴는 비록 종종 분명치 않더라도 편견의 희생자들을 노출시킨다. 편애와 헌신으로 발전하는 것은 당연히 편견으로 상처받거나 불이익을 당한 사람들에게 공감함으로써 일어난다. 세군도가 말하는 바와 같이 "해석학적 순환은 항상 심오한 인간헌신을 가정한다. 즉, 확실히 신학적 기준이 아니라 인간적 기준에 근거한 의도적인 편애다."[4]

---

4) Alfred Hennelly, *Theologies in Conflict: The Challenge of Juan Luis Segundo* (Maryknoll, N.Y.: Orbis Books, 1979), 109 인용.

이 점에서 교사의 과제는 사회적 상황에 초대하는 동력(the invitational dynamic)에 관심을 맞추는 일이다. 만일 그 상황이 계속 문제가 되어 왔다면 그리고 만일 도덕적 불균형이 인식되어 왔다면, 지금 변화할 가능성이 있게 마련이다. 교사는 항상 초청에 대한 응답을 이끌어 낼 기회를 가지고 있어야 한다. 억압받는 사람들의 관점으로 전환하도록 학생들을 초청해야 한다. 초청이 효과적이 되기 위해 교사는 관심을 표현한 신념과 개념들로부터 고통과 아픔의 구체적인 경험들에로 다시 방향을 잡아야 한다. '높은 곳에서', 즉 교사로부터 오는 것이 아니라 '낮은 곳에서' 즉, 고통당하는 사람들로부터 초청되는 것이다. 마태 램(Matthew Lamb)이 말하듯이, "희생자들의 외침들은 하나님의 음성이다."5)

이 단계에서 구체적인 어떤 한 사람을 연결하는 것은 도움이된다. 특히 상급생보다 저학년 학생이 좋다. 다양한 '주의'(isms)들은 추상성으로부터 제거시켜야만 하고 아주 특별하게 취급해야만 한다. 본질적으로 인종차별에 초점을 맞추는 것이 아니라한 영화에서 흑인 청소부인 앤드류(Andrew)의 역경에 초점을 맞춰야 한다. 이때 교사는 그 정체성에 대해 온정주의적이 되거나생색을 내지 않도록 조심해야만 한다. 이에 대한 적당한 반응으로는 "오! 가난한 앤드류"가 아니라 "미국 사회에서 흑인이 된다는 것이 무엇을 의미하는지 앤드류로부터 그리고 그와 함께 우리는 배울 수 있다."라는 반응이다. 만일 온정주의가 나타나기시작한다면, 그 상황을 역할극을 해서 어떻게 하면 불이익에 처

---

5) Matthew Lamb, *Solidarity with Victims: Toward a Theology of Social Transformation* (New York: The Crossroad Publishing Company, 1982), 1.

한 사람이 그에게 주어진 조건에 대해 보호하는 반응으로 느끼도록 할지 알도록 해주는 것은 도움이 된다. 교사는 이 시점에서 의문을 일으키고 불이익을 당한 사람들의 관점으로부터 반응을 일으키고자 하는 참여가 있을 때까지, 혹 필요하다면 처음 단계로 다시 돌아갈지라도 다음 단계로 계속 진행되지 않도록 주의해야 한다.

교사는 직접적으로 수업 구성원들에게 영향을 준 편견에 대해 집중할 수 있거나 혹은 더 많은 제거시킨 편견에 집중할 수 있어야 한다. 계층, 예를 들면 성차별 같은 것과 관계있는 편견에 집중하는 것은 진행해 나가는 데 가장 영향력 있는 방법이지만 특권을 누리는 사람들 편에서는 방어적 태도를 일으키는 일이 되고 불이익을 당하는 사람들에게는 원치 않는 일이 될 수 있다. 그들은 종종 자신들이 억압당해 온 사실에 대해 밝히기를 꺼려하기 때문이다. 좀 더 간접적인 편견에 집중하는 일은 개인의 변화에 어느 정도 영향력을 끼치지만 그럼에도 다른 사람의 편견들을 조사하여 얻은 통찰들을 통해 자신의 비판적 자아 인식을 개방하는 데 구체적일 수 있다.

많은 순서들은 초청을 명확하게 해줌으로써 유용할 수 있다. 만일 직접적인 편견에 초점을 둔다면 불이익을 당한 구성원들의 느낌과 생각들에 대해 민감하게 청취하도록 하는 것은 과정에 도움이 될 수 있다. 교사는 편견결과로부터 오는 인간의 고통에 대해 강조할 필요가 있다. 한 가지 방법은 불이익을 당한 학생들에 의한 감정과 생각들에 대해 직접적인 표현을 하도록 용기를 불어 넣어 주는 것이다. 화자의 감정이 무엇과 같은지 교사가 평가하기 위해 '실제로 듣는'[6] 경청기술이 필요하다. 교사는 주의 깊게 그리고 공감하며 듣는 모델이 되어야만 하고, 모든 참여자들이 불이익을 당하는 사람들의 상황을 파악하도록 도와야만 한다.

만일 직접적인 계층 상황, 예를 들어 모든 백인 계층에 있어서 인종차별주의를 없애는 편견에 중점을 두려 한다면 감정이입을 필요로 하는 다양한 기술들을 사용할 수 있다. 영화와 자서전, 소설과 인터뷰, 그리고 그 밖의 다른 기술적 요소들은 편견과 차별 때문에 희생해 온 구체적인 개인에게 정체성을 자극시켜 주는 데 도움이 될 수 있다. 그 하나의 예로 성공적인 편견 좁히기 프로그램에서 여러 드라마 연극들은 초등학교에서 소수 집단들에게 감정이입을 돕는 기술로 사용해 왔다.[7]

문학은 소수 집단을 대표하는 사람의 정체성을 개발할 수 있도록 해주는 풍부한 자원이다. 로빈 후드 혹은 판초 빌라(Pancho Villa)의 이야기들은 아이들에게 조직적 약탈로 고통받는 집단과 일체감을 갖도록 해주는 인식을 발달시키는 데 사용할 수 있다. 성인들을 위해 스타인벡(Steinbeck)의 감동적인 소설 「생쥐와 인간」(Of Mice and Men)은 감정적·정신적 장애가 있는 사람들에게 통찰을 제공할 수 있는 작품들이다. 메이 사톤(May Sarton)의 단편소설 As We Are Now는 "나는 미친 것이 아니라 단지 나이가 들었을 뿐이다."라는 말로 시작한다. 이 소설은 노인 문제를 다루는 데 도움을 준다. 이와 같이 가능성은 무한하다. 이런 '간접적인' 설명들을 사용할 때마다 특히 자유문답식 질문은 참석자들이 그들 자신의 경험을 불이익을 당한 집단의 경험과 동일

---

6) '실제적 들음'에 관한 논의는 Thomas Gordon, P.E.T.: Parent Effectiveness Training (New York: New American Library, 1975) 참조.

7) Beverly Gimmestad and Edith Chiara, "Dramatic Plays: A Vehicle for Prejudice Reduction in the Elementary School," Journal of Educational Research, Vol. 76 (1982), 45~49 참조.

하게 취급하거나 혹은 같지는 않지만 그들의 경험이 다른 사람들의 가난의 결과로서 어떻게 불이익이 되는지에 대한 방법들을 확인시켜 주는 데 도움을 줄 수 있다.

세 번째 단계를 설명하기 전에 순서를 진행할 때 중요한 사항들이 있다. 사람들은 많은 편견들과 편견을 주장하는 고집을 가지고 때문에 교사는 종종 이 점에서 편견 극복의 과제가 거의 불가능하다고 느낄 수 있다. 편견을 극복하는 일은 교육자가 직면한 가장 도전적인 과제들 가운데 하나다. 그러나 그 과제는 결코 불가능하지 않다. 사실상 교사가 단지 한 외집단을 동일시하는 데 성공했다면 그는 얼마나 빠르게 다른 편견에 빠뜨리도록 했는지에 대해 알아차리고 매우 놀랄 것이다. 사람들은 쉽게 길들여지는 경향이 있으며 집단의 전체 영역을 대항하는 편견이나 매우 사소한 일에 대한 편견을 가지는 경향이 있다. 일단 어떤 사람이 한 희생자임을 확인했다면 다른 희생자들의 소리를 듣는 일은 훨씬 더 쉬워진다. 일단 다음 단계로 들어가기 전에 처음 두 단계들을 두 번쯤 반복할 필요가 있다고 생각한다면 첫 번째 단계가 가장 어려우며 교사는 또한 그것으로 좌절해서는 안 된다.

## 3. 이데올로기적 의심의 적용

모델의 세 번째 단계는 유도하여 이끌어 냄과 발달, 그리고 구조화되거나 혹은 다시 제기되어 온 사회적 실재에 관한 비판적 의문점들을 조사함으로써 억압자들에게 지성화(intellectual-ization) 작업에 참여하도록 하는 단계다. 이 단계는 편견 혹은 차별에 저항하는 어떤 행동의 양식으로 결합되어 전개될 때 가장 효과적이다.

이 단계를 진행하는 동안 반드시 논의해야 할 필요성이 있는 여러 가지 중요한 개념들이 있다. 즉, 이원론과 고정관념, 편견과 차별 그리고 희생양과 같은 개념들이다.[8] 차별과 편견이 지위나 권력의 현재 분배들을 영속화시키는 역할을 하는 것은 분석하고 비판해야 할 문제다. 계급적 이원론으로 말미암아 다른 사람들 사이에서 일어나는 인종차별과 성차별, 반유대주의와 노인차별 같은 특별한 문제들은 시대에 적합한 방법들로 탐구해야만 한다.

이 단계에서 교사는 중심축이 되어 학생들에게 자유문답식 질문을 통해, 한편으로는 첫째 단계에서 얻은 태도들과 신조들 그리고 그 특성들을, 또 다른 한편으로는 심리학적 욕구들과 같은 태도들과 신념들을, 그리고 그 특성들을 반영하는 사회적 입장들 사이의 연결성들을 비판적으로 생각하도록 도와주어야 한다. 교사는 이 과정을 주도해 나가더라도 학생들이 서로서로 질문하고 도전함으로써 그 과정이 진행되도록 자극을 줘야 한다. 학생들 사이에 오가는 도덕적 대화는 특별히 편견을 수업 시간에 제시할 경우 비판적 통찰력을 발달시키기 위한 효과적인 방법이

편견 극복을 위한 신앙교육

---

8) 인식론적 전략에서 편견을 좁히기 위한 접근을 하는 데 사용할 만한 자료들이 많이 있다. 초등학교 교사는 David Shimans, *The Prejudice Book: Activities for the Classroom* (New York: Anti-Defamation League, 1979) 참조. 청소년들에 관한 가장 유익한 내용은 Nina Gabelko and John Michaelis, *Reducing Adolescent Prejudice: A Handbook* (New York: Teachers College Press, 1981) 참조. 인종차별과 성차별을 연구하기에 좋은 자원들에 관한 목록을 보려면 Richard Simms and Gloria Contreras, *Racism and Sexism: Responding to the Challenge* (Bulletin 61 of the National Council for the Social Studies, Washington, D.C., 1980) 참조. 또한 독자들은 The Anti-Defamation League of B' nai B' rith, 823 United Nations Plaza, New York, New York 10017로부터 출간된 서적들의 현 목록들을 얻을 수 있다.

다. 이때 교사는 지시적이거나 지배적인 상태로부터 벗어나 자유롭게 개방적 대화를 선호하는 조건들을 유지시켜 나가도록 모니터의 역할을 해야 한다.

사례연구들은 비판적 통찰을 발달시키는 데 매우 효과적인 수단이 될 수 있다. 특별한 역사적 사건이나 최근의 뉴스거리에 대한 간단한 설명을 학생들에게 제공할 수 있으며, 그 사건의 뿌리가 되는 심리사회적·정치적·경제적·역동적 배경들을 살펴보면서 그 사건을 조사하기 위해 학생들에게 질문과 연구조사를 하도록 시킬 수 있다. 예를 들면, 더 나이가 든 클래스에서 남아프리카에서 대대적으로 일어난 성난 흑인 폭도들에 의해 살해당한 흑인 남자를 다룬 신문 사설을 나누어 줄 수도 있다. 학생들은 이 사건을 완전히 이해하려면 꼭 알아야 할 정보들이 무엇인지 생각을 모으고 정리할 수 있으며, 더 나아가 그들 스스로 적합한 분석들을 발전시키기 위한 시도들을 조직해 나갈 수 있다. 학생들은 조사를 통해 아마도 인종격리정책의 추악한 인종차별뿐 아니라 권력자들과 사회적 개혁자들 그리고 혁명가들과 결합한 사람들 사이의 억압받는 집단들 속에서 발달한 분열들을 발견할 것이다. 인종차별과 경제, 정치 그리고 종교 사이에서 결합은 미국 사람들의 주식회사의 역할과 같이 쉽게 표면화될 것이다.

이 세 번째 단계는 과정의 핵심이며 여기서 교사는 학생들이 그들의 능력을 충분히 발휘하여 자신들의 분석을 확대시켜 나가도록 격려해야 한다. 그러나 인도자가 만일 첫째 단계에서 뚜렷하게 나타난 편견이 계층과 직접적으로 관계가 있다는 사실을 깨닫게 되면 이 단계는 심한 스트레스가 될 것이다. 그러나 스트레스가 항상 부정적이지만은 않다. 오히려 낙관적인 인식과 성장을 위한 긍정적 동기부여가 될 수 있다. 그러나 그 분석과 논

쟁이 자신의 설명들을 하는 데 너무 큰 비중을 둘 때 방어적인
진행은 교육적 과정에 방해가 될 수 있다. 만일 그 논쟁이 너무
가열되든지 혹은 몇몇 개인들이 지나치게 불안해한다면 일시적
으로 논쟁의 초점을 변경해야 하며 감정을 조절해 주어야 한다.
한 사람이 계속적으로 방어적인 반응을 보일 때 하나의 관점을
논의하거나 통찰을 재촉하는 것은 효과가 없다. 단지 그 사람이
자기 자신의 가치에 대한 의식을 확고하게 할 수 있도록 한 다음
더 위협적인 자료들을 점차로 소개할 수 있다. 낙관적으로 그 상
황은 참여자들의 대처 과정들을 제공할 수 있지만 방어적인 생
각을 이끌어 낼 만큼 스트레스를 주어서는 안 된다.

　가장 효과적이 되기 위해 이 단계는 행동 반성적 사고 형식으
로 가장 잘 수행된다. 알포트가 말하는 바와 같이, "학생들은 공
동체에서 계획으로부터 벗어날 때 더 많은 것을 스스로 획득하
는 것 같다."[9] 희생자를 확인함으로써 그 부당성을 고치려는, 비
록 작지만 현실적인 노력은 편견의 역동성에 대한 참가자들의
평가를 심화시키는 데 가장 효과적인 입장을 제공한다. 위에서
설명한 사례연구를 사용하는 클래스는 국회에 편지를 쓰도록 결
정하거나 클래스 구성원들이 고안한 정보내용이 담긴 종이를 나
눠 주고 남아프리카에서 사업하는 주식회사 앞에서 오후에 피켓
을 들고 시위하도록 결정해야 할 것이다.

　전개해야 할 유익한 또 다른 행동의 형태는 지역 공동체의 편
견들에 대한 연구다. 이 연구의 개념들은 사회과학적 조사연구

---

9) Gordon Allport, *The Nature of Prejudice* (Reading, Mass.: Addison-Wesley
　Publishing Company, 1954/1979), 485. 행동을 위한 개념들은 Co-op America
　2100 M Sr., N.W., Suite 310, Washington, D. C. 20063을 통해 이용 가능한 자
　료들을 읽고 얻을 수 있다. Co-op America는 미국 내 네트워크로 사업체들과 소비
　자들을 연결하는 비영리 단체다.

들로부터 얻을 수 있거나 혹은 학생들 스스로 고안해 낼 수 있다. 예를 들면, 한 중학생 클래스에서 학생들이 길가는 사람들에게 대통령 후보자들 중 누구를 투표할지 질문하며 조사해 본 적이 있다. 그 사람들 가운데 절반에게 후보자들의 자격들을 설명하고 세 사람의 명단을 함께 주었다. 그 다음 나머지 절반은 같은 후보자 명단을 주었고 한 남자 후보자의 이름을 제외한 나머지는 여성 이름으로 바꾸었다. 여성과 함께 동일한 자격으로 출마한 남자의 경우는 여성보다 더 많이 선택을 받았다. 학생들은 그 연구 결과들을 지역 신문에 출판하거나 편집자에게 편지와 함께 보낼 수 있을 것이다.

편견들은 종종 단순한 무지에 의해 강화된다. 세 번째 단계는 타문화 교육을 하기 위해 적합한 단계다. 즉, 참여자들이 타문화와 전통들에 대해 익숙해지는 데 초점을 맞출 필요가 있다. 이 목적을 성취하기 위해 많은 자원들을 이용할 수 있다. 이 주제에 대해서는 나중에 다룰 생각이다.

교육은 학생들의 일상적 삶의 경험과 직접적인 관계가 있을 때 가장 효과적이다. 참여자들은 그들의 삶으로부터 멀리 떨어진 정보보다도 그들이 어떤 경험에서 얻은 정보에 대해 비판적 판단을 하는 것을 더 선호하며 준비한다. 그러므로 1학년 클래스에서 남성과 여성의 봉급 차이에 대해 경험을 나누는 것은 진도를 나가게 하는 쉬운 주제가 아니다. 1학년 학생들에게는 여자아이들이 남자아이들보다 레몬에이드를 만드는 데 더 많은 책임이 있다고 보는 '레몬에이드' 입장을 다루는 사례연구를 선택하는 편이 더 좋을 듯하다. 아이들에게 그들의 부모가 딸보다는 아들에게 더 많은 것을 책임지우는 이유가 무엇인지를 질문할 수도 있다. 심지어 아이들은 "아들들은 가정을 부양하기 위한 일손이

되는 일을 배워야 할 필요가 있다고 생각하는 반면 어린 가정부
소녀들은 레몬에이드를 만드는 일이 아주 당연하다."는 사실을
제안하는 경우도 있을 수 있다.

## 4. 전통과의 변증적 상호교환

네 번째 단계는 의미 있는 전통을 통한 과정에 근거를 둔다.
계층과 관련 있는 다양한 전통들을 적용해야만 한다. 예를 들면,
공교육에서 교사는 중학생에게 이전 단계의 관점에 비추어 독립
선언 혹은 헌법제정을 읽고 비평하도록 격려해야 한다. 이런 기
본 자료들과 미국인의 삶의 실재 속에 있는 관념과 신념들 사이
에는 어떤 모순들이 있는가? 만일 학생들이 어떤 부분을 다시
쓸 수 있다면 어떻게 그것들을 변화시킬 수 있는가?

전통과의 변증적 상호교환에 있어 주의해야 할 점은 독단적이
거나 심지어 우월한 입장에서 부정적인 비판만을 주장해서는 안
된다는 것이다. 그 상호교환성은 약속과 심판, 평가와 비평의 예
언자적 변증법을 구체화하는 일을 추구할 것이다. 그것은 참여
자들의 꿈과 비전들로 긍정적인 설명을 해주고 전통의 약속과
희망을 회복시켜 주기 위해 노력해만 한다. 새로운 도덕적 균형
은 이런 비전들을 성취할 수 있도록 가능성을 높여 주는 일이다.

학생들은 이전 단계가 전통을 유지시키기 위해 필요한 독립성
과 비판적 기술들을 개발하는 데 성공적이었는지 여부에 따라
전통과 변증적 상호교환이 이루어지도록 준비하고 있어야 할 것
이다. 변증적 상호교환이란 대화 속에서 각자의 입장이 다른 입
장으로 몰락되는 일이 없이 거리를 유지할 수 있도록 하는 것을
의미한다. 학생들은 단순히 전통을 따르지 말아야 하는 반면, 그

들의 관심과 욕구들에 따라 쉽사리 전통을 재조정할 수 없다. 평정은 학생들이 도전하여 얻어 내야 하지만 현재 경험에 비추어 전통을 비판할 수 있도록 충분한 거리를 유지시켜 줘야만 한다. 평정에 이르렀을 때 재구성한 경험을 성취할 수 있기 때문이다.

기독교 종교교육자들을 위한 네 번째 단계는 기독교 이야기를 함께 나누는 기회를 제공하는 일이다.[10] 이것은 보통 성서 연구를 의미한다. 기독교 이야기들은 그룹연구나 연극대본 일기, 모의게임이나 역할극, 강의 혹은 대부분의 다른 기술과 같은 것을 통해 제시할 수 있다. 그 중심 기준은 전통을 새로운 도전 속에서 제시해야 하지만 권위적인 방법은 삼가야 한다는 것이다.

변증적 상호교환에 의해 우리는 기독교 이야기를 제시할 뿐 아니라 비판할 줄 알아야 한다. 이데올로기적 의심, 즉 현재 삶의 경험에 근거한 이데올로기적 의심은 성서 이야기와 대중적인 성서 해석에 적용해야만 한다. 토마스 그룹이 언급하는 바와 같이 "만일 우리의 순례가 단지 과거를 반복하기보다 비전을 전개하는 것이라면 현재란 성서 이야기를 수동적으로 받아들이거나 반복할 수 없다."[11] 그 이야기가 참여자들의 이야기에 도전이 되고 그들의 이야기를 유지하는 데 사용되는 것같이 또한 그들 자신의 이야기들은 전통에 도전하며 발전시켜 나가야만 한다. 그들의 이야기들을 전통에 도전함으로써 성서를 해석하는 데 새로운 길이 열리는 것이다.

어떤 독자들에게는 성서를 비판하는 일이 문제가 될지 모른

---

10) '기독교 이야기'(Christian Story)로, 나는 '사람들이 표현하고 구현한 전 신앙적 전통'을 언급하려고 한다(Groome, *Christian Religious Education*, 192). 여기서 이야기란 전통을 현재로 가져오도록 하는 것과 함께 그 이야기를 미래로 투사시키는 희망의 선언을 기억하는 것이다.

11) Groome, *Christian Religious Education*, 194.

다. 교회 생활과 신앙을 위한 성서의 규범적인 역할에 대해 자세히 설명하는 일은 이 책에서 다루지 않는다. 성서는 물론 기독교 희망과 비전의 원천이다. 그러나 성서란 시간과 공간의 조건화된 상황에서 인간에 의해 기록되었다. 영적인 영감은 역사적이고 인간적인 저자들의 한계성들을 제거하지 못했다. 더욱이 성서는 그 자체 여기서 내가 보여 주는 일종의 과정을 반영한다. 성서는 수세기 동안 발전해 오면서 후 세대들은 그 전 세대들의 가르침들을 반영했으며, 계속적으로 하나님에 대한 것은 무엇이며 인간의 약함에 대한 것은 무엇인지 분별해 왔다. 그 가장 확실한 예는 "너는 그것을 들었고 말을 했고 … 그러나 나는 너에게 말을 한다…."라는 예수의 수많은 말들 속에서 알 수 있다. 하나님의 계시는 성령을 통해 현재 교회에게 인간해방과 자유, 존엄성의 길을 밝혀 주고 가르침으로써 오늘날에도 계속된다.

편견 연구의 기초를 제공하는 성서구절들이 많이 있다. 예를 들어, 요나의 책은 니느웨 사람들에게 저항하는 한 예언자의 편견이 그를 하나님으로부터 도피시켰으며 그의 원한은 니느웨 사람들이 회개했을 때 하나님께 대항하는 진노로 그를 이끌었던 이야기다. 요나는 외국인들에게 부정한 마음을 갖게 만드는 고정관념과 지나치게 일반화시키는 일을 우리가 쉽게 상상하도록 해준다.

신약성서는 상호집단 관계를 연구하는 데 사용할 수 있는 이야기들을 충분히 갖추고 있다. 예를 들면, 요한복음 4장 7~9절이 있다.

> 사마리아 여자 하나가 물을 길러 왔으매 예수께서 물을 좀 달라 하시니 이는 제자들이 먹을 것을 사러 동네에 들어갔음이러라 사마리아 여자가

가로되 당신은 유대인으로서 어찌하여 사마리아 여자 나에게 물을 달라 하나이까 하니 이는 유대인이 사마리아인과 상종치 아니함이러라

이 간단한 구절에서 윤리적·종교적 그리고 성적 편견에 관한 증거들과 예수가 기탄없이 도전했던 모습을 볼 수 있다. 이처럼 깊게 안착한 편견의 배경은 여성들에 반하는 구약성서들(예를 들면 출 20:19; 삿 19:22~24; 레 12:1~5; 민 21:10~14)과 유대인과 사마리아 사람들 사이의 분열을 포함한 흥미 있는 연구 자료를 제공한다.

불평등한 노동으로 동등한 임금을 받은 포도원 일꾼들에 관한 예수의 비유(마 20:1~16)는 은혜와 정의를 뒤흔드는 이야기다. 이 이야기를 통해 볼 때 우리는 부유한 국가들에게 '첫 번째'로 고용되었던 사람들과 유사하지 않은가? 우리 삶의 표준을 힘든 일에 기초하고 결과적으로 그 대가를 받을 만한 가치가 있다고 생각하는가? 그 비유에서 늦게 고용된 사람들은 그들이 차별을 당했기 때문에 마지막 시간에 고용되지 않았을까? 아마 이러한 질문들은 일꾼들이 '어떤 사람도 우리를 고용하지 않았기' 때문에 일할 수 없었다고 대변하는 7절에서 그 의미를 찾을 수 있다. 희생자들은 예수의 결론적인 언급으로부터 복된 소식, 즉 "이와 같이 나중 된 자로서 먼저 되고 먼저 된 자로서 나중 되리라."(마 20:16)는 말을 듣게 된다.

이 외에도 관련된 다른 구절들이 많이 있다. 간음으로 붙잡혀 온 여인의 이야기(요 8:3~11)는 성적 강탈에 대해 이중적 기준으로 토의하는 데 사용할 수 있다. 신체 장애에 대한 편견은 예수가 눈 먼 자로 태어난 자를 치유한(요 9:1~3) 이야기를 가지고 토의할 수 있다. 예수와 함께 십자가에 못 박힌 자들의 이야기(눅 23:39~43)는 감옥에 수감된 자들에 대한 편견을 드러내는 데 사

용할 수 있다. 학생들에게 편견에 대한 토의를 열어 주는 데 사용할 수 있는 많은 구절들 가운데에는 최후의 만찬(눅 14:16~24)과 부자와 나사로(눅 16:19~31) 등의 비유들도 있다.

교사는 성서 연구를 할 때 초기 단계에서 간단하게 개괄 설명을 해야 한다. 예를 들면, 예수의 비유가 생각에 대한 청취자들의 습관적 방법들과 어떻게 모순되었는지 학생들이 조사하도록 한다(국면 1). 왜 예수가 청취자들이 있는 쪽으로 식탁들을 돌렸는지 탐구하면서 학생들은 버림받은 자들이었던 개인이나 집단들을 밝히는 방법들을 발견할 수 있다(국면 2). 그러므로 외집단의 관점으로부터 유행하는 사회적 실천들을 비판하도록 학생들을 움직일 수 있다(국면 3). 그와 같은 과정은 학생들이 성서적 텍스트를 그것의 사회역사적 상황에서 이해할 뿐 아니라 자신의 신앙과 비판적 사고를 위한 자료로 상용할 수 있도록 도와준다.

만일 성공적으로 잘 이행해 왔다면 네 번째 단계는 인간 전체에 대한 성서적 비전을 재창출할 수 있도록 참여자들을 도울 수 있다. 기독교의 이야기는 고통받는 사람들 편에 선 하나님의 이야기, 즉 육신이 되어 가난한 자들 가운데 거하고 정복당하고 추방당한 자들의 죽음을 고통스러워하는 하나님의 이야기로 평가된다. 이와 같이 하나님은 제자들에게 정의와 평화의 새로운 날에 동이 틀 때까지 희생자들과 연대하여 보잘 것 없는 길을 함께 걸으라고 요청한다. 이런 해방의 전통에 뿌리를 둔 신앙으로 무장했을 때 참여자들은 정신을 녹슬게 하고 영혼을 매장시키는 이런 문화적 편견들의 맹습에 저항할 수 있다. 편견으로부터 다원주의에 이르기까지 그 여정은 노예를 넘어 자유로, 미움을 넘어 사랑으로, 죽음을 넘어 삶으로 궁극적 승리를 향한 부활의 여정이다.

## 행동, 태도 그리고 신념

편견 도전을 위해 계획한 교육적 프로그램들을 짤 때 편견이란 인식적·정서적·행동적 차원을 가진다는 사실을 재고해야 한다. 편견은 지나친 일반화(고정관념들)에 의해 유지되는 잘못된 신념들을 내포하며, 무시 혹은 비방하는 태도를 수반한다. 그리고 그것은 항상 그런 것은 아니지만 종종 억압적인 행동들을 통해 그 자체를 드러낸다. 이 사실은 종종 교육자들이 편견 인식의 차원을 다루려면 세밀히 준비해야 한다는 것을 말해 준다. 예를 들어, 상대적으로 외국 사람들에 대한 잘못된 개념들을 없애기 위한 문화교류 연구 프로그램을 세우는 일은 쉽다. 인지적 접근을 제안한 사람들에 따르면 더 좋은 쪽으로 이해하면 할수록 좀 더 수용적인 태도를 보이고, 더욱 개방된 태도들은 억압적인 행동들의 빈도수를 줄인다. 불행히도 문제에 대한 이런 접근은 승무용차가 화물기차를 끄는 것과 같다고 볼 수 있다. 듀이와 하안, 세군도는 각자 그들의 강조점에서 행동은 태도와 신념을 변화시키는 중요한 요소가 된다는 데 의견일치를 보인다.

교육적 모델의 단계들은 생각이 행동으로 되는 과정을 반영한다. 첫 번째 단계는 습관적 행동을 이끌어 내는 일이다. 공통된 경험을 통해 나중에 반성적 사고를 위한 기초를 형성하도록 해 준다. 두 번째 단계의 핵심은 태도에 있다. 참여자들에게 억압으로 인한 희생자들을 노출시켜 준다. 그러나 그와 같은 정체성은 감정적 그리고 인지적 차원 모두를 포함해야 한다. 이런 첫 번째와 두 번째 단계에서는 그릇된 신념들에 도전하기 위해 특별한 시도를 할 필요는 없다. 단지 세 번째 단계에서는 신념들에 대해 직접적으로 논의해야 한다. 이 국면 동안에 편견의 기제들에 대한 인지적 분석은 전 단계에서 느낀 정보를 세밀히 검토하고 견고히 하는 것을 수행하는 일이다. 마지막으로 네 번째 단계에서 행위와 태도, 신념들은 더 폭넓은 계약을 충실하게 따르는 상황 속에서 단단히 결합된다.

## 모형 이용하기

이 장에서 제시한 교육적 접근을 활용하려는 교사들은 나름 많은 질문들을 가지고 있을 것이다. 나는 그 질문들을 모두 예상할 수는 없지만 개인적으로 질문이 될 만한 몇 가지 사항들에 대해 의견을 제시하려고 한다.

### 단계들은 동일한 순서를 따라야만 하는가?

단계들의 연속성은 중요하다. 그러나 꼭 그런 것만은 아니다. 독창적인 교사라면 더 적합한 또 다른 순서가 있을 수 있는 상황을 만날 수밖에 없다. 예를 들어, 어떤 교사들은 마지막 단계를 이용하여 성서 연구를 시작하는 것을 더 좋아할 수도 있다. 세군도의 주장과 같이 물론 여기서도 그 단계들은 하나의 순환적 과정이다. 순환 과정에서 모든 단계의 지점들은 유효하다.

이 단계들은 편견 극복 프로그램으로 효과적인 실천을 할 수 있도록 인도하는 안내서로 계획한 것이다. 나는 제시한 순서들 이면에 있는 논리를 분명히 설명하려고 애썼다. 그럼에도 하나의 단계는 경우에 따라 일상적 연속성을 따르지 않을 뿐 아니라 교사가 다음 단계로 진행하기보다 초기 단계로 다시 되돌아가는 경우도 있을 수 있다. 예를 들어, 교사는 아주 별개의 편견(아마

이민자들에 대한 편견)으로 시작할 수 있으며 첫 번째의 두 단계들을 통과한 후 원래 단계보다 더 가까운 편견과 함께 이런 단계들을 반복해야 할 것이다.

## 이 모형에 적합한 학생들의 연령층은 어떠한가?

교육적 프로그램들에 참여할 만한 어떤 연령집단도 이 교육 모형을 사용하기에 충분히 적합한 나이다. 편견은 초기에 형성된다. 비록 심리학자들이 종종 주장하는 바와 같이 편견이 초기 어린 나이에는 아마 고정적이지 않더라도 심지어 유치원 어린이들도 기본적인 편견들은 가지고 있다. 그러므로 어느 정도 인지적 궤변을 고정화시키고 일반화시키는 과정에서 편견이 작용한다. 다른 한편 더욱 심한 인지적 궤변은 어린이들이 인간의 삶의 다원화에 대한 건전한 평가로 발전하도록 하는 일이 필요하다. 결과적으로 편견 극복의 노력에 있어 학생들이 부정적인 태도를 인간의 차이와 사회적 가치들에 대한 정보에 근거해 판단할 수 있는 때가 아마 가장 중요한 시기일 것이다. 비록 초기 청소년기에 이르러서야 비로소 다원적 가치들이 추상적 단계에서 공식화될 수 있다 해도 그와 같은 인지적 궤변은 아마 초등학교 3학년 나이 정도에서도 이용 가능할 것이다.

나이 어린 아이를 가르치는 교사는 이 모형의 생략된 차원들을 아마 사용하기 원할 것이다. 특히 두 번째 단계는 만일 어린이들이 다른 사람의 감정과 생각들에 개입할 수 있는 능력에 한계성이 있다는 것을 교사가 인정한다면 어떤 나이에서도 사용할 수 있을 것이다. 전반적으로 네 단계들을 거쳐 연구하기보다 더 나이 어린 아이들의 교사는 아마 내가 간단히 언급하게 될 목적으로써 편견발달을 저지하는 프로그램에 대해 강조하기를 원할 것이다.

### 어떤 종류의 경험들이 가장 효과적인가?

직접적인 경험은 간접적인 경험보다 더 효과적이다. 이 원리는 학교는 작은 사회가 되고 학생들은 이 사회적 구조 속에 살아감으로써 구조적인 사회적 과정들을 배우는 과정이라는 존 듀이의 명확한 설명에 잘 나타나 있다. 특별히 이 프로그램을 위해 가장 좋은 경험이란 학생들에게 영향을 미치는 실제적이고 구체적인 편견을 인식하도록 이끌어 내는 경험들이다. 그리고 모의 게임이나 역할극 혹은 이 외에 다른 실제적인 기술들은 실제적 삶의 경험이 일어나도록 모방을 통한 기술들이다. 또한 영화나 이야기, 그림 혹은 다른 미디어 제작품들도 학생들의 삶 가운데 아주 효과적인 영향을 주는 매우 유용한 매체들이다. 경험을 하게 하기 위해 어떤 기술을 사용할지에 대한 핵심은 상황이 문제로 공식화되기 전에 그 상황을 문제로 느껴야 한다는 것이 듀이의 입장이다. 교육적 기술과 직접적인 경험을 제공하든 아니면 간접적 경험을 제공하든 간에 모든 참여자들이 문제적 상황을 느끼도록 도와주어야 한다.

### 어떤 편견에 중점을 둘 것인가?

개인적 경험을 간접적 경험보다 선호할 수 있기 때문에 비록 둘 다 함께 다루는 것이 중요하다 해도 교실에서 분명해진 편견이 아마 교실이 아닌 외집단에 대비하여 방향을 잡아 주는 편견보다 더 효력이 있을 것이다. 교사가 학생들의 집중을 어느 방향으로 잡아 줄 것인가는 클래스에서 신뢰와 개방성이 어느 정도냐에 따라 결정해야 한다. 교육적 성과를 이루려면 불이익을 당한 학생들을 당혹하게 하거나 이용당하지 않게 그들의 상처와 진노의 감정들에 대해 함께 나눌 수 있는 신뢰의 분위기와 기회를 주는 것이 중요하다. 일반적으로 신뢰 수준이 높아질수록 스트레스를 참는 인내의 정도가 높아진다.

한 학생이 받는 스트레스에 영향을 주는 요소들은 많이 있다. 편견 줄이기 프로그램과 관계있는 두 가지 비판적인 요소들은 첫째, 편견이 수업에 분명한 핵심이 되는지 그리고 둘째, 어떤 경우에 편견은 클래스 혹은 단지 외집단들에 속한 사람들에게 불이익을 주는지에 대한 것이다. 이 두 요소들은 교사가 다양한 접근들을 통해 기대하는 많은 상대적인 스트레스의 양을 말해 주는, 결합된 모습을 아래 도표에서 보여 준다.

### 예상된 스트레스

| 가르침의 핵심 : | 편견은 명백하다 : | |
| --- | --- | --- |
| | 클래스 내에서 | 클래스 밖에서 |
| 편견인 경우 | 높음 | 보통 |
| 편견이 아닌 경우 | 보통 | 낮음 |

어떤 접근도 본능적으로 또 다른 접근보다 더 나은 것이 없지만 환경에 따라 다양하게 나타난다. 일반적으로 다음 법칙을 적용할 수 있다. 즉, 참여자들의 한쪽에 대해 옹호하는 일 없이 전체적으로 가장 스트레스를 강하게 해주는 접근을 사용하라.

### 공식적인 교실 밖에서도 이 모형을 사용할 수 있는가?

이 모형은 광범위한 교육적 상황들을 고려해서 고안했다. 그래서 공립과 사립학교 상황들, 교회학교 프로그램들, 수양회들 그리고 다른 특별한 교육적 상황들에서도 적합하다. 예를 들면, 이 모형은 성차별의 인식을 발달시키기 위해 학부모 클래스에서 사용할 수 있다. 그러므로 성의 역할의 교리화를 저지시키는 행동양식들을 적용하도록 학부모들을 격려할 수 있다.

### 자신의 견해를 간직해야만 하는가?

지금까지 앞에서 서술해 온 교육 형태는 가르치는 데 발견교육접근을 강조하고 있다. 교사는 정보의 근본적인 출처가 아니다. 이 접근은 약간 어려움이 있을 수 있다. 만일 교사의 역할이 강의하는 것이 아니라면 학생들이 인종차별을 언급하거나 혹은 교사가 학생들의 비양심적인 결과에 도달했을 때 교사는 무엇을 해야만 하는가? 교사는 학생들 개인의 감정과 역할들이 주는 중압감 때문에 긴장감을 경험할 것이다. 만일 학생이 인종차별적 언급을 했다면 교사가 취해야 할 첫 반응은 아마도 그렇게 말한 자를 꾸짖는 일일 것이다. 하지만 불행히도 고집쟁이를 고집쟁이로 부르는 일은 온순하고 수용적인 인간으로 만들지 못한다.

모든 불확실하고 편협적인 언급을 한 사람을 교정하거나 벌책을 주지 않도록 해야 하는 분명한 교육적 이유들이 있다. 내가 믿고 있는 교육적 과정이란 훈육적인 독백보다 인본주의적 가치들이 더 큰 효과가 있을 것이라고 나는 역설해 왔다. 그럼에도 개방된 편견에 직면한 침묵은 또한 현명하다 할 수 없다. 어떤 말도 하지 않는다는 것은 다른 청취자들에게 침묵을 승인하는 의사소통의 한 방편이다. 이것은 조심스럽게 고려해야만 하는 곤란한 문제이기도 하다.

질문은 정말로 더 큰 문제들 가운데 하나다. 사제들과 목사들, 사역자들과 교사들, 그리고 다른 인도자들은 종종 사회적 문제들에 대해 솔직하게 말하기를 꺼려한다. 예를 들어, 레이건 행정부가 나카라구아에 있는 '반군'들에게 군사 지원을 하고 있을 때 많은 교회 지도자들은 열정적으로 그 지원을 반대했으나 그것이 그들의 회중들 가운데 불화를 조성하는 계기가 될지도 모른다고 보았기 때문에 그들의 의견을 표명하기를 꺼려하기도 했다. 종종 그와 같은 이유는 함축적인 온정주의를 반영했기 때문이다. 목사나 사제들의 강단은 가장 최근의 정치적 이데올로기를 표현하는 가두연설을 위한 약식강단이 아니다. 더욱이 교회 지도자는 말하기도 전에 대화를 막고 침묵하도록 입에 재갈을 물려서도 안 된다.

많은 교회 지도자들은 평신도를 어린아이들과 같이 취급하는 목회를 해왔다. 성도들의 신앙을 공격하거나 교란시킬까 봐 성서적 비평 혹은 신학적·사회학적 혹은 정치적 문제를 매우 조심스럽게 다뤄 왔다. "그들이 처한 곳에서 만남이 이루어진다."는 말이 있다. 그 말은 교육 현장으로부터 비롯되었는데, 아이들의 인지적 한계성을 적용시키기 위한 욕구와 관련하여 사용한 것이다. 고도의 복잡한 주제를 취급할 때 우리는 단계적인 절차를 밟으면서 자신의 관점을 설명해야 한다. 그러나 사람들이 있는 곳에서 만나는 것은 종종 그와 같은 복잡성과는 거의 관계가 없고 근본적인 가치와 태도들과 훨씬 더 관계가 있다. 그것은 부정직과 속임수에 근거를 둔 관계의 구실이 된다.

대화는 교육과 모든 교회 구조에서 역동적 핵심이다. 그러나 만일 한 참여자가 그의 진실어린 감정과 관점들을 숨기도록 강요받은 느낌이 들었다면 대화는 심오하게 왜곡될 것이다. 우리는 타자를 자신의 견해로 '가로막을 때' 정직한 대화로 들어갈 수 없다. 다른 사람이 당신의 견해로 말미암아 공격을 받을지도 모르는 사실에 적합한 반응은 '그들의 수준으로 떨어지는 것이지만, (그런데 그것은 항상 당신이 다른 사람들의 것을 다룰 수 있다고 믿는 바와 같이 만일 당신이 당신의 견해를 다루는 그들을 신뢰할 수 없다는 가정이 함축되어 있는) 그와 같은 수준으로 떨어지는 것이 아니라 우리의 귀와 마음이 그들이 고민하는 고통에 개방하는 일이다. 순수한 대화는 고통과 어려움의 위험이 있지만 왜곡된 상호교환을 통해서는 이룰 수 없는 치료와 성장의 기회를 가져다준다.

교실로 돌아가라. 위에서 언급한 교육 과정의 첫 단계에서 교사는 편견을 표현할 수 있는 환경을 만들어야 한다. 그와 같은 시점에서 편견이 드러날 때 감정을 표현하는 것은 적합하지 않다. 오히려 세 번째 국면에서 교사가 자신의 감정과 경험, 사상과 신념들을 함께 나누는 일이 전반적으로 바람직하다. 최대한 조심해야 할 점은 상호교류를 지배하지 않도록 해야만 하며 혹은 강압적인 방식으로 교사의 역할을 동반한 자연적 힘을 행사하는 것이 아니라 교사는 이러한 고려해야 할 사항을 상호 대화의 파트너로서 배제시키지도 말아야 한다.

### 자존심을 낮추는 일 없이 편견을 줄일 수 있는가?

때때로 편견은 인종적·민족적·국가적 혹은 종교적인 우월감의 이면으로 생각한다. 집단의 우월감은 자신이 속한 집단이 다른 집단보다 우월하다는 믿음을 전제한다. 만일 어떤 사람이 미네소타 사람이라는 사실에 자부심을 가진다면 그것은 캘리포니아 사람이 아니라서 다행이라고 생각하기 때문일까? 만일 백인이라는 사실을 자랑한다면 나는 유색인종을 부정적 태도들로 바라보며 증오한다는 의미일까? 종종 많은 사람들이 그렇다고 대답하지만 꼭 그런 것만은 아니다.

모든 사람은 다양한 충성심들을 가지고 있다. 우리는 가족과 이웃, 지방과 국가, 인종과 정당 혹은 어떤 많은 다른 집단들에 충성한다. 각 집단은 어떤 공동 소유물, 즉 친족과 지역, 물려받은 특성과 종교적 신조 혹은 이데올로기와 같은 것으로 주변의 한계를 정한다.

편견은 왜곡된 충성심들을 반영한다. 편견이 일어날 때 사람들은 같은 집단의 일반적 형태들 사이에서 갈등들 혹은 상상된 갈등들을 나타낸다. 따라서 백인들은 유색인종들에 대해, 미국은 러시아에 대해, 기독교인들은 유대인들에 대해 편견을 갖는다. 그러나 종류가 다른 집단들 사이에서는 갈등이 일어나지 않는다. 예를 들면, 미네소타를 맹종하는 사람이 다른 지역 사람들에 대한 편견은 있을 수 있지만 힌두교 집단에 대한 편견으로 확대시키지는 않는다.

출신 도시에 대한 충성심은 아마 지방이나 국가에 대한 충성으로 확대되어 갈등하는 일은 없을 것이다. 점차적으로 더 광범위한 집단들을 향한 충성심으로 경험이 확장되는 것은 사실이다. 그런데 한 곳에 집중한 충성심의 초점을 더 광범위하게 넓혀 가는 일은 본질적으로 편견 좁히기와 관련이 있다. 즉, 편견을 줄일 때 그 충성심의 초점이 더 큰 원, 즉 인간성으로 변화한다. 이것은 집단 우월감이나 다른 충성심들을 약하게 줄이는 문제라기보다 이전에 자신의 관심 영역 밖에 있는 자들로 한정시켰던 사람들을 더 포용적인 충성심으로 받아들이도록 하는 일이다. 억압의 희생자들의 정체성을 부추김으로써 우리 자신의 일상적 인간성과 희생이 일어나게 된다. 전체 인류공동체의 충성심이란 인간의 다양한 집단들을 높이 평가하는 다원적 비전을 품은 사람들의 다양한 집단의 정체성 속에 있는 자존심을 의미한다.

### 어떻게 편견을 줄이기 위한 커리큘럼을 만들 것인가?

편견 줄이기란 근본적인 커리큘럼의 목적이 아니다. 따라서 교사는 종종 여기서 제시한 모델을 기존 커리큘럼과 통합해야 한다. 이것은 특별히 어렵지는 않지만 어느 정도 계획과 예견이 필요하다. 지금까지 설명해 온 내용들은 특히 많은 교육과정에 관심을 두었다. 편견 줄이기를 하려면 클래스의 구조와 교수형 태에 세밀한 관심을 두어야 한다. 그 모델은 상하 구조화되고 권위적 성향을 띤 상황에서는 작용하기 어렵다. 학생들은 자신들의 학습을 통해 활동적인 역할을 수용해야 하며 이런 역할을 수용하는 데 그 자체 많은 시간이 걸린다. 만일 학생들이 일종의 사회적 상호작용과 대화하기 그리고 그 모델이 의존하는 자기 동기화된 조사 등을 경험하지 않았다면 그 프로그램을 순조롭게 가동시키기 전에 어떤 기본적인 집단의 활동을 먼저 가져야 할 것이다.[12]

성령의 연구에 대한 커리큘럼 센터에 관해 말해 보면, 첫째 단계로 '편견의 공통된 경험을 노출하기'는 여러 방법으로 성취할 수 있다. 이미 우리가 말한 바와 같이 가장 적합한 방법은 전적으로 교실 밖에서 비공식적인 논의가 이루어져야 할 것이다. 그러나 그 단계에서도 물론 학과로서 연구할 수 있다. 우리는 아마 한 흑인 남자와 미국의 원주민, 백인 목사와 요가를 수행하는 동양인, 나이가 든 백인 여성들의 사진들은 클래스 입구에 놓을 수 있을 것이다. 그리고 이렇게 학생들에게 질문을 던진다. "만일

---

12) 학생들이 교수학습 과정에서 책임적인 동반자가 되는 구조적이고 창조적인 클래스를 이루는 데 많은 도움이 될 만한 제안들은 Gene Stanford, *Developing Effective Classroom Groups: A Practical Guide for Teachers* (New York: Hart Publishing Co., 1977)에서 발견할 수 있다. 그 책은 기본적으로 상급 초등학교 교사와 중학교 교사들을 위한 책이지만 더 나이 든 학생들에게도 적용할 수 있다.

내가 성령을 받은 사람들 각자에게 물어본다면 여러분은 그들이 어떻게 대답했을 거라고 생각하는가?" 잠재적이거나 뻔뻔스러운 편견들을 보이는 고정관념화된 반응들을 주의 깊게 들어보라. 주의 깊은 '실제적 들음'은 편견들을 노출시키는 데 도움이 된다. 습관적 형태들을 들추어 낸 후가 그것들의 평소 순조로운 기능을 중단할 때다. 교사는 서론적인 언급, 즉 "여기에 성 안토니오 교회의 성도들이 있습니다. 오늘 우리는 성령이 이 교회에서 경험될지도 모르는 방법들에 관해 말을 할 것입니다."라는 말과 함께 사진들이 있는 곳으로 돌아감으로써 다음 부분을 시작할 것이다. 아주 다른 구성원들이라고 생각했던 사람들을 한 지붕 아래 함께 거하도록 함으로써 습관적인 사고방식에 방해를 일으키게 된다. 이것이 두 번째 국면으로 들어가는 시기다.

자기 의식적 편파성과 헌신적 참여의 발달은 성령에 대한 자신의 신학을 중심으로 삼는 그룹들을 역사적으로 연구함으로써 그 차별이 없어질 것이다. 종종 그와 같은 종파들은 억압적 사회와 종교적 현실의 상황 속에서 발달해 왔다. 예를 들어, 학생들은 왜 인간의 권위가 성령의 직접적인 영감으로 말미암아 포기될 수밖에 없었는가를 알아내기 위해 토마스 뮨져(Thomas Muntzer) 운동과 같은 한 집단을 연구할 수 있다. 뮨져의 프로그램이 주는 매력에 끌린 농부들처럼, 귀납적 질문은 학생들이 어떻게 억압을 느끼고 있는지 정교하게 설명할 수 있다.

세 번째 단계는 사회적 현실로부터 불이익을 당한 사람들의 관점에서 연구함으로써 시작된다. 학생들은 그들 둘 사이의 갈등을 깨달았을 때, 성령의 인도하심으로 교회의 권위를 피하도록 사람들을 이끌어 내는 시대적 교회 상황 속에서 그 역동성을 탐구할 것이다. 예를 들어, 많은 여성들은 교회 억압자들의 가부

장적 구조에 대해 신중히 고려하고 다양한 영성 형태로 접근해야
할 것이다. 그 과정은 피억압자들에 의해 억압하는 기관의 목록
을 작성하는 차원을 넘어 왜 그 같은 기관들이 권력자들에게 우
호적이어야 하는가에 대한 비판적 분석으로 확장되어야만 한다.

마지막으로, 클래스는 성령에 중심을 둔 영적 증거로 다시 돌
아갈 수 있으며, 어떻게 초기 기독교인들이 개인적 영성으로 결
합한 권위를 통합시켰는지 조사할 수 있다. 억압적인 것처럼 보
이는 성서적 증언의 내용들이 있는가? 해방적인 의미가 있는가?

나중에 교과과정에서 교사는 성취해야 할 목적 이면에 클래스
참여자들을 결합시킬 만한 활동 프로그램이 담긴 편견 주제에
대해 직접적으로 여러 단원들을 첨가하고 싶어질지도 모른다.
초기 단원들을 통해 기반을 다져 왔기 때문에 학생들은 쉽게 그
주제를 직접적으로 다룰 준비가 되어 있으며 고정관념화나 희생
양 만들기, 이원론이나 그 외에 다른 중요한 개념들의 내용을 경
험할 수 있는 기반을 쉽게 준비할 수 있을 것이다.

## 편견 예방하기

여기서 제시할 네 가지 차원의 교육적 모형은 편견 줄이기를
위한 계획들이다. 그 핵심은 치료에 있다. 당연히 조기에 발달하
는 편견을 예방하는 것이 훨씬 좋은 방법이다. 이 중요한 목표는
의심할 여지없이 교사의 능력 그 이상의 것이며 아마 심지어 전
반적으로 교육적 조직체계의 범위 그 이상의 것이지만 그러나
편견을 조장하는 조건들을 제거하기 위한 노력은 학생의 인격
속에 확고히 뿌리를 내리게 될 편견의 가능성을 축소시킬 수 있

다. 다음은 이런 사회적 병을 교실에서 학생들에게 미리 예방하기 위한 여러 가지 특별한 절차들을 소개한 내용이다.

## 권위적이지 않은 태도로 가르쳐라

만일 계급적 이원론을 회피하려면 교실 자체에서 엄격한 계급적 구조를 조성하지 말아야 한다. 인간의 평등성과 민주적 절차를 필요로 하는 주장들을 반영하는 교수 모델을 선택해야만 한다.[13] 귀납적인 가르침의 전략들, 예를 들면 공동연구나 토의, 역할극이나 모의게임, 협동학습 등을 강조하는 교육모델들이 바람직하다. 민주적인 학급으로 이끌어 내기 위한 더 깊은 고찰은 이 책 2장에서 제시한 존 듀이 교육을 재고해 보기 바란다.

## 학생들이 혼돈을 참고 인내하는 법을 배우도록 도우라

'확실성의 탐구'는 다른 사람의 관용적 태도에 대해 해로운 적이 될 수 있다. 그러나 그것은 모든 사람에게 동일하게 나타나지는 않는다. 사람들은 모호한 상태에서 살아가려는 의도가 서로 다르다. 불행히도 우리는 어떤 요인에 의해 사람들에게 모호성에 대한 관용의 정도 차이가 있다는 것을 거의 이해하지 못한다. 그것은 생물학적으로 근거가 되는 인격적 차원일지도 모른다.

---

13) 그룹의 접근 외에도 현재 연구의 관점과 일치하는 다른 모델들은 Joyce and Weil, *Models of Teaching*에서 찾아볼 수 있다. '사회적' 모델들에 관한 부분 (220~323)은 비권위적 여섯 가지 접근들에 대한 설명을 포함한다. 이 세 가지 모델들은 Marsha Weil and Bruce Joyce, *Social Models of Teaching: Expanding Your Teaching Repertoire* (Englewood Cliffs, New Jersey: Prentice-Hall, 1978)에 아주 자세하게 설명되어 있다.

그러므로 교사의 목적은 모든 사람에게 고도의 관용을 갖도록 하는 것이 아니라 그들의 모호성을 수용하는 정도를 점차로 증가시켜 주는 것이다.

모호성의 평가는 여러 방법으로 이루어져야 한다.[14] 교사는 항상 옳은 답만을 제시하는 방식으로 교육하지 않도록 조심해야 한다. 그 문제에 대한 '적합한 분석'을 목적으로 삼아야지 '옳은 해답'만을 성취하는 데 목적이 있는 것이 아니다. 특별한 주제에 대해 다양한 학자들의 의견들을 지적하는 것은 모호성을 밝히도록 해줄 수 있다. 모호성의 실체를 밝히기 위해서는 삶의 기쁨을 주는 긍정적인 특징을 강조하면서 직접적으로 토의해야 할 것이다.

### 도덕적 발달을 위한 교육

도덕적으로 성숙한 사람은 편견을 감추기가 어렵다.[15] 편견 발달을 저지하기 위한 교육적 프로그램은 결과적으로 참여자들의 도덕적 성장에 관심을 두어야 할 것이다. 나는 이미 제3장 결론에서 하안의 이론적 관점으로부터 도덕교육 개론에 대해 간단하게 윤곽적으로 설명했다. 요약하면, 도덕적 성장을 고무시키기도록 하는 교육적 접근으로 아래 세 가지 모습을 소개할 수 있다.[16]

---

14) 이 개념들은 Richard Davies, "Creative Ambiguity," *Religious Education*, Vol. 77 (1982), 642~656에 설명되어 있다.

15) Florence Davidson, "Respect for Persons and Ethnic Prejudice in Childhood: A Cognitive-Developmental Description," in Mnlvin Tumin and Walter Plotch(Eds.), *Pluralism in a Democratic Society* (New York: Praeger Publishers, 1977), 133~168.

16) Cf. David Shields, "Education for Moral Action," *Religious Education*, Vol. 75 (1980), 129~141.

첫째, 그것은 상호인격적인 관계가 되어야만 한다. 교육적 과정의 요점은 사람들 사이의 관계성에 두어야만 하는 것이지, 학생들에게 인간관계들을 이해하도록 돕는 것들, 예를 들면 실질적인 자료들이나 이론에 대해 초점을 두는 것이 아니다. 둘째, 그 과정은 상호의존성을 필요로 한다. 참여자들은 상호작용을 해야 할 뿐 아니라 그것이 취하는 형식은 인간 실존의 상호의존적 본성을 강조해야만 한다. 그 교육적 과정은 만일 학생들에 의한 행동들이 다른 사람들은 물론 그들 자신의 관심뿐만 아니라 욕구에 대해 책임질 필요가 있다면 상호 의존성의 인식을 키울 수 있다.

하안의 모델에서 셋째 모형은 대화와 협상이 그 과정 중심에 있어야만 한다는 것이다. 이러한 요구가 함축하는 뜻은 경험이란 해결이 필요한 갈등 요소를 포함해야만 한다는 것이다. 대화의 핵심은 일관성 있게 말하는 데 있다. 토마스 그룹은 이와 관련 있는 주의해야 할 사항을 다음과 같이 지적한다.

> 대화적이 된다는 말은 참여자가 각자 입장에서 일정하게 말을 주고받는다는 의미가 아니다. 그래서 그 같은 상황은 결코 대화적이지 않을 것이다. 마치 역설적인 것같이 보이지만 대화는 자기 자신으로부터 시작해야 한다. 근본 원리로서 그것은 우리 자신과의 자서전적 대화이며, 자신의 이야기들 그리고 비전들과 나누는 대화다. 물론 우리에 의해 진실이 밝혀지려면 우리 자신과의 대화는 외면화되어 다른 사람과 함께 나눠야 하며, 또한 우리 자신의 이야기들과 비전들을 그들이 알도록 더 명확하게 들려줘야만 한다. 그러므로 대화는 주체 대 주체의 만남(나와 너의 만남), 즉 그것은 둘 혹은 더 많은 사람들이 그들의 반성적인 이야기들과 비전들을 나누고 듣는 일이다. 그와 같은 사람의 대화를 통해 세계는 설명될 수 있으며, 공통된 의식은 세계의 변화를 위해 창조될 수 있다.[17]

## 참여자들의 자기 존중을 지지하라

자기 존중은 교육적 활동의 핵심 주제다. 자신에 대한 긍정적인 생각에는 복합적인 중요한 이유들이 있다. 아이들의 자아개념은 자신의 학습능력과 사회적 상호작용 기술 그리고 많은 다른 중요한 경험적인 면들에 영향을 미친다. 자신의 목적을 달성하기 위해 자기 존중을 높게 증진시키는 일은 중요하다. 왜냐하면 스스로 자신에 대해 좋은 느낌을 가지는 것은 다른 사람들의 부정적인 측면을 한정시키려는 욕구를 낮춰 주기 때문이다.

마치 하나의 유일한 차원으로서 추상적인 차원을 자기 존중에 관해 말하는 것은 실제로 부적합하다. 아이들에게는 각자 다양한 영역에 그 인식 능력의 기반을 둔 종합된 자아상이 있다. 예를 들어, 스포츠에 대해 고도의 자아 존중을 가진 아이는 사회적 관계 혹은 교실에서 절대 경쟁을 느끼지 않는다. 같은 또래들과 함께 보호와 경쟁을 느끼는 아이는 어른들의 그것과는 다르다. 그러므로 다양한 과업과 상황들 가운데 자아의 긍정적 견해를 격려하는 일은 중요하다.

일반적 상식은 클래스 참여자들 가운데 자기 존중을 증진시키도록 하는 데 아주 신뢰할 만한 가이드가 될 수 있다. 대부분 사람들은 다른 사람들에게 자신에 대해 좋게 느끼도록 하는 것이 무엇인지를 알고 있다. 그런데 여기서 문제는 더 심하게 학업에

---

17) T.Groome, *Christian Religious Education*, 189. 그룹은 마틴 부버의 연구, *I and Thou* (New York: Charles Scribner's Sons, 1970)와 파울로 프레어리의 *Education for Critical Consciousness* (New York: Seabury Press, 1973) and *Pedagogy in Process*, New York: Seabury Press, 1978)로부터 대화에 대한 이해를 하는 데 영향을 많이 받았다.

대해 간섭하는 경향과 생동적인 차원으로 이끄는 배움을 놓치는 경향이 있다는 사실이다. 아이들에게 만일 용기와 격려 그리고 사랑을 준다면 그들의 긍정적 자아상을 발달시킬 수 있다. 그러나 만일 그들을 귀찮은 존재로 취급하면서 차별하고 무시하며 비인간화하는 비난들을 한다면 그들의 자아상을 저하시키게 된다.

또 다른 특별한 제안은 자기 존중의 목적 달성을 위한 커리큘럼과 결합시키는 데 또 다른 개념들을 생각해야 한다.[18] 학생들을 격려하는 긍정적인 효과를 내기 위해서는 성공적으로 잘하고 있는 아이들의 입장에서 그 효과를 더 크게 기대할 수 있다. 예를 들면, "존, 너는 그림을 잘 그리는구나!"라고 단순히 말하는 것보다 "존, 네가 그린 그 그림이 정말로 마음에 드는구나!"라는 말로 설명할 수 있다. 혹은 "난 종종 잘 그린 네 그림들을 지켜봐 왔단다!"라는 말을 할 수 있다. 더욱이 교사는 또 다른 표현으로 "존, 네 그림은 감동적이야! 마치 수학을 잘하는 것처럼 너는 그림을 잘 그리는구나! 참 훌륭해. 모든 것을 빠르게 잘 배우는구나!"라고 효과적으로 표현할 수 있다. 따라서 교사가 학생들에게 신뢰와 돌봄 그리고 개방적 학급환경을 만들어 주는 것은 매우 중요하고 필요한 일이다.

## 타문화 간의 이해를 증진시키기

지식은 그 자체로 편견을 막지 못한다. 그러나 무지함은 확실

---

18) 어린이들의 자존심을 키우는 데 많은 도움이 될 만한 개념과 활동, 실행들은 Jack Canfield and Harold Wells, *One Hundred Ways to Enhance Self-Concept in the Classroom: A Handbook for Teacher and Parents* (Englewood Cliffs, N.J.: Prentice-Hall, 1976)에서 찾아볼 수 있다.

히 집단 적대감의 불씨를 키운다. 편견을 막기 위해 교사는 학생들에게 다양한 전통과 실천 그리고 다양한 인종과 문화적 집단의 신조들에 관한 정보를 갖도록 도와줘야만 한다. 타문화 인식은 다른 문화들과 자신의 문화에 대한 이해를 증진시키기 때문에 중요하다. 타문화 연구를 통해 문화적 다양성들은 분열의 조짐이 아니라 사회적 연대감을 위한 기초를 제공한다.

교사가 사용하는 커리큘럼은 학습자들에게 다양성을 존중할 수 있도록 영향력을 발휘할 수 있는 중요한 변수다. 커리큘럼의 도표와 문서들은 인간집단의 환경을 반영하는가? 그것은 고정관념으로부터 자유로운가? 그것은 교회와 사회 공헌을 위한 다양한 집단의 특성들을 부각시키는가? 더욱 핵심적인 질문은 "만일 내가 OO이라면 이 커리큘럼은 나의 삶에 대해 자부심을 느끼도록 도와주는가?"라는 질문과 긴밀한 관계가 있다.

공식적인 커리큘럼을 보충하고 학생들이 문화적 다양성을 폭넓게 감상할 수 있도록 하는 활동들이 많이 필요하다. 가장 공감이 가는 일은 다양한 현장학습 활동들에 있다. 예를 들면, 도시와 시골의 상호교환 프로그램은 도시의 젊은이들이 주말에 농촌의 가족들을 방문하고 함께 지내게 할 수 있을 것이다. 그렇다고 면 여행을 꼭 할 필요는 없다. 거의 모든 문화들은 다양한 문화집단들을 많이 가지고 있으며 교사들은 이런 다양한 문화들을 추구해야 한다. 성숙한 클래스의 학생들로 키우기 위해 우리는 그들의 공동체를 대표하는 다양한 문화들을 조사하도록 해야 한다.

어빙 시겔(Irving Siegel)과 제임스 존스(James Johnson)는 인간의 다양성을 가르치기 위한 좋은 방법들을 제시해 왔다. 그것은 피아제의 심리학에 기초한다.[19] 이 연구자들은 사람들 집단의 서로 비슷한 점과 다른 점들을 스스로 발견하도록 아이들을 자극하는 '분류법' 전략을 제안한다. 예를 들면, 한 클래스의 교사는 가설로 세 명의 유럽 어린이들의 이름들, 즉 루시도(Jack Lucido)와 스미스(Mary Smith), 콤마로우스키(Jack Kommarowski)를 칠판에 기록한다. 그리고 학생들에게 자신의 이름이 어떤 나라로부터 유래되었는지 추측해 보도록 한다. 그 다음에 아이들에게 어떤 두 이름이 어떤 방식으로 서로 비슷한지 질문해 본다. 그래서 아이들에게 그들이 아마 비슷하다고 생각하는 모든 방법들을 찾아내도록 일러준다. 결국 그들은 같은 성을 찾을 것이다. 아마 함께 학교에 다니는 친구들과 연관시켜 생각할 것이다. 그와 같은 간단한 실습은 비록 이 두 명의 아이들이 서로 다른 나라 출신이라 해도 그들은 어떤 관점에서 서로 비슷하다는 점을 참여자들이 생각하게 됨으로써 이미 의사소통이 가능하게 열어 준 셈이다.

그러므로 교사는 아이들이 밝혀낸 유사성의 중요성을 탐구하도록 아이들을 유도할 수 있다. 우리가 서로 소년이라는 사실은 관습적으로 일컫는 어떤 사실에 대해 말해 준다. 그들이 함께 학교에 다닌다는 사실은 두 문화와 관련한 교육의 중요성을 시사한다. 교사는 그러므로 유리하게 그 요지를 바꿀 수 있으며 아이들에게 잭(Jack)이라는 이름은 스미스(Mary Smith)와 루시도(Jack Lucido)란 두 사람의 성과 서로 다르다는 사실을 발견할 수 있도록 질문할 수 있다. 아마 우리는 그 이름들로부터 콤마로우스키(Jack Kommarowski)는 폴란드에 살고 있으며, 공산국가 치하에서 살고 있는 유일한 사람이라고 추측할 수 있을 것이다. 확

---

19) Irving Sigel and James Johnson, "Child Development and Respect for Cultural Diversity," in Melvin Tumin and Walter Plotch (Eds.), *Pluralism in a Democratic Society* (New York: Praeger Publishers, 1977), 169~206.

실히 그와 같은 실습은 여러 가지 방법으로 확장하여 시도할 필요가 있다.

이런 종류의 실천들을 통해 아이들은 모든 사람들은 공통된 어떤 것들을 함께 나누고 또한 어떤 중요한 차이점들을 가지고 있다는 여러 관계들의 상대성에 관한 것을 배우게 된다. 사람들은 다른 목적으로 다른 방법들을 가지고 함께 모일 수 있기 때문에 하나의 유일한 집단으로 한 사람만을 바라보는 것은 의식을 저하시킬 수 있다. 그러나 다양한 문화들로 평가되는 많은 문화 집단에 속한 개인은 또한 그 의식이 활발해진다.

타문화 교육은 특히 많은 기독교 교육자들에게 어려운 문제일 수 있다. 교회가 그 자체 교인의 자격과 지도력에 있어서 다원성을 반영하지 않는다면 문화적 다원성의 중요성에 대해 말하기가 어려울 것이다. 그러한 문제에 도전하려 한다면 이는 생동감 넘치는 일이 될 것이다. 왜냐하면 다양한 문화의 축제는 복음의 메시지를 마음에 깊이 스며들도록 해주기 때문이다. 교회의 문화적 기반을 넓히기 위해 기독교 종교교육자는 음악과 예술, 예배 그리고 교회의 문화적 특성을 소통하기 위한 구체적인 의사소통 수단들을 결정하는 다른 단체들이 함께 참여할 수 있도록 힘써야 할 것이다. 히스패닉(라틴 아메리카 대륙의 스페인 식민지이던 나라 출신의 사람들을 가리키는데 현재 미국의 히스패닉들은 대부분 멕시코 출신들이다 – 역자 주) 찬송가들을 함께 부르는 것은 교회에 새로운 히스패닉 사람들로 넘치게 하기 위해서가 아니라, 회중들과 함께 여러 다른 사람들이 서로 다른 전통을 감상하며 배우고 성령의 임재와 사역으로 환대하는 분위기를 만들기 위함이다.

**토의를 위한 질문**

1. 민족주의적 편견을 가진 십대들 집단과 함께 일한다고 상상해 보자. 이 장에서 제시한 단계들에 대한 예들로부터 당신은 어떻게 교육 모형의 각 단계들을 보충하여 설명할 것인가?
2. 이 장 중간 부분에서 여덟 가지 질문들은 교육 모형의 성취에 대해 설명한다. 당신에게 또 다른 어떤 질문들이 있는가?
3. 이 장에서 가장 도움이 될 만한 당신의 제안은 무엇인가?
4. 당신 자신의 교육 목적으로 종합적 편견 예방을 하고자 할 때 당신은 어떤 특별한 방법들을 가지고 있는가?

 **더 읽어야 할 책들**

Gabelko, Nina Hersch and John U. Michaelis, *Reducing Adolescent Prejudice : A Handbook*. New York: Columbia Teachers College, 1981.

Katz, Judy. *White Awareness: Handbook for Anti-Racism Training*. Norman, Okla.: University of Oklahoma Press, 1978.

Shield, David L. "The Church and the Challenge of Prejudice." *PACE / Professional Apporaches for Christian Educators* 16, March 1986.

Shiman, David A. *The Prejudice Book : Activities for the Classroom*. New York : The Anti-Defamation League of B' nai B' rith, 1979.

Apostle, Richard, Charles Glock, Thomas Piazza, and Marijean Suelzle. *The Anatomy of Racial Attitudes*. Berkeley, California : University of California Press, 1983.

Bernstein, Richard. *Praxis and Action : Contemporary Philosophies of Human Activity*. Philadelphia : University of Pennsylvania Press, 1971.

Boff, Leonardo. *Church : Charism and Power*, New York : Crossroad, 1985.

Bredemeier, Brenda, and David Shields. "Values and Violence in Sports." *Psychology Today* 19:10(October 1985), 22~32.

Brown, Robert McAfee, *Unexpected News : Reading the Bible with Third World Eyes*. Philadelphia : Westminster, 1984.

Canfield, Jack and Harold Wells. *100 Ways to Enhance Self-Concept in the Classroom : A Handbook for Teacher and Parents*. Englewood Cliffs, N. J. : Prentice-Hall, 1976.

Casse, Pierre. *Training for the Cross-Cultural Mind*, 2nd ed. Washington, D. C. : The Society for Intercultural Education, 1981.

Chalfant, H. Paul and Charles Peek. "Religious Affiliation, Religiosity and Racial Prejudice : A New Look at Old Relationships." *Review of Religious Research* 25(1983), 155~161.

Christ, Carol P.,and Judith Plaskow, eds. *Womanspirit Rising : A Feminist Reader in Religion*, San Francisco : Harper & Row, 1979.

Colca, Carole, Deborah Lowen, Louis Colca, and Shirley Lord. "Combatting Racism in the Schools : A Group Work Pilot Project." *Social Work in Education* 5:1 (October 1982),5~16

Constans, H. Philip Jr. "To Tip the Scale Against Prejudice : The Use of the Theory of Cognitive Dissonance in the Reduction of Racial Prejudice." *Focus on Learning* 9:1(1983), 18~24.

Culbertson, Frances. "Modification of an Emotionally Held Attitude Through Role-Playing." *Journal of Abnormal and Social Psychology* (1957), 230~233.

Cygnar, Thomas, Donald Noel, and Cardell Jacobson. "Religiosity and Prejudice : An Interdimensional Analysis." *Journal for the Scientific Study of Religion* 16(1977), 183~191.

편견 극복을 위한 신앙교육

Davidson, Florence. "Respect for Persons and Ethnic Prejudice in Childhood : A Cognitive-Developmental Description." In *Pluralism in a Democratic Society*. Ed. Melvin Tumin and Walter Plotch. New York : Praeger Publishers, 1977.

Davies, Richard. "Creative Ambiguity." *Religious Education* 77(1982), 642~656.

Dewey, John. *Art as Experience*. New York : Minton, Balch & Company, 1934.

_____. *A Common Faith*. New Haven : Yale University Press, 1934.

_____. *Experience and Nature*. New York : Dover Publications, 1958.

_____. *Human Nature and Conduct : An Introduction to Social Psychology*. New York : Henry Holt and Company, 1922. Reprinted with a new introduction, New York : Modern Library, 1930.

_____. *Logic : The Theory of Inquiry*. New York : Henry Holt and Company, 1938.

Dunn, Dorothy. "The Problem of Dualism in John Dewey." Unpublished doctoral thesis, St. Louis University, 1966.

Dykstra, Craig. *Vision and Character : A Christian Educator's Alternative to Kohlberg*. New York : Paulist Press, 1981.

Fiorenza, Elisabeth Schussler. *Bread Not Stone : The Challenge of Feminist Biblical Interpretation*. Boston : Beacon Press, 1984.

_____. *In Memory of Her : A Feminist Theological Reconstruction of Christian Origins*. New York : Crossroad, 1983.

Fox. Matthew. *Original Blessing*. Santa Fe, N. M. : Bear and Co., 1983.

Freire, Paulo. *Education for Critical Consciousness*. New York : Seabury Press, 1973.

_____. *Pedagogy in Process*. New York : Seabury Press. 1978.

_____. *Pedagogy of the Oppressed*. New York : Seabury Press. 1970.

_____. *The Politics of Education*. South Hadley, Mass. : Bergin & Garvey, 1985.

Gibellini, Rosino, ed. *Frontiers of Theology in Latin America*. Maryknoll, N. Y. : Orbis Books, 1979.

Gilligan, Carol. *In a Different Voice : Psychological Theory and Women's Development*. Cambridge, Mass. : Harvard University Press, 1982.

Gimmestad, Beverly and Edith Chiara. "Dramatic Plays : A Vehicle for Prejudice Reduction in the Elementary School." *Journal of Educational Research* 76(1982), 45~49.

Gorsuch, Richard and Daniel Aleshire. "Christian Faith and Ethnic Prejudice : A Review and Interpretation of Research." *Journal for the Scientific Study of Religion* 13(1974), 281~307.

Groome, Thomas. *Christian Religious Education : Sharing Our Story and Vision*. San Francisco : Harper & Row, 1980.

Gruber, H. and J. Voneche, eds. *The Essential Piaget*. New York : Basic Books, 1977.

Gutierrez, Gustavo. *The Power of the Poor in History*. Maryknoll, N. Y. : Orbis Books, 1983.

_____. *We Drink from Our Own Wells : The Spiritual Journey of a People*. Maryknoll, N. Y. : Orbis Books, 1984.

Haan, Norma. "Can Research on Morality Be 'Scientific'?" *American Psychologist* 37(1982), 1096~1104.

_____. *Coping and Defending : Processes of Self-Environment Organization*, San Francisco : Academic Press, 1977.

_____. "A Tripartite Model of Ego Functioning, Values and Clinical and Research Applications," *Journal of Nervous and Mental Disease* 148:1(1969), 14~30.

_____. "Two Moralities in Action Contexts : Relationship to Thought, Ego Regulation and Development." *Journal of Personality and Social Psychology* 36(1978), 286~305.

Harrison, Beverly. *Making the Connections : Essays in Feminist Social Ethics*. Ed. Carol Robb. Boston : Beacon Press, 1985.

Hennelly, Alfred. *Theologies in Conflict : The Challenge of Juan Luis Segundo*. Maryknoll, N. Y. : Orbis Books, 1979.

Heyward, Carter. *Our Passion for Justice : Images of Power, Sexuality, and Liberation*. New York : The Pilgrim Press, 1984.

_____. "Ruether and Daly : Theologians Speaking, Sparking, Building and Burning." *Christianity and Crisis* 39:5(April 2, 1979), 66~72.

Hodge, John, Donald Struckmann, and Lynn Trost. *Cultural Bases of Racism and Group Oppression*. Berkeley, Calif. : Two Riders Press, 1975.

Kohlberg, Lawrence, and Elliot Turiel. "Moral Development and Moral Education." *In Psychology and Educational Practice*. Ed. G.S.Lesser. Glenview, Ill. : Scott Foresman, 1971.

Lamb, Matthew. *Solidarity with Victims : Toward a Theology of Social Transformation*. New York : Crossroad, 1982.

Levin, Jack and William Levin. *Ageism : Prejudice and Discrimination Against the Elderly*. Belmont, Calif. : Wadsworth, 1980.

Metz, Johann Baptist. *Faith in History and Society : Toward a Practical Fundamental Theology*. New York : Seabury Press, 1980.

Miguez Bonino, Jose. *Christians and Marxists : The Mutual Challenge to Revolution*. Grand Rapids, Mich. : William B. Erdmans Publishing Co., 1976.

_____. *Doing Theology in a Revolutionary Situation*, Philadelphia : Fortress Press, 1975.

Moltmann, Jurgen. *The Power of the Powerless*. San Francisco : Harper & Row, 1983.

편견 극복을 위한 신앙교육

Phenix, Philip H. "John Dewey's War on Dualism." In *Dewey on Education :
Appraisals.* Ed. Redinald D. Archambault. New York : Random House, 1966.

Piaget, Jean. *The Moral Judgment of the Child.* Glencoe, III. : Free Press, 1965.

_____. *Structuralism.* New York : Basic Books, 1970.

Rokeach, Milton. "Religious Values and Social Compassion." *Review of Religious
Research* 11(1969), 3~23.

Rose, Peter. *They and We : Racial and Ethnic Relations in the United States,* 3rd ed.
New York : Random House, 1981.

Ruether, Rosemary Radford. "An American Socialism : A Just Economic Order."
*Religious Socialism* 7:3,4(Summer & Fall 1983) and 8:2,3(Spring & Summer
1984).

_____. "Anti-Judaism Is the Left Hand of Christology." *New Catholic World*
217(January-February 1974), 12~15.

_____. "The Becoming of Women in Church and Society." *Cross Currents* 17(Fall
1967), 418~426.

_____. "Better Red Than Dead." *The Ecumenist* 12:1(November-December 1973),
11.

_____. "Crisis in Sex and Race : Black Theology vs. Feminist Theology." *Christianity
and Crisis* 34(April 15, 1974), 67~73.

_____. "The Cult of True Womanhood." *Commonweal* 99:6(November 9,1973),
127~132.

_____. *Disputed Questions : On Being a Christian.* Nashville : Abingdon, 1982.

_____. "Feminism and Patriarchal Religion : Principles of Ideological Critique of the
Bible." *Journal for the Study of the Old Testament* 22(February 1982),
54~66.

_____. "Feminist Interpretation : A Method of Correlation." In *Feminist Interpretation of
the Bible.* Ed. Letty M. Russell. Philadelphia : The Westminster Press, 1985.

_____. "Feminist Theology in the Academy." *Christianity and Crisis* 45:3(March 4,
1985), 57~62.

_____. "Home and Work : Women's Roles and the Transformation of Values."
*Theological Studies* 36(December 1975), 647~659.

_____. *Liberation Theology : Human Hope Confronts Christian History and American
Power.* New York : Paulist Press, 1972.

_____. "Outlines for a Theology of Liberation." *Dialogue* 11(Autumn 1972), 252~257.

_____. *The Radical Kingdom : The Western Experience of Messianic Hope.* New
York : Harper & Row.

_____. "Rich Nations/Poor Nations and the Exploitation of the Earth." *Dialogue*

13(Summer 1974), 201~207

_____. "Sexism and the Theology of Liberation : Nature, Fall and Salvation as Seen from the Experience of Women." *The Christian Century* 90(December 12, 1973), 1224~1229.

_____. "Social Sin" *Commonweal* 58(January 30, 1981), 46~48.

_____. *To Change the World : Christology and Cultural Criticism.* New York : Crossroad, 1981.

_____. "Why Socialism Needs Feminism & Vice Versa." *Christianity and Crisis* 40: 7(April 28, 1980), 103~108.

_____. "Women, Ecology and the Domination of Nature." *The Ecumenist* 14:1 (November-December 1975), 1~5.

_____. "Women, in Ministry : Where are They Heading." *Christianity and Crisis* 43: 5(April 4, 1983), 111~116.

Russell, Letty M., ed. *Feminist Interpretation of the Bible.* Philadelphia : The Westminster Press, 1985.

_____. *Growth in Partnership.* Philadelphia : Westminster Press, 1981.

Segundo, Juan Luis. "Education, Communication and Liberation : A Christian Vision." *IDOC International-North American Edition* (November 13, 1971), 63~96.

_____. *The Hidden Motives of Pastoral Action.* Maryknoll, N. Y. : Orbis Books, 1978.

Segundo, Juan Luis. *Jesus of Nazareth Yesterday and Today.* Vol. 11 *: The Historical Jesus of the Synoptics.* Maryknoll, N. Y. : Orbis, 1985.

_____. *Theology and the Church.* Minneapolis : Seabury Books, 1985.

_____. *Theology for Artisans of a New Humanity.* Vol. 1. *The Community Called Church.* Maryknoll, N. Y. : Orbis Books, 1973.

_____. *Theology for Artisans of a New Humanity.* Vol .2. *Grace and the Human Condition.* Maryknoll, N. Y. : Orbis Books, 1973.

_____. *Theology for Artisans of a New Humanity.* Vol .3. *Our Idea of God*, Maryknoll, N. Y. : Orbis Books, 1974.

_____. *Theology for Artisans of a New Humanity.* Vol. 4. *The Sacraments Today.* Maryknoll, N. Y. : Orbis Books, 1974.

_____. *Theology for Artisans of a New Humanity.* Vol .5. *Evolution and Guilt*, Maryknoll, N. Y. : Orbis Books, 1974.

Shields, David. "Christ : A Male Feminist View." *Encounter* 45:3(Summer 1984), 221~232.

_____. "Sexism Is Not the Only Issue." *Lutheran Partners*, on press.

Sigel, Irving and James Johnson. "Child Development and Respect for Cultural Diversity." In *Pluralism in a Democratic Society.* Ed. Melvin Tumin and Walter

Plotch. New York : Praeger Publishers, 1977.

Simms, Richard and Gloria Contreras. *Racism and Sexism : Responding to the Challenge.* Bulletin 61 of the National Council for Social Studies, Washington, D. C., 1980.

Sobrino, Joh. *Christology at the Crossroads.* Maryknoll, N. Y. : Orbis Books, 1978.

_____. *The True Church and the Poor.* Maryknoll, N. Y. : Orbis Books, 1984.

Stanford, Gene. *Developing Effective Classroom Groups : A Practical Guide for Teachers.* New York : Hart Publishing Co., 1977.

Washbourn, Penny. *Becoming Woman.* New York : Harper and Row, 1977.

Welch, Sharon D. *Communities of Resistance and Solidarity : A Feminist Theology of Liberation.* Maryknoll, N. Y. : Orbis Books, 1985.